현대 정치철학의
테제들

현대 정치철학의
네 가지 흐름

연구모임
사회비판과대안
엮음

사월의책

현대 정치철학의 테제들

1판 1쇄 발행 2014년 6월 20일

지은이 김원식, 김은희, 남기호, 문성훈, 이양수, 이유선, 정원섭, 홍성우
엮은이 연구모임 사회비판과대안
펴낸이 안희곤
펴낸곳 사월의책

편집 박동수
디자인 김현진

등록번호 2009년 8월 20일 제396-2009-126호
주소 경기도 고양시 일산동구 무궁화로 7-45 451호
전화 031)912-9491 | 팩스 031)913-9491
이메일 aprilbooks@aprilbooks.net
홈페이지 www.aprilbooks.net
블로그 blog.naver.com/aprilbooks

© 2014 김원식, 김은희, 남기호, 문성훈, 이양수, 이유선, 정원섭, 홍성우
ISBN 978-89-97186-23-5

현대 정치철학의 테제들

정치에 대한 철학적 이해를 위하여

정치란 교과서적으로 말해서 권력 획득과 권력 행사와 관련된 제반 행위로 간주되곤 한다.[1] 그런데 이렇게 정치를 권력과의 관계에서 볼 때, 너무나 쉽게 떠오르는 것은 권력 획득을 둘러싼 인간의 추악함이다. 태종 이방원은 왕권 찬탈을 위해 아버지와 싸웠고, 세조는 조카인 단종에게 사약을 먹였고, 영조는 사도세자를 뒤주에 가둬 죽게 만들었다. 그 어느 왕조에서나 마찬가지겠지만 조선 왕조 오백 년 동안 후계 문제를 둘러싼 갈등은 끊이질 않았다. 하늘 아래 두 개의 태양이 있을 수 없다는 비유처럼 권력 획득을 위해 부자지간에 갈등이 일어나고, 부부 간에도, 시아버지와 며느리 간에도 온갖 술수가 난무하며 싸움이 벌어지고 수많은 사람들이 희생되었다. 이렇듯 권력에는 항상 피가 묻어 있다.

이는 단지 과거의 역사가 아니다. 대한민국 건국 이후 두 번의 쿠데타가 있었고, 수많은 사람들이 목숨을 잃었다. 첫 번째 쿠데타는 무혈혁명이라고 하지만, 이로 등장한 권력은 민주주의를 부르짖는 수많은 인사들을 희생시켰다. 두 번째 쿠데타는 참혹했다. 광주에서 수백 명의 시민들이 희생되었고, 이로 등장한 권력은 더욱 가혹하게 민주 인사들을 탄압했다. 물론 권력에 의해 희생되는 사람이 권력 외부에만 있는 것은 아니다. 권력 획득을 위한 싸움은 항상 내부에서도 일어나기 때문이다. 권력 획득은 외부의 적과 내부의 경쟁자 모두의 희생을 요구하며, 외부의 적보다 내부의 경쟁자에 대한 보복이 더 심한 경우가 많다. 권력 획득을 위한 싸움은 적과 동지를 가리지 않는다. 이 때문인지 과거 잠시 정계에 입문했던 한 유명 배우는, "그건 사람이 할 짓이 못되더군요. 저는 연기나 하겠습니다."라고 일갈한 바 있다.

그렇다면 권력을 획득한다는 것이 무엇을 의미하기에 이를 둘러싼 싸움에서 온갖 추악함이 난무하는 것일까? 권력을 획득한다는 것은 단지 만인이 우러러보는 지존의 자리에 올라 이들 위에 군림한다는 뜻일까? 물론 이런 권력욕에 사로잡힌 사람이나 한번 권력의 맛을 들인 사람들이 수단과 방법을 가리지 않고 권력을 획득하려 한다는 것은 이미 상식이 되었다. 그런데 어느 조직이나 집단 내에서 권력을 획득한다는 것은 단지 일개인이 권력욕을 충족한다는 것만을 의미하지는 않는다. 이는 조직이나 집단의 운영과 관련된 의사결정 권한을 장악한다는 것을 의미하며, 국가라는 정치 단위에서는 국가 운영에 관한 의사결정 권한을 획득한다는 뜻이다.

그렇다면 국가를 운영한다는 것은 무슨 뜻일까? 이는 가장 일반적으로 말해서 국가 내의 법질서를 확립하고, 이에 기초하여 국민들의 이해관계 대립이나 갈등을 해결함으로써 국민들의 삶을 보호하는 것이다. 따라서 정치란 단지 권력 획득이나 권력 행사만이 아니라, 포괄적 의미에서 국가 운영 행위이며, 이렇게 본다면 정치란 권력자들만의 행위가 아니라, 국가 의사결정에 참여하고 영향을 미치는 모든 행위를 포괄한다고 할 수 있다. 다만 어떤 사람은 입법부의 일원으로서, 어떤 사람은 행정부의 일원으로서, 그리고 어떤 사람은 시민단체의 일원이거나 개별적 국민으로서 국가 의사결정에 영향을 미치려 한다는 점에서 다를 뿐이다.

이렇게 정치를 확대된 의미로 해석한다면 권력 획득을 위한 싸움은 단지 누가 만민 위에 군림하는 지존의 자리에 앉느냐가 아니라, 결국 어떤 식으로 법질서와 정의의 원칙을 수립하느냐의 싸움이라 할 수 있다. 왜냐하면 어떤 법질서와 정의의 원칙이 수립되느냐에 따라 이익이 극대화되는 집단도 있고, 그렇지 못한 집단도 생기기 때문이다. 따라서 권력투쟁이 극심한 것은 만인 위에 군림할 수 있는 지존의 자리에 대한 욕망이 크기 때문만이 아니라, 집단 간의 이해 대립이 극심함을 말해준다. 이런 점에서 권력 획득을 위한 개인적 투쟁은 이런 집단적 이해의 대변자가 되려는 투쟁이며, 집단적 이해의 성공적 대변자가 됨으로써 권력을 획득한다고 볼 수 있다. 결국 권력투쟁이 미시적으로 볼 때 아무리 개인 간의 투쟁 양상을 띨지라도, 거시적으로 볼 때는 계급, 계층, 세력 등 서로 다른 집단 간의 갈등을 반영하고 있으며, 비록 같은 집단 내에서라도 서로 다른 파벌 간의 알력을 내포하기 십상이다.

정치철학이 등장하는 지점은 어떤 법질서나 정의의 원칙이 자신이 속한 집단에 유리한가가 아니라, 어떤 법질서나 정의의 원칙, 내지 국가의 의사결정 행위가 정당한가 하는 규범적 문제가 제기되는 곳이다. 물론 이러한 규범적 문제는 정치의 정당성 문제이기도 하다. 정치란 바로 이런 의사결정에 영향을 미치는 행위 모두를 포괄하기 때문이다. 법적으로 무엇을 국민의 권리와 의무로 규정할 것인가? 모든 국민에게 보편적 권리를 보장하는 법질서가 정당한가? 아니면 사회적 약자에게 특권을 부여하는 법질서가 정당한가? 국민의 의무는 무엇이고, 어떤 경우 유보될 수 있는가? 사회적 재화를 분배하는 공정한 방법은 무엇인가? 국가는 모든 국민에게 자율적 삶을 보장해야 하는가? 아니면 국가는 국민의 삶에 개입하여 어떤 것은 지원하고, 어떤 것은 규제해야 하는가? 그리고 이 모든 것을 행하는 국가 자체의 존립 근거는 무엇이며, 그 한계는 어떻게 설정되어야 하는가? 정치철학은 이렇게 법질서나 정의의 원칙과 관련하여 국민의 권리와 의무, 국가와 국민의 관계, 그리고 국가의 역할과 한계에 관한 문제를 다룬다.

물론 정치철학 역시 철학인 한 정치철학이 다루는 문제들은 항상 인간이란 어떤 존재이고, 어떤 삶이 의미가 있는가 하는 인간학적이고 윤리학적인 문제로 발전한다. 즉 정치철학은 인간이란 독립적이고 자율적인 존재인가, 아니면 인간이란 공동체 가치를 내면화한 존재인가, 인간의 삶은 올바른 삶을 지향해야 하는가, 아니면 좋은 삶을 지향해야 하는가 하는 문제와 결합되어 있다는 것이다. 왜냐하면 이런 문제에 대해 어떻게 대답하느냐에 따라 국민이나 국가의 의미가 달라지기 때문이다. 그런데 정치철학의 논의가 이렇게 확장된다면 이제 더욱 근본적인 문제, 즉 존재와 진리라는 철학의 전통적인 문제와 직면하게 된다. 정치철학의 문제들이 인간과 삶에 대한 이해를 전제한다면, 결국 인간과 삶에 대한 이해를 가능하게 하는 세계를 바라보는 방식, 진리를 이해하는 방식 자체도 문제가 될 수밖에 없기 때문이다.

   이런 식의 정치철학은 홉스에게서 기원하며, 특히 이것이 로크, 흄, 밀 등으로 이어지면서 눈부신 성과를 이루어낸 데에는 신분 질서를 붕괴시키고 시민들의 정치적 성장 기반이 되었던 시민혁명이라는 시대적 배경과 이를 통해 형성된 시민들의 정치적 자기의식이 전제되어 있다. 이 책에서는 이런 근대 정치철학 이후에 등장한 현대 정치철학의 대표적 이론들을 소개하고 있다. 이런 점에서 여기서 말하는 '현대'라는 표현은 다분히 '현시대'(contemporary)를 말하며, 이 책에서는 특히 롤즈, 매킨타이어, 로티, 테일러, 왈저, 노직, 프레이저, 샌델 등 8명의 정치철학자의 이론을 소개하고 있다. 이러한 정치철학자들이 현시대 사람인 이유는 이들의 이론이 등장하고 발전하게 된 계기가 1971년 롤즈의 『정의론』 출간 이후이기 때문이다. 롤즈의 『정의론』은 근대 정치철학의 눈부신 성과 이후 한동안 단절되었던 정치철학을 부활시킨 고전적 저작으로서 제목 그대로 사회 정의의 원칙이 무엇인가 하는 정치철학의 근본 문제를 다루고 있다. 이 저작이 현대 정치철학의 시발점이 되는 이유는 자유지상주의, 공동체주의, 비판이론 등 다양한 이론적 노선의 정치철학자들의 반론을 야기함으로써 오늘에 이르기까지 민주주의적 사회 질서란 무엇을 의미하는가에 대한 포괄적인 논의를 이뤄내고 있기 때문이다.

물론 민주주의적 사회 질서를 논제로 삼는다면 이 책에 소개된 영어권 정치철학자들뿐 아니라, 독일이나 프랑스의 정치철학자들로도 시야를 넓힐 수 있지만, 여기서는 영어권 정치철학자로 한정되었다. 그러나 비록 이 책이 제한된 내용만을 담고 있지만, 오늘날 민주주의 국가의 정당한 법질서와 정의의 원칙이 어떤 것이어야 국민들의 행복한 삶을 보장할 수 있는가에 대해 고민하는 사람이라면 이를 통해 많은 이론적 방안을 구상해볼 수 있을 것이다.

끝으로 『프랑크푸르트학파의 테제들』『포스트모던의 테제들』을 잇는 세 번째 테제 시리즈로서 『현대 정치철학의 테제들』을 출간한 사월의책 안희곤 사장과 박동수 팀장에게 감사의 말을 전한다.

2014년 5월 문성훈

I

JOHN
RAWLS

1 존 롤즈
평화의 정치철학[1]

정원섭

한반도가 전쟁의 포화에 휩싸이기 시작한 1950년 6월 존 롤즈(John Rawls, 1921~2002)는 프린스턴 대학에서 철학박사 학위를 마친다. 2년 동안 프린스턴 대학에서 강사 생활을 한 후 그는 풀브라이트 장학금을 받고 영국 옥스퍼드 대학으로 1년간 유학을 간다. 한반도에서 총성이 멎을 무렵인 1953년 미국으로 돌아온 그는 코넬 대학 철학과에 조교수로 임용된 후 4·19 민주혁명의 함성이 가득할 즈음 MIT로 자리를 옮겼다가 2년 후 하버드 대학으로 옮겨 1995년 완전히 은퇴할 때까지 최고 영예인 대학 석좌교수 자리에 오르며 줄곧 도덕철학과 정치철학을 담당하였다.

얼핏 보면 롤즈의 삶의 여정은 베트남 전쟁과 히피 문화 등 20세기 후반 격동의 시기를 보낸 미국 사회와는 대조적으로 평온해 보인다. 하지만 그는 1943년 프린스턴 대학에서 학부를 마치자마자

14

바로 보병으로 입대하며 2차 대전을 체험하였다. 뉴기니에서 복무하던 그는 필리핀의 레이테 전투와 루손 전투에서 실제로 전투에 투입되었다. 그리고 1945년 일본이 패망한 후에는 약 4개월간 점령군으로 일본에 주둔하였다. 이와 같은 참전 경험은 신앙심 깊었던 청년 롤즈가 신학을 포기하고 정의와 평화를 모색하고자 정치철학으로 돌아서도록 하는 데 결정적 계기를 제공한 것으로 간주된다.[2]

롤즈는 자신의 철학을 스스로 "공정으로서 정의"(justice as fairness)라고 불렀다. 그의 철학을 담고 있는 3대 저술은 다음과 같다. 첫째 저술은 1971년 출판된 『정의론』(A Theory of Justice)이다. 이 책에서 롤즈는 '공정으로서 정의'라는 자신의 정의관을 명시적으로 제시한다.[3]

둘째 저술은 『정치적 자유주의』(Political Liberalism, 1993)이다. 『정의론』을 출간한 후 20여 년 만에 출판된 이 책에서 롤즈는 중첩적 합의와 공적 이성과 같은 개념을 도입하여 계약의 안정성 및 민주적 정당성과 같은 정치철학적 주제를 본격적으로 다루고 있다.[4] 1996년 롤즈는 본문에 대한 수정 없이 서문과 하버마스의 비판에 자신의 답변을 추가하여 개정판을 발간하였다.

셋째 저술은 『만민법』(The Law of Peoples, 1999)이다. 이 책은 롤즈가 자신의 정의관을 국제관계에까지 적용한 것이다. 이 책에서 롤즈는 민주적 평화론을 강력하게 개진한다. 민주적 평화론이란 칸트의 영구평화론에서 시작된 것으로, 민주주의 국가들 사이에서는 전쟁이 거의 발생하지 않는다는 입장이다.[5]

이 세 권의 핵심 저술에서 그의 일관된 관심은 "민주 사회를 위한 가장 적합한 도덕적 기초"를 제공하는 것이었다. 특히 자신의 학문적 이력의 대미를 장식하는 마지막 저술인『만민법』에서 그는 민주적 평화론을 강력히 주장한다. 그래서 나는 롤즈의 철학을 '평화를 위한 정의의 철학'이라고 말하고 싶다.

이 글에서는 우선 현대 정치철학에서 롤즈의 위상을 보여주기 위해 최근 영미 정치철학계의 주요 논쟁들이 롤즈의 정의관과 어떻게 연관되어 있는지를 소개하고자 한다. 그다음 롤즈의 정의관의 핵심을 간략히 소개한 후 '정치적 자유주의'로 불리는 롤즈의 정치철학의 전체적 내용을 소개할 것이다. 그리고 이 주제들을 다루는 과정에서 입헌민주주의를 가장 체계적으로 정당화하고 있는 롤즈의 민주주의관을 살피고자 한다. 특별히 그의 입헌민주주의관을 살펴보고자 하는 것은 다음과 같은 이유 때문이다.

우리 사회에서는 '자유민주주의'라는 표현에서 볼 수 있듯이 자유주의와 민주주의라는 용어가 보통 유사 개념 내지 보완적 개념처럼 이해되고 있다. 그러나 우리 사회 일각에서 자유주의를 참칭하는 집단들의 비합리적 행태와 신자유주의 경제 정책에 대한 기층 민중들의 격렬한 반대 운동에서 볼 수 있듯이 자유주의가 반민주적 보수주의로 곡해될 위험은 언제나 존재하고 있다. 마찬가지로 민주주의에 기반을 둔 다양한 요구들 역시 공적 이성을 통해 적절히 제한되지 않을 경우 대중추수주의로 전락하여 민주주의 자체를 타락시킬 위험에 언제나 노출되어 있는 것 또한 부정할 수 없는 사실이다. 이런 상황에서 롤즈의 입헌민주주의관은 우리에게 유용한 정치철학적 지침을 제공해줄 수 있을 것이다.

1 | 『정의론』과 현대 정치철학의 주요 쟁점들

1970년대까지 분석철학 일색이던 영미 정치철학계에서는 『정의론』의 출간과 더불어 규범적 전환(normative turn)이라고 일컬어질 정도로 규범적 논쟁들이 봇물을 이루게 된다. 이 논쟁들은 다음과 같이 크게 네 가지 논쟁으로 구별해볼 수 있다. 규범윤리학 방법론 논쟁, 자유주의 내부의 복지국가 논쟁, 국가의 중립성 논쟁 그리고 민주적 정당성 논쟁. 물론 이 논쟁들 모두 롤즈의 정의론과 직간접적으로 연결되어 있다.[6]

규범윤리학 방법론 논쟁—공리주의자들과의 논쟁

우선 규범윤리학 방법론 논쟁이란 윤리학의 가장 기본적인 개념인 '옳음'(the right)과 '좋음'(the good)에 대한 규정 및 그 상관관계에 대한 논쟁을 말한다. 대체로 아리스토텔레스와 같은 목적론자들이나 벤담과 같은 결과론자들의 경우 궁극적인 목적을 설정한 후 이 목적에 비추어 우선 '좋음'을 규정한다. 그리고 '좋은 것을 하는 행동'이 '옳은 행동'이 된다. 반면 칸트와 같은 의무론자들은 사람으로서 마땅히 해야 할 일 혹은 인권과 같은 불가침의 권리에 주목하면서 '좋음'과 상관없이 '옳음'을 규정하고자 한다. 그리고 이 '옳음'의 범위 안에서 '좋은 것'을 추구해야 한다. 현대의 대표적인 의무론자인 롤즈는 '좋음에 대한 옳음의 우선성'을 강조한다. 이 논쟁은 롤즈를 거치면서 결과론을 대표하는 공리주의와 의무론적 전통에 충실한 권리중심 자유주의 간의 대립 형태로 등장한다.

롤즈는 "모든 사람은 사회 전체의 복지라는 명분으로도 유린될 수 없는 정의에 바탕을 둔 불가침성을 갖는다"고 함으로써 의무론의 전통에서 권리중심 자유주의를 옹호한다. 이를 위해 그는 로크, 루소, 칸트 등 전통적인 사회계약론을 일반화시켜 공리주의에 대한 대안적 정의관을 제시하고자 한다. 그 결과 롤즈와 결과론자들, 즉 공리주의자들과의 논쟁은 불가피한 것이었다. 이 과정에서 센(Amartya Sen), 하사니(John Harsanyi), 애로(Kenneth Arrow) 등 공리주의 경제학자들뿐 아니라 그 외 관련 분야의 다양한 학자들까지 참여하여 롤즈의 정의관의 핵심이 되는 정의의 두 원칙에 대한 정당화 및 그 내적 정합성 문제뿐 아니라 합리적 선택이론과의 비교연구 등 다양한 논쟁들이 전개되었다.

권리중심 자유주의 내부 논쟁—자유지상주의와의 논쟁

두 번째 논쟁은 크게 보아 의무론으로 분류될 수 있는 권리중심 자유주의 내부의 논쟁이라 할 수 있다. 간단히 말하면 이 논쟁은 자유주의 국가의 복지 정책에 대한 논쟁이다. 논쟁의 한 축은 당연히 롤즈의 정의론, 즉 롤즈의 평등주의적 자유주의이다. 논쟁의 다른 한 축은 소유권을 강조하는 노직(Robert Nozick)의 자유지상주의(libertarianism)이다. 이 논쟁은 1980년대 이후 미국의 신보수주의적 흐름을 대변하는 신자유주의 논쟁으로 발전한다.

노직에 따르면 정의에서 본질적인 것은 '경제적 평등'이 아니라 '소유할 수 있는 자유'이다. 왜냐하면 합리적 개인에게 자유로운 거래가 허용될 경우 설령 최초에 평등한 분배 상황에서 시작하더라도 일정 기간 거래가 진행되면 불균등한 상태에 이르게 되기 때문이다. 만일 거래 과정에서 폭력이나 기만 등 부정의가 개입되지 않았다면 이것은 정상적인 결과일 뿐 비난의 대상이 될 수는 없다. 그런데 만일 이러한 불균등한 상태를 최초의 평등한 상태로 되돌리고자 할 경우 개인의 자유는 부정될 수밖에 없다. 즉 자유는 평등을 원칙적으로 거부한다는 것이다.[7]

그러나 롤즈의 정의론과 연관하여 권리중심 자유주의의 내부 논쟁에서 더욱 주목할 점은 하트(H. L. A. Hart)의 비판과 그에 대한 답변을 중심으로 진행된 자유의 제도화 문제이다.[8] 롤즈는 공리주의를 입헌민주주의 제도의 도덕적 기초로서 적절하지 않다고 생각했다. 가장 큰 이유는 공리주의가 자유롭고 평등한 인격체인 시민들의 기본적 권리와 자유에 대하여 만족스러운 해명을 제시하지 못하며, 오히려 전체 사회 복지를 극대화한다는 미명 아래 노예제조차 허용할 수 있다고 보았기 때문이다. 그래서 롤즈는 기본적 권리와 자유 그리고 이들 간의 우선성에 대한 설득력 있는 해명을 제시한 후 이를 평등에 대한 민주주의적 이해와 결부하고자 하였다.

그러나 공리주의가 자유의 가치를 제대로 설명하지 못한다는 롤즈의 비판은 하트에 의해 바로 롤즈 자신에게 되돌아왔다. 1975년 『정의론』 수정판에서 롤즈는 자유 및 자유의 공정한 가치에 대해 부분적으로 수정하여 자유의 가치를 공고히 하면서도 차등 원칙에 근거하여 강력한 평등주의를 정당화함으로써 하트에 답하고자 하였지만, 1982년 다시 한 번 대폭 수정을 가하게 된다.

나아가 기본적 자유, 평등한 자유의 공정한 가치, 입헌민주주의 체제에서 자유의 제도화에 대한 이러한 일련의 논쟁에는 이미 말한 하트뿐 아니라 드워킨(Ronald Dworkin), 파인버그(Joel Feinberg), 벌린(Isaiah Berlin)을 비롯한 다수의 법학자들도 참여한다. 그 덕분에 롤즈의 정의론에 대한 논쟁은 평등한 정치적 자유의 공정한 가치에 대한 논쟁으로 발전하였으며, 또한 이를 바탕으로 사회 제도에 대한 논쟁으로 확장되면서 그 폭과 깊이 모두 비약적으로 팽창한다.

국가의 중립성 논쟁—공동체주의와의 논쟁

세 번째 논쟁은 소위 자유주의 국가의 중립성 문제(neutrality problem)에 대한 것이다. 이 문제는 멀리는 '정의란 강자의 이익에 불과하다'는 트라시마코스의 주장에서부터 가까이는 마르크스 이후 '국가란 부르주아지의 이익을 대변하는 도구'일 뿐이라는 급진좌파 사회주의자들의 계급이론에 이르기까지 자유주의 정치철학에서 피할 수 없는 문제이다. 그런데 롤즈는 이 문제를 시종일관 '좋음에 대한 옳음의 우선성'(priority of the right to the good)이라는 관점에서 접근하고 있다. 이것은 다음과 같이 두 가지 의미로 해석될 수 있다. 첫째, 개인의 권리가 공동체의 이익에 우선한다는 의미이다. 둘째, 정의의 원칙이 특정 가치관에 의존하지 않는다는 의미이다.

『정의론』에서 롤즈는 '옳음의 우선성'을 칸트주의적 인간관과 결부하여 설명한다.[9] 롤즈는 인간을 단순히 욕망의 총체로 간주하지 않는다는 점에서 공리주의와의 차이를 다시 한 번 부각시키면서도, 실현해야 할 특정한 목적을 지닌 존재로도 간주하지 않는다는 점에서 아리스토텔레스 식의 완전설(perfectionism)과도 결별한다. 반면 롤즈에게 '합리적·도덕적 인격체로서 자유롭고 평등한 인간'이란 우리의 목적을 우리 스스로 선택하는 자유롭고 독립적인 자아이며, 자신의 목적을 스스로 선택한다는 점에서 어떤 선행하는 도덕적 의무나 유대에 의해 구속되지 않는 자율적 존재이다.

롤즈에 대한 공동체주의적 비판은 처음에는 샌델을 중심으로 이런 칸트적 인간관에 집중되었다. 그러나 매킨타이어(Alasdair MacIntyre), 테일러(Charles Taylor), 왈저(Michael Walzer), 웅거(Roberto Unger), 바버(Benjamin Barber), 벨라(Robert Bella), 에치오니(Amitai Etzioni) 등 무수한 공동체주의자들이 비판에 합류하면서 그 쟁점 역시 자유주의 전반으로 확대되며 매우 다양한 모습으로 등장하였다. 이들의 비판을 다음과 같이 정리해볼 수 있을 것이다. 즉 자유주의자들은 인간의 규범 내지 윤리적 삶에서 공동체의 가치를 적절히 평가하지 않고 공동체적 관계를 계약적 관계로 이해하여 수단적 가치만을 부여함으로써 부모자식 간의 의무처럼 계약에 선행하는 자연적 의무를 제대로 설명하지 못하며, 잠정적이고 이차적인 교정 덕목(remedial virtue)이라 할 수 있는 정의를 최고의 덕목으로 상정함으로써 인생의 궁극적 목적에 대한 관심을 약화시켜 결국 인간을 도덕적 빈곤 상태로 몰고 간다는 것이다.

민주적 정당성 논쟁—정치적 자유주의의 등장

롤즈의 '정치적 자유주의'는 공동체주의자들의 다양하고 격렬한 비판의 와중에서 등장한 것은 사실이다. 그런데 롤즈는 자신의 정의관에 대한 공동체주의자들의 비판에 답하는 대신 자신의 과제가

"민주 사회를 위한 가장 적합한 도덕적 기초"를 마련하기 위한 것이었다는 점을 다시 한 번 확인하면서, 『정의론』에서는 도덕철학과 정치철학의 구분이 이루어지지 않았다는 점을 가장 먼저 지적한다.[10]

이런 구분이 필요한 이유는 현대 민주주의 사회의 불가피한 현실, 즉 다원주의 문제 때문이다. 롤즈는 이러한 현실을 진지하게 수용하면서 이를 두고 '합당한 다원주의'(reasonable pluralism)라고 말한다. 합당한 다원주의란 한 사회 내에 다양한 '포괄적 교설'(comprehensive doctrine)들이 공존하면서 서로 경쟁하며 갈등하는 상황이다. 그런데 그 각각의 교설들이 나름대로 일리가 있다는 것이다. 이것은 인간의 이성이 자유롭게 발휘된 불가피한 귀결이다. 이런 상황에서 한 사회 전체를 운영하는 기본적 원칙들, 즉 정의관에 대한 합의를 모색하고자 할 때 그 정의관은 포괄적 교설들처럼 궁극적이거나 보편적인 진리를 모색하는 것이 아니라 공동체 생활의 핵심이 되는 매우 제한된 내용, 즉 정치적인 것들이어야만 한다. 그런데 『정의론』에서 '질서정연한 사회'(well-ordered society)라는 개념은 이러한 다원주의라는 상황을 제대로 반영하지 못하고 있었기 때문에 비현실적이며, 따라서 그에 기반을 둔 합의는 안정성(stability)을 얻을 수 없다는 것이 바로 롤즈 자신의 불만이었다.[11]

2 │ '공정으로서 정의'와 정의의 두 원칙

'공정으로서 정의'라는 롤즈의 정의관 전체를 아우르는 핵심 발상은 사회를 자유롭고 평등한 시민들 간의 협력의 틀(society as a cooperative venture)로 이해한다는 점이다. 이러한 사회가 운영되기 위해서는 우선 협력의 공정한 조건에 대한 합의가 이루어져야 한다. 따라서 정의의 1차적 주제는 사회의 기본 구조, 즉 사회의 주요 제도가 권리와 의무를 배분하고 사회 협동체로부터 발생하는 이익을 분배하는 방식이 된다.[12]

여기서 사회의 주요 제도란 정치의 기본법이나 기본적인 경제적·사회적 체제를 말하며, 그 주요한 예를 들어보자면 사상의 자유, 양심의 자유, 경쟁시장, 생산수단의 사유에 대한 법적 보호와 일부일처제 등과 같은 것이다. 따라서 최초의 합의, 즉 원초적 합의 (original contract)의 대상은 특정 형태의 사회 구조나 정부 형태가 아니라 사회의 기본 구조에 대한 정의의 원칙들이다. 물론 공동체주의자인 왈저는 분배적 정의를 논의하는 과정에서 분배 원칙에 대한 합의보다 누구와 분배할 것인가의 문제, 즉 성원권(membership)에 대한 논의가 선행되어야 한다고 주장한다.[13]

최초의 계약을 할 때 가장 중요하게 다루어야 하는 것은 무엇일까? 롤즈는 계약 상황 자체가 공정한지 먼저 살펴보고자 한다. 최초의 상황을 공정하도록 구현하기 위해 롤즈는 근대 사회계약론에서 흔히 볼 수 있는 '자연상태'(the state of nature) 개념을 원용한다. 우리 모두가 최초의 계약 상황에 있다고 상상해보자는 것이다. 롤즈는 '무지의 베일'(veil of ignorance)이라는 일종의 사고 실험을 제안한다. 계약을 할 때 각자가 처한 특수한 사정에 따라 유리할 수도 있고 불리할 수도 있다. 아주 절박한 상황이라면 불리한 조건을 어쩔 수 없이 받아들이게 되고 여유 있는 상황이라면 유리한 조건을 고집하게 될 것이다. 그래서 롤즈는 계약에 영향을 줄 수 있는 특수한 사정을 아예 모른다고 가정하자고 한다. 이것이 바로 무지의 베일이라는 가정을 도입하는 이유이다. 즉 계약 당사자들에게 일반적인 지식은 허용하지만 그들의 특수한 여건에 대한 정보는 차단하는 제약 조건을 둠으로써 그들이 처음부터 개별적인 특수한 이익을 증진할 수 없는 공정한 상황에서 정의의 원칙들에 합의하도록 유도하는 것이다.[14]

이렇게 볼 때 롤즈가 홉스처럼 최초의 계약 상황에서 모든 사람이 사소한 차이는 있지만 근본적으로는 평등하다고 가정하고서 출발하는 것은 아니다. 롤즈는 자신이 근대 계약론을 원용한다고 할 때 로크, 루소, 칸트를 언급하지만 홉스에 대해서는 일체 언급하지 않는다. 홉스와 달리 롤즈는 최초의 계약 상황에서 계약 당사자들이 가능한 한 평등한 입장에 있을 수 있도록 배경적 상황을 조정하고자 한다는 점에서 칸트주의적 계약론 전통에 충실하다고 할 수 있다.[15]

이러한 가설적 상황인 원초적 입장(original position)에서 당사자들은 차등의 원칙이나 평균 공리의 원칙 등 다양한 여러 대안적 정의관에 대한 비교 및 심의 과정을 거쳐 다음과 같은 정의의 두 원칙에 합의하게 된다.

제1원칙: 평등한 자유의 원칙

각자는 평등한 기본권과 자유의 충분히 적절한 체계에 대해 동등한 권리주장을 갖는바, 이 체계는 모두를 위한 동일한 체계와 양립 가능하며, 또한 이 체계에서는 평등한 정치적 자유들, 그리고 오로지 바로 그 자유들만이 그 공정한 가치를 보장받는다.

제2원칙: 차등의 원칙

사회경제적 불평등들은 다음 두 가지 조건을 만족시켜야 한다.

첫째, 기회 균등의 원칙. 이러한 제반 불평등은 기회의 공정한 평등의 조건하에서 모두에게 개방되어 있는 직위와 직책에 결부되어 있어야 한다.

둘째, 최소 수혜자 우선성의 원칙. 이러한 불평등들은 사회의 최소 수혜 성원들의 최대 이익이 되어야만 한다.

당연히 제1원칙이 제2원칙에 우선한다. 즉 평등한 자유의 원칙이 차등의 원칙에 우선한다. 이를 두고 자유 우선성의 원칙이라고 한다. 제2원칙 내부에서도 첫 번째 기회 균등의 원칙이 두 번째 최소 수혜자 우선성 원칙에 우선한다.[16]

3 | 복지국가 자본주의는 정의로운가?

롤즈가 제시하고 있는 정의의 두 원칙은 어떤 경제 체제와 잘 부합할 수 있을까? 이 문제는 철학자들뿐 아니라 정치학자들, 사회학자들, 나아가 경제학자들까지 가세하면서 현재까지도 격렬한 논쟁의 대상이 되고 있다. 많은 학자들은 롤즈의 정의론을 "평등주의라는 상표를 단 복지국가 자본주의에 대한 철학적 옹호론"(a philosophical apologia for an egalitarian brand of welfare state capitalism)으로 이해했다. 그러나 다른 일군의 학자들은 롤즈의 정의론과 부합할 수 있는 정치경제 체제는 고전적인 마르크스주의에서 말하는 자본주의와는 전혀 다른 체제라는 주장을 펴고 있다. 롤즈 역시 자신의 정의론과 부합할 수 있는 체제들의 목록에서 복지국가 자본주의를 분명히 배척한후, 정의론과 양립 가능한 체제로 재산소유 민주주의와 자유주의적(민주주의적) 사회주의를 제시하고, 전자를 구체적으로 예시하였다.[17]

그렇다면 롤즈가 자본주의에 대한 대안으로 제시하고 있는 재산소유 민주주의는 어떤 체제일까? 이 문제를 다루면서 왜 복지국가 자본주의가 롤즈의 정의론과 양립할 수 없는지에 대해서도 자연스럽게 논의하게 될 것이다.

재산소유 민주주의

재산소유 민주주의라는 개념은 원래 경제학자 미드(James Meade)로부터 롤즈가 빌려온 개념이다. 미드는 자본주의에 대한 대안이 될 수있는 체제를 다음 네 가지로 제시한다.[18]

i) 노동조합 국가(A Trade Union State)

ii) 복지 국가(A Welfare State)

iii) 재산소유 국가(A Property-Owning Democracy)

iv) 사회주의 국가(A Socialist State)

그런데 미드는 재산소유 국가와 사회주의 국가만이 자본주의에 대한 대안이 될 수 있다고 주장하였다. 롤즈의 '재산소유 민주주의'는 미드의 것과 대동소이하다. 다만 한 가지 주목할 만한 차이점이라면, 미드가 사회적 평등을 이루기 위해 유전공학적인 사회 정책까지 옹호하는 데 비하여 롤즈는 이런 정책에 대해 개인의 기본적 자유를 침해할 수 있다는 점을 들어 명백히 거부한다는 점이다.

롤즈는 자본주의의 대안으로 재산소유 민주주의를 제시하면서 그 기본적인 사회적 제도들에 대해 다음과 같이 윤곽을 제시한다.

i) 정치적 자유들의 공정한 가치를 보장하는 장치들

ii) 교육 및 훈련에서 기회의 공정한 평등을 실현하기 위한 장치들

iii) 모든 이들을 위한 기본적 수준의 보건의료[19]

나아가 롤즈는 다음 두 가지 조건을 더 추가한다. 즉 1) 경쟁적 시장 체제, 2) 시장의 불완전성을 시정하고 나아가 분배적 정의의 관건이 되는 배경적 제도들을 보존하기 위한 적정 수준의 국가 개입.[20] 요컨대 재산소유 민주주의의 기본적 제도들은 위에서 지적한 i), ii), iii) 그리고 경쟁적 시장 체제 및 적정 수준의 국가 개입으로

이루어져 있다고 할 수 있을 것이다.

　롤즈는 재산소유를 평등하게 하는 핵심적인 제도적 방안으로 1) 증여 및 상속에 대한 누진과세, 2) 다양한 종류의 교육 및 훈련 기회의 평등을 진작시키는 공공 정책을 제시한다.[21] 일반적으로 교육 기회의 평등을 실현하고자 하는 공공 정책은 시민들이 소득 획득 능력을 갖추도록 하는 적극적인 정책이라 할 수 있다. 그러나 가정의 자율성이 존중되는 한, 그리고 개인의 소득 획득 능력에 결정적인 영향을 미치는 고등교육의 경우 그 비용이 엄청나다는 점을 고려한다면, 교육 기회의 실질적 평등을 실현하는 것은 항상 불완전할 수밖에 없다. 이에 비해 증여 및 상속의 경우, 누가 어느 정도를 받게 되는가는 대부분 우연에 의해 결정되며 도덕적 관점에서 볼 때 임의적인 것(arbitrary)이다. 그렇기 때문에 배경적 정의를 훼손할 정도의 불평등을 야기할 수 있는 증여 및 상속에 대해서는 누진과세를 할 필요가 있다. 바로 이 누진과세와 관련하여 롤즈의 정의론은 복지국가 자본주의와 완전히 결별한다.

재산소유 민주주의와 복지국가 자본주의

사실 현대의 어떤 산업국가도 자연적 우연들이나 사회적 우연들이 그 사회 성원들의 인생 전망을 전적으로 결정하도록 허용하지는 않는다는 점에서 모두 복지국가라고 할 수 있다. 복지국가를 이처럼 넓게 해석한다면, 롤즈의 재산소유 민주주의 역시 복지국가라고 할 수 있을 것이다. 그러나 복지국가는 복지국가 자본주의와는 매우 다르다. 복지국가 자본주의는 공리주의를 근거로 한 경제 체제를 말한다. 물론 롤즈의 재산소유 민주주의 체제 역시 복지국가 자본주의와 마찬가지로 생산수단에 대한 사적인 소유를 허용하고 있다는 점에서 상당히 비슷한 점도 있다.

그러나 복지국가 자본주의는 소수가 생산수단을 거의 독점하는 것을 처음부터 배제하지 않는다. 복지국가 자본주의는 최종 상태에 이르러 각자의 총소득(불로소득과 근로소득 모두)을 산정하고, 이 소득에 대한 누진과세를 통해 빈자들을 지원하는 복지 기금을 마련하고자 하는 재분배 정책을 사후에(ex post) 선택한다. 그러나 재산소유 민주주의에서 취하는 누진세제는 빈자들을 위한 보조금을 마련하기 위한 것이 아니다. 이것은 제반 정치적 자유의 공정한 가치와 기회의 공정한 평등에 역행할 수도 있는 부의 과도한 축적을 막고자 하는 것이다. 따라서 재산소유 민주주의 국가에서 누진세는, 그 성원들 간의 협동의 초기 조건을 공정하도록 하고자 하는 것이기 때문에, 증여 및 상속 등 협동의 공정한 조건을 위협할 수 있는 불로소득으로 엄격히 한정된다.

결국 재산소유 민주주의에서는 협동의 최초의 상황을 공정히 하고자 상속, 증여 등의 불로소득에 대한 사전(ex ante) 누진과세가 있을 뿐, 근로소득에 대해 사후에(ex post) 과세를 하는 것은 전혀 없다. 즉 재산소유 민주주의는 그 배경적 제도들을 통해 처음부터 재산과 자본의 소유를 분산시키는 방향으로, 다시 말해 사회의 소수 집단이 경제 및 정치를 장악하는 것을 처음부터 막는 방식으로 작동하는 것이다. 나아가 이렇게 함으로써 재산소유 민주주의 체제에서는 복지국가 자본주의에서와는 달리 누진세제가 노동유인(incentive)

에 미치는 부정적 영향을 최소화하고자 한다. 그 결과 롤즈가 생각하고 있는 재산소유 민주주의 사회에서 최소 수혜자들은 복지국가 자본주의에서처럼 시혜나 연민의 대상이 아니라, 호혜성(reciprocity)의 원칙에 따라 다른 시민들과 상호 이익을 공유하는 자유롭고 평등한 시민으로 간주되면서 사회적 자존을 훼손당하지 않을 수 있게 되는 것이다.

민주적 사회주의

롤즈의 재산소유 민주주의와 민주적 사회주의 간의 가장 큰 공통점은 양자 모두 경쟁시장 체제를 수용한다는 점이다. 즉 두 체제에서 기업들은 시장 가격을 두고 서로 경쟁한다. 그러나 민주적 사회주의에서는 자본주의적 기업이 금지되며, 오직 노동자가 통제하는 "협동조합들"(cooperatives)만이 서로 경쟁하게 된다. 이러한 협동조합들에 속해 있는 노동자들은 생산수단과 관련해 이용권과 수익권을 갖지만, 생산수단에 대한 완전한 소유권(full ownership)을 갖지는 못한다. 즉 노동자들은 생산수단에 대해 이용권이나 수익권을 가질 수는 있지만 이러한 권리들을 외부인들에게 팔 수는 없다. 만일 노동자들이 이러한 권리들을 외부인들에게 팔 수 있게 된다면, 자본주의적 기업들이 출현할 것이며, 이러한 기업들이 출현할 경우, 정치적 자유들의 공정한 가치를 보장하기 위해 그 배경적 제도들에서 불평등을 제거하고자 한 사회주의적 노력들이 수포로 돌아갈 수밖에 없기 때문이다.

롤즈의 정의론이 재산소유 민주주의보다 오히려 민주적 사회주의를 더욱 지지한다는 논변 역시 적지 않았다. 이러한 주장들은 주로 다음과 같은 두 가지 사실에 근거하고 있다. 첫째, 롤즈가 기회 있을 때마다 "자존"(self-respect)이라는 가치를 매우 강조하였다는 점이다.[22] 둘째, 롤즈가 강조하는 자존이라는 가치는 자본주의 사회에서 제대로 실현되기 어렵다는 점이다. 왜냐하면 대부분의 자본주의 체제에서 허용되고 있는 심각한 수준의 경제적 불평등은 자존의 사회적 기초를 훼손할 수밖에 없기 때문이다.

그렇다. 롤즈는 자유롭고 평등한 인격체인 시민들이 그들의 도덕적 능력들을 계발하고 발휘하는 데 있어서 자존이 무엇보다도 가장 중요한 사회적 기본 가치라는 점을 기회가 있을 때마다 강조하였다. 롤즈가 중요하게 생각한 사회적 기본 가치들은, 자유롭고 평등한 시민들이 도덕적 능력들을 계발하고 발휘하기 위해 필요한 제도적 조건들로서 다음과 같은 다섯 가지이다. a) 기본권, b) 거주 이전의 자유와 직업 선택의 자유, c) 공직 선출권 및 피선거권, d) 소득과 부, e) 자존의 사회적 기초.

누구나 목격하고 있듯이 자본주의적 경제 체제에서 노동자와 자본가 간의 현저한 불평등은 결국 자존의 사회적 기초를 붕괴시키는 결과를 초래할 수밖에 없다. 따라서 자존의 사회적 기초들을 평등하도록 하는 해결책은, 자본가와 노동자 간의 본질적인 불평등을 없애는 것, 즉 생산수단에 대한 사유재산권을 권리의 목록에서 배제하는 민주적 사회주의를 지지할 수밖에 없다는 것이다.

그러나 롤즈의 정의론이 생산수단에 대한 사적인 소유권을 부정할 수밖에 없다는 주장은 무엇보다도 롤즈 자신의 입장을 과도하게 해석한 것이라 할 수 있다. 롤즈는 다음과 같이 조심스럽게 말한다.

> (재산권에 대해) 더 이상으로 진전된 어떤 입장도 두 가지 도덕적 능력들의 계발과 실현에 필요한 기본적 가치로 간주될 수 없다.[23]

이 점은 마르크스주의적 정의론과 비교해 롤즈의 정의론이 갖는 한 가지 주요한 특징이다. 롤즈는 개인적 재산에 대한 권리(the right to personal property)와 생산수단에 대한 사유재산권(private ownership over means of production)을 구분한 후, 전자를 인격의 자유와 통합성(integrity)에 속하는 기본권으로 상정하지만 후자의 권리를 정의의 원칙에 의해 요구되는 기본권으로 간주하지는 않는다.

롤즈가 정의의 두 원칙들의 내용을 예시하기 위해 재산소유 민주주의와 민주적 사회주의 사이에서 결정을 해야 할 필요는 없다. 그는 어느 체제에서건 정의의 두 원칙이 실현될 수 있다고 주장하고 있기 때문이다. 즉 롤즈는 두 체제 간의 선택의 문제를 정의론 자체의 귀결에 의해서가 아니라 해당 사회의 역사적·정치적 전통, 곧 정치사회학에 의해 결정될 문제로 간주한다. 이 점은 경제 체제의 선택 문제가 기본권들에 의해 결정되지 않는다는 주장으로, 체제 중립성을 표방하는 현대 철학적 자유주의의 핵심적인 주장이라고 할 수 있다.

둘째, 자존의 사회적 기초를 평등하게 하는 일과 생산수단에 대한 사적인 소유를 금지하는 것은 상호 필요조건도 충분조건도 아니라는 점이다. 물론 생산수단에 대한 사유재산권은 이를 소유하지 못한 자들을 생산수단으로부터 배제하며 따라서 경제적인 불평등으로 나타난다. 그러나 생산수단에 대한 사유재산권을 부정한다고 해서 곧장 자존의 사회적 기초들에서 평등이 보장되는 것은 아니다. 또한 어떤 형태의 재산이건 그것이 생산수단이건 아니건 과도한 재산의 집중은 자존의 사회적 평등을 훼손하고 말 것이다. 따라서 롤즈의 정의론이 재산소유 민주주의보다 민주적 사회주의를 더욱 지지해야만 한다는 논변은 생산수단에 대한 모든 시민의 평등한 접근권(access rights)이 자존의 사회적 기초를 실질적으로 평등하게 하는 결과를 낳을 수 있다는 점을 보여주어야만 하는 입증의 부담을 안고 있다. 이것은 체제를 선택하는 과정은 정치철학적인 논의뿐 아니라 해당 사회의 역사적 전통이나 경험과학적 자료들에도 상당한 정도로 의존할 수밖에 없다는 점을 보여주는 것이라 할 수 있다.

4 | 왜 정치적 자유주의인가?— 민주적 정당성과 공적 이성

『정의론』에서 정의의 두 원칙에 대한 합의를 모색하면서 롤즈는 두 가지 중요한 가정 위에서 출발하였다. 그 하나는 정의의 여건이라는 발상이며 다른 하나는 '질서정연한 사회'라는 관념이다. 정의의 여건(circumstances of justice)이란 흄으로부터 원용한 것인데 어떤 사회에서 정의를 논하기 위해서는 다음과 같은 두 가지 조건이 충족되어야 한다는 것을 의미한다.

첫째 여건은 그 사회의 경제적 상황이 적절히 부족한 상황이어야 한다는 객관적인 물질적 조건이다. 즉 그 사회가 지나치게 빈곤하지도 과도하게 부유하지도 않아야 한다는 것이다. 만일 사람들이 당장 끼니조차 구하기 힘들 정도로 사회가 지나치게 빈곤할 경우 그 사회에서 정의를 논하는 것은 사치가 되고 말 것이다. 이와는 달리 모든 사람들이 온갖 요구를 모두 충족할 수 있을 정도로 풍요로운 사회라면 굳이 정의를 말할 필요도 없을 것이다. 이 가정 때문에 롤즈의 정의론은 미국이나 서유럽처럼 유복한 사회에서나 통용될 수 있는 이론이라는 비난을 받았다.

둘째 여건은 제한된 이기심이라는 주관적 조건이다. 만일 그 사회의 구성원들이 욕심이 끝이 없을 정도로 과도하게 이기적이라면 정의를 논하는 것 자체가 불가능할 것이다. 이와 달리 그 사회의 사람들이 어떤 어려운 상황에서도 자신보다 남을 먼저 고려하고자 한다면, 정의를 말할 필요조차 없을 것이다.[24] 사실 이러한 두 가지 여건을 롤즈가 가정하고 있다고 해서 이상론을 펴고 있는 롤즈에게 결정적 타격이 될 수는 없다.

롤즈 스스로 심각한 문제라고 여긴 것은 따로 있다. 그것은 정의의 원칙에 대한 합의의 가능성 그리고 그 합의를 준수할 가능성을 매우 낙관적으로 생각했다는 점이다. 이것을 롤즈의 어법을 빌려 말한다면, 『정의론』에서 제시한 '질서정연한 사회'라는 발상이 비현실적이며 따라서 안정성에 문제가 있다는 것이다.[25]

질서정연한 사회란 어떤 원칙이나 이론에 따라 일관성 있게 운용되는 사회를 말한다. 만일 한 사회가 공리주의에 따라 다스려지고 있다면 그 역시 질서정연한 사회라 할 수 있다. 그런데 바로 이런 발상이 지극히 비현실적이었다는 것을 롤즈 스스로 인정한 것이다. 왜냐하면 인간의 이성이 자유롭게 발휘된 어떤 사회이건 다원주의라는 것을 피해갈 수는 없기 때문이다. 즉 문제는 한 사회 내에서 서로 다를 뿐 아니라 경쟁하기도 하고 갈등하기조차 하는 다양한 입장들이 있다는 점이다. 우리 사회 안에 있는 여러 종교들을 생각해보면 쉽게 이해할 수 있을 것이다. 우리 사회 안에는 유교, 불교, 기독교와 같은 기성 종교뿐 아니라 여러 신생 종교들이 공존하고 있다. 대부분의 종교들은 인생의 궁극적 목적이나 진리에 대해 주장하고자 한다. 그리고 그 나름대로 일리도 있지만 종교마다 서로 다른 가르침을 주고자 한다. 롤즈는 이와 같이 개인의 일상적인 행동에서부터 인생의 궁극적인 목적까지 포괄하며 어느 정도 일관적인 체계를 가지고 있는 입장을 포괄적 교설이라고 하였다.

　그런데 문제는 한 사회 내에 다양한 포괄적 교설들이 존재한다는 점이다. 그리고 우리는 정치 공동체에 자발적으로 온 것도 아니고 임의로 떠날 수도 없다. 그렇기 때문에 국가의 권력은 모든 시민에게 동의를 받아야 하는 것이다. 이 점 때문에 그는『정치적 자유주의』에서 민주주의 사회에서 정치적 정의의 가장 기본적인 문제를 다음과 같이 재정식화한다.

　합당한 종교적, 철학적, 도덕적 교설들로 심각하게 분열되어 있는

자유롭고 평등한 시민들로 구성된 정의롭고 안정적인 사회가 상
당 기간 존재하는 것이 어떻게 가능한가?[26]

다원주의를 진지하게 수용하면 수용할수록 자유롭고 평등한 시
민들 사이에서 정의의 원칙들, 곧 공동선(a common good)을 모색하는
일은 훨씬 더 어려워질 수밖에 없다. 서로 상반되는 다양한 철학적,
종교적, 윤리적 교설들을 가진 시민들은 정의관뿐 아니라 입헌적
원칙 그 자체에 대하여 당연히 매우 상이한 입장을 취할 것이고 그
결과 그에 대한 정치적 합의는 복잡하게 될 수밖에 없을 것이다.

뿐만 아니라 설령 입헌 원칙에 대한 합의가 이루어졌다 해도 그
에 대한 해석 및 적용 과정에서 다양한 견해 차이가 발생할 수 있
다. 현대 다원주의 사회의 내재적인 규범적 불일치는, 철학적으로
혹은 종교적으로 다른 견해를 가지고 있는 이들이 하나의 정치 체
제에 쉽게 동의하지는 않을 것이라는 점에서,[27] 사회 성원들 간의
정치적 합의를 형성하는 데 방해물임에 분명하다. 그렇기 때문에
롤즈는『정치적 자유주의』에서 내재적인 규범적 불일치를 '합당한
다원주의의 사실'(the fact of reasonable pluralism)로 간주하여 현대 자유민
주주의 사회의 영구적인 특징으로 가정하는 것이다.[28]

『정치적 자유주의』에서 현대 자유민주주의를 위한 정치적 합의
를 모색하는 롤즈의 작업은 이처럼 다원주의 사회에서의 정치적
합의와 관련된 난점들에 대처하는 과정이라 할 수 있다. 이를 위
해 롤즈는『정치적 자유주의』에서 중첩적 합의와 공적 이성이라는
두 가지 핵심적 관념을 도입한다. 간단히 말해 중첩적 합의란 사회

를 정초하는 정치적 합의의 원칙들이 그 사회 내에 존재하는 모든 합당한 포괄적 교설들로부터 중첩되는 동의를 받도록 해야 한다는 생각이다.²⁹

이에 비해 공적 이성이란 정치적 정의관에 대한 중첩적 합의는 그 사회의 자유롭고 평등한 시민들이 공유하고 있는 이성에 기초하여 정당화되어야 한다는 점, 그리하여 이성적인 시민이라면 누구나 합의할 수 있으며, 따라서 중첩적 합의가 그 사회에서 서로 경쟁하는 포괄적 교설들과는 독립적으로 존립한다는 생각이다.³⁰ 롤즈는 공정으로서 정의가 중첩적 합의의 초점이 되고 공적 이성에 의해 정당화될 때 다원주의 사회의 시민들이 공정으로서 정의라는 자신의 정의관을 받아들일 것이라고 생각한다.

그렇다면 어떤 종류의 민주주의관이 롤즈의 이런 정의관의 특성을 잘 반영하는가?『정의론』에서 롤즈는 민주주의를 평등, 즉 정치적 자유들의 공정한 가치를 평등하게 받는 것과 거의 동일하게 생각한다. 그러나『정치적 자유주의』에서 롤즈는 정의가 심의민주주의 개념(the deliberative conception of democracy)까지 포함한다고 주장한다. 대체로 말하자면, 공적 이성을 매개로 하는 롤즈의 정의관은 사회의 구성원들이 정치적 합의에 적극 참여할 때 국민 주권(popular sovereignty)이 내실화될 수 있다는 것을 함축한다는 점에서 정치 과정에 적극 참여하고자 하는 국민의 공적 의지를 필수적으로 요청한다고 할 수 있다.

그렇다면 다음과 같은 질문이 당연히 제기된다. 공적 이성을 매개로 하는 롤즈의 정치적 자유주의는 정치 공동체를 만들고 정치에 지속적으로 참여하고자 하는 국민의 민주적 의지를 형성하기에 충분한가? 롤즈가 제시하고 있는 이와 같은 유형의 정치적 자유주의 사회를 왜 그리고 어떤 의미에서 민주주의 사회라 할 수있는가? 롤즈는 민주주의에 대해 다음과 같이 말하고 있다.

> 민주 사회를 특징짓는 것은 사람들이 자유롭고 평등한 시민으로서 협력한다는 점이며, (이상적인 경우) 시민들이 협력을 통해 성취하는 바는 정의의 원칙들을 실현하고 또한 시민들에게 시민으로서 그들의 필요를 충족시켜주는 전(全)목적적 수단을 제공하는 배경적 제도들을 구비한 정의로운 기본 구조이다.[31]

우선 민주주의에 대한 롤즈의 입장의 뿌리에는 자유롭고 평등한 시민들 간의 협력이라는 생각이 자리 잡고 있다. 이런 의미에서 민주주의란 일차적으로는 자치를 의미한다고 할 수 있다. 롤즈는 자치란 관념을 사회의 정치 조직 내에 있는 자유롭고 평등한 인격체들 간의 협력을 의미하는 것으로 해석한다. 다시 말해 롤즈에 있어서 '정치권력이란 집합적 단위로서 자유롭고 평등한 시민들의 권력'[32]인 것이다. 이렇게 볼 때 시민 집단의 민주적 권력은 결국 정치권력의 행사와 연관된다.

> 언제 이 권력은 적절히 행사되는가? 다시 말해, 만일 이 권력의 행사가 다른 시민들에게 정당화되어야 하며 또한 그 과정에서 시민들의 합당성과 합리성을 존중해야만 한다면, 자유롭고 평등한

시민들인 우리가 어떤 원칙과 어떤 이념에 비추어 우리의 권력 행사를 바라보아야만 하는가?[33]

롤즈의 답은 이렇다. 즉 정치권력의 민주주의적 행사는 첫째 사람들의 자유와 평등을 존중하며 둘째 시민들의 합의를 얻을 수 있는 원칙들에 의하여 제한되어야 한다는 것이다. 롤즈의 설명에 따르자면, "정치권력의 행사는 정치권력이 자유롭고 평등한 모든 시민들이 그들의 공통된 인간 이성에 대해 수락 가능한 제반 원칙 및 이념에 비추어 승인할 것으로 합당하게 기대될 수 있는 헌법의 핵심 사항과 일치하여 행사될 때 정당하다."

이렇게 볼 때 롤즈가 생각하는 이상적으로 질서정연한 사회는 첫째 다원적이며, 둘째 정의롭고, 셋째 민주주의적인 사회라고 할 수 있을 것이다. 첫째, 질서정연한 사회가 다원적인 이유는 이 사회가 다양한 철학적, 종교적, 윤리적 교설들을 아우르고 있기 때문이다. 둘째, 이런 사회가 정의로운 이유는 이 사회가 시민들을 그 사회의 자유롭고 평등하며 협력하는 구성원으로서 대우하는 공정으로서 정의 혹은 기타 정의관을 제도화하고 있기 때문이다. 셋째, 이 사회가 민주주의적인 이유는 이 사회의 정치적 헌장이 공적 이성에 의해 정당화되기 때문이다.

II

Alasdair
MacIntyre

2 매킨타이어
덕과 공동체, 살아 있는 전통

이양수

알래스데어 매킨타이어(Alasdair MacIntyre, 1929~)는 1929년 1월 12일 스코틀랜드 글래스고에서 태어났다. 런던대 퀸 메리 칼리지에서 학위를 마친 뒤 맨체스터 대학, 옥스퍼드 대학에서 석사학위를 받았다. 1951년 맨체스터 대학 교편을 시작으로 리즈 대학, 에식스 대학, 옥스퍼드 대학에서 경력을 쌓았다. 1969년 미국으로 건너가 노터데임 대학, 밴더빌트 대학, 예일 대학, 듀크 대학 등 미국 유수 대학에서 철학사와 윤리학을 가르쳤다. 정년 후 세계 여러 곳에서 활발하게 강연과 연구를 진행 중이다. 2010년 그는 미국 가톨릭철학협회가 수여한 아퀴나스 메달을 수상했다.

매킨타이어의 전문 관심 분야는 정치철학과 윤리학이다. 그의 궤적은 화려하다. 처음에는 헤겔, 마르크스를 위시한 사회철학 사상에 심취했지만, 나중에는 박식한 고전 지식을 바탕으로 아리스토텔레스, 아퀴나스는 물론 서구 고전에 대한 독창적인 해석을 내놓고 있다. 1981년 8년에 걸쳐 완성한 『덕의 상실』(*After Virtue*)의 출간으로 세계적인 명성을 얻었다.[1] 그는 이 책에서 서구 근대 전통에서 사라진 도덕적 행위자를 복원해 덕 중심의 윤리학을 제시한다. 이후 왕성한 저술 활동으로 세간의 주목을 받고 있다. 괄목할 만한 저서를 들면 다음과 같다. 『마르크스주의와 기독교』(*Marxism and Christianity*, 1984) 『누구의 정의인가? 어떤 합리성인가?』(*Whose Justice? Which Rationality?*, 1989) 『경쟁적인 세 가지 형태의 도덕 탐구: 백과사전, 계보학, 전통』(*Three Rival Versions of Moral Inquiry: Encyclopedia, Genealogy, and Tradition*, 1990) 『의존적인 합리적 동물: 왜 인간은 덕이 필요한가?』(*Dependent Rational Animals: Why Human Beings Need the Virtues*, 1999) 『무의식: 개념 분석』(*The Unconsciousness: A Conceptual Analysis*, 2004) 『철학의 과업』(*The Tasks of Philosophy*, 2006)[2] 『신, 철학, 대학: 가톨릭 철학 전통 역사 선집』(*God, Philosophy, Universities: A Selective History of the Catholic Philosophical Tradition*, 2011).

가장 두드러진 매킨타이어 철학의 특징은 서구 근대성에 대한 체계적인 비판을 하고 있다는 점이다. 특히 그의 사상은 근대 계몽주의 전통을 계승했다고 자부하는 20세기 자유주의에 대해 매우 비판적이다. 자유주의는 근대 계몽주의의 정치적 이상인 자율적 주체를 강조하고 있는데, 매킨타이어는 서구 자유주의 전통의 '자율'이라는 도덕적 이상이 실현 불가능하다고 본다. 실상 서구 사회에서는 개인주의화가 가속화되면서 독립적이고 자율적인 주체가 아닌, 정체성을 상실한 개인들이 속출하고 있다는 것이다. 삶의 의미를 제공할 공동체가 사라지면서 공존의 토대가 무너지고 있다. '정치적 동물'로서 인간은 다양한 형태의 삶을 누리고자 한다. 하지만 인간에게 필요한 것은 진정성 있는 삶을 위한 공존조건이다. 이를 위해 공동체가 필요하고, 건전한 공동체 삶의 실현을 위해 도덕적 행위자 중심의 덕의 윤리가 요구된다. 매킨타이어의 철학은 자유주의 체제에서 활발하게 거론되지 못했던 아리스토텔레스의 덕(Virtue) 개념을 부활시키면서, 토미즘 전통에 대한 신선한 해석을 제시했다고 평가받고 있다.

현대 자유주의 사상의 가장 중요한 이론적 근거는 사회계약론의 현대적 해석으로 요약되는 자발적인 합의의 가능성이다. 그 특징은 자발적인 합의를 통해 객관적이고 보편적인 도덕규범이 창출될 수 있다는 것이다. 그리고 이를 위해서는 현실 이해관계에 초연하면서 인간의 가치에 중립적인 철학적 태도를 지향해야 한다. 하지만 매킨타이어는 자발적 합의에 근거한 근대적 합리성의 목표는 달성될 수 없다고 단언한다. 현실 이해관계에 초연하고 중립적인 태도가 불가능할 뿐 아니라, 시대를 초월하는 절대적인 가치가 애초부터 존재하지 않기 때문이다. 인간의 가치는 역사를 갖는다. 상황이 바뀌면 그 대응 방식도 바뀔 수밖에 없다. 그 대응의 산물로서 인간의 가치도 달라진다. 윤리학사는 훌륭한 논거를 제시한다. 윤리학사를 따라가 보면, 시간을 관통하는 '통약 가능한' 도덕 개념이 있는지 의심할 수밖에 없다. 오히려 '통약 불가능한' 도덕 개념들이 서로 상충하고 있을 뿐이다. 매킨타이어는 단호히 말한다. "중립적인 기준은 없다. 어떤 합리적 행위자도 중립적 기준에 호소해 도덕철학의 결론을 내릴 수 없다." 이것이 계몽주의 근대성이라면, 그 시도는 실패할 수밖에 없다.

여기서 인간의 가치가 상대화됐다는 비판이 있을 수 있다. 사실 매킨타이어 철학을 상대주의 철학으로 해석하는 경우가 종종 있다. 객관적인 기준을 포기하는 것 자체가 상대주의로 해석될 수 있다는 것이다. 만약 그의 철학에 상대주의적 함의가 내포되어 있다면 그것은 결정적인 약점이 될 것이다. 하지만 매킨타이어에 따르면 상대주의적 독해는 명백한 오독(誤讀)이다. 다원주의와 상대주의는 엄연히 다르기 때문이다. 다원주의는 다양성 속에서 통일을 지향한다. 따라서 어떤 통일적 관점도 거부하는 상대주의와 다르다. 다양한 가치가 존재한다고 해서 반드시 모든 가치가 상대적이라고 말할 수 없다. 통일적인 관점을 지향하느냐의 여부가 중요하다. 우리 시대는 다양한 가치를 존중한다. 하지만 우리 시대는 상대주의가 아니라 다원주의의 시대이다. 우리의 목표는 다양성 속에서 가능한 통합이기 때문이다. 우리에게 필요한 것은 다양성을 하나로 묶어내려는 노력, 이 같은 노력을 철학적으로 정당화하는 것이다. 근대성 논의에서 빠진 것은 다름 아닌 이 같은 가능성 자체이다. 다양한 가치와 삶의 형태를 인정하면서 하나의 주도적 삶의 가치를 모색하는 것은 현대가 봉착한 윤리적 문제를 푸는 데 중요한 과업이라는 것이다.

그런 점에서 철학적 과업 자체가 수정되어야 한다. 현실과 동떨어진 이념이 아닌, 이 땅에서 체화될 수 있는 가치 창출이 필요하다. 소크라테스가 추구한 것은 그런 삶이다. 그는 추상적인 관념에는 단호하게 비판적이었지만, 삶에 녹아들 수 있는 현실적인 도덕 개념에 대해서는 매우 우호적이었다. 그러나 오늘날 철학은 어떠한가. 전문화, 상아탑주의에 지나치게 갇혀 있지 않은가. 매킨타이어는 이런 전문화 경향을 강하게 비판한다. 전문화된 철학은 자본주의 사회 질서를 정당화하고 그 권위를 무비판적으로 수용할 뿐이다. 전문가 문화로 대체된 자본주의 사회 질서에서는 체제 순응적인 행위자들이 양산된다. 매킨타이어는 이런 현상 자체를 근대 철학 이념의 실패로 읽어낸다. 전 지구적 현상이 되어버린 체제 순응적이고 타율적인 개인들은 근대성의 이상과 거리가 멀기 때문이다. 이제 필요한 것은 비판적이고 창의적인 도덕적 행위자를 복원시키는 것이다. 자발적인 참여를 통해 스스로 갈 길을 모색하는 행위자가 필요하다. 그러려면 진정한 자기 탐구가 가능한 공동체 문화가 필요하다. 머무를 곳이 없는 나그네가 떠돌아다니듯, 공동체의 삶으로 체화되지 못한 가치도 제자리를 찾지 못한다.

이 글은 매킨타이어 사상의 주요 개념을 추적해볼 것이다. 특히 행위자 중심의 윤리에서 제기되는 덕, 공동체, 문화 전승의 문제를 본격적으로 거론해볼 것이다. 이 글은 다음과 같은 순서로 진행된다. 먼저 20세기 자유주의 체제에 대한 그의 비판을 개괄적으로 살펴본다. 계몽주의 근대성을 계승한 자유주의에 대한 비판은 매킨타이어 철학의 근본 전제를 이해하는 데 중요하다. 그다음 도덕적 행위자의 구성요건을 살펴본다. 특히 이때 중요한 역할을 하는 '실천 관행의 내재적 선'에 대해 자세히 살펴본다. 그다음 삶의 통합 가능성을 토론한다. 그 과정에서 도덕적 행위자와 주인의식의 상관관계에 필수적인 삶의 내러티브적 통합에 대해 검토한다. 또한 이야기를 통해 삶의 통일이 어떻게 가능하고, 어떻게 전통과 관련되는지를 집중 조명한다. 이를 바탕으로 우리에게 다가오는 매킨타이어 철학의 의의를 간략하게 요약하면서 글을 마무리하게 될 것이다.

1 | 20세기 정치사상과 근본 전제

20세기는 계몽주의 근대성의 유산을 물려받았다. 동서를 막론하고 공통된 현상이다. 물론 여기에는 큰 차이가 있다. 우리 전통은 근대성의 수용 과정이 서구의 방식과 다르다. 서양 전통이 내부의 타자를 매개로 자율의 이상을 완성하는 것이라면, 우리 전통에서는 서구 계몽주의 전통이 외부적 타자로 주어졌다고 할 수 있다. 그럼에도 서구 근대성의 이상은 우리에게 아직도 현재 진행형이다. 이 같은 현상은 자본주의 체제 확장과 무관하지 않다. 21세기 세계화 전략은 다름 아닌 자본주의 체제의 또 다른 변신 과정이고, 그 핵심은 서구 근대성의 확산 과정이다. 이제 서구 근대성은 자유와 무한경쟁의 이데올로기로 중무장해 우리 삶 곳곳을 지배하고 있다.

영미 전통에 한정시켜 본다면, 서구 계몽주의 근대성은 이성에 대한 무한 신뢰에서 출발한다. 자연과학은 자연 정복을 위한 무기였다. 이성은 자연을 법칙으로 설명하고, 인간에게 유용한 도구를 자연에서 찾아냈다. 계몽주의 근대성은 자연의, 인간의 정복사이다. 자연과 인간의 동등화는 인간 가치를 바라보는 시각에서도 드러난다. 자연의 일부로서 인간은 자연법칙을 통해 자연을 정복한다. 마찬가지로 인간은 자연 안에서 인간에 관한 법칙을 발견한다. 이것이 계몽주의 근대성의 핵심이다. 젊은 시절 흄은 인간 본성의 법칙을 자연법칙과 같다고 생각했다. 자유의 사도 칸트도 인간 이성을 통한 절대법칙을 찾으려고 했다는 점에서 비슷한 입장을 취하고 있다고 할 수 있다. 계몽주의 근대성의 이상에 한 걸음 내딛는 첫 단계는 선의지 자체인 이성에서 법칙성을 발견하는 것이다. 모든 인간에게 타당한 보편적 도덕법칙이 이성의 사용 안에서 가능하기 때문이다.

서구 근대성에는 가치에 대한 극단적인 이원론이 팽팽하게 맞서 있다. 인간의 감정과 정념을 바라보는 시각에 따라 입장 차이가 크다. 첫 번째 입장은 극단적인 합리주의로, 인간사를 초월한 절대적이고 보편적인 인간 삶의 법칙을 찾아내려는 시도이다. 그들은 불평등한 세상, 불의로 가득한 사회를 제도적으로 개선하고 평등 사회를 구현할 아르키메데스 점, 이 세상의 '빛과 소금'이 될 절대적 가치를 찾아내려고 했다. 이 입장에 따르면 이성은 인간의 감정을 통제하고 인간다운 가치를 실현할 내적 근거이다. 또 다른 입장은 회의주의로, 감정을 중시한다. 흄의 회의주의를 계승한 근대성은 이성을 '정념의 노예'로 보면서 절대적이고 보편적인 가치의 존재, 더 나아가 도덕적 가치 자체를 거부한다. 과학적 환원주의 입장에 경도된 20세기 철학은 과학적 방법에 의거하지 않는 가치이론을 부정한다. 20세기 초 논리실증주의자들도 이런 입장을 지지한다. 윤리적 가치는 인간 감정일 뿐이라고 일갈한다. 이 관점에서는 어떤 형태의 가치도 인정되지 않는다. 가치에 관한 어떤 논의도 설

땅이 없다. 형이상학과 윤리학은 철학의 영역에서 배척된다.

물론 계몽주의 근대성은 사회 개혁의 가능성을 포기하지 않는다. 자유주의가 그 대표적 사례로, 19세기 후반 점진적 제도 개혁을 통한 평등 사회 구현을 꿈꾼다. 규범윤리의 화려한 부활은 사회 개혁의 동력을 찾기 위한 것이다. 규범윤리학은 계몽의 이상을 다시 복원시키며 사회 정의를 되묻는다. 존 롤스의『정의론』은 새로운 실천철학의 가능성을 열어놓는다. 불평등한 사회의 온갖 제도들을 공정하게 평가할 정의 원칙을 모색하면서(물론 정의 원칙은 중립적인 동시에 불편부당하다. 때문에 개인의 이해관계와 시대적 가치를 초월한다. 또한 정의 원칙은 이성을 통해 확인 가능하다) 이성에 대한 신뢰, 계몽주의 정치철학에 불을 지핀다. 이런 시도의 실천적 파괴력은 자본주의 체제의 내적 논리와 연관된다. 자본주의 체제가 공고화될수록 사회 변화에 대한 갈망도 커져간다. 역설적으로, 자유를 갈망할수록 부자유도 쉽게 느끼는 법이다. 그래서 사회 정의와 평등을 부르짖을수록 온갖 형태의 부정의가 눈에 띄고, 계몽주의 전통의 마법도 의심받게 된다. 계몽주의 근대성은 그 자체로 수행 모순적인 역설을 지닌다.

매킨타이어의 철학은 방금 개괄한 서구 지적 전통에 대한 도전이고, 그 방식은 내재적 모순을 드러내는 것이다. 자본주의 체제는 전문가 체제다. 보통사람의 생각과 의견은 말 그대로 욕망과 소비로만 창출될 뿐이다. 전문가들의 시선이 이성의 시선이 되고, 독점적 권위로 이성에 대한 무한 신뢰를 강화시킨다. 마법 같은 합리성이 작동하며, 그것은 신화가 된다. 매킨타이어의 철학은 근대성에 대한 비판을 제시하는 것이고, 그의 전략은 근대적 신화의 작동비법을 푸는 것이다. 그의 무기는 인간 가치의 역사를 탐구하는 것이다. 그는 역사적 고찰을 통해 인간 가치의 생성과 소멸 과정을 추적한다. 그의 작업 목표는 근대성의 허구를 드러내는 것이고, 새로운 이야기를 통해 도덕적 삶을 재구성·통합하는 것이다. 성공한 CEO의 이야기에서 자본주의, 자유주의 이데올로기의 실체가 드러난다. 보통사람의 이야기가 중요하다. 진정성을 통해 사회 성원으로, 삶의 주체로 자리매김하려는 보통사람의 이야기가 중요하다. 그런 점에서 매킨타이어의 철학은 서구 전통에서 한 축을 형성하고 있는 변혁 철학의 전통에 맞닿아 있다. 그는 세계의 전복을 꿈꾼다. 무력의 방법이 아닌, 행동하는 능동적인 주체로서 세상을 이해하면서 세계의 의미를 바꾸는 전복을 꿈꾼다.

20세기 행동가들은 세상을 해석만 하는 관념론자를 비판했다. 그들은 행동하는 실천만이 세상을 바꿀 수 있다고 힘주어 말했다. 매킨타이어도 변혁의 당위성에는 동의하지만, 그 방식의 차이를 힘주어 강조한다. 무력은 또 다른 폭력, 보복의 무력을 부른다. 이것이 역사의 교훈이다. 우리에겐 우회적인 방식이 필요하다. 그 길은 길고도 험한 여정이며, 포기할 수 없는 실낱같은 희망에서 나온다는 사실을 인정해야 한다. 진정한 변혁은 지배 이데올로기를 이해하고, 이 이해를 바탕으로 그 지배 이데올로기를 변화시키는 것이다. 그런 점에서 우리의 출발점은 자본주의 체제를 지탱하고 있는 정치, 경제, 문화 구조를 분석하고 그 뿌리를 탐구해서 근본 문제를 찾는 것이다. 그런 점에서 "우리에게 드리워진" 장막을 걷어내야 한다. 편견을 걷어내면 다른 세상에 대한 갈망과 희망이 생긴다. 칠흑 같은 동굴에 들어가도 시간이 지나면 어둠에 친숙해지고, 희미한 불빛을 찾아갈 수 있는 것처럼, 도덕적 주체로서 희망이 되살아난다. '이해'는 분명 '가능성'을 열어놓는다.

　이해를 통한 점진적인 변화는 계몽주의 근대성의 또 다른 약점을 치유한다. 계몽주의 근대성의 원동력은 역사 발전에 대한 강한 믿음에 토대하고 있다. 약속의 땅이 가깝다고 생각하는 종말론자들에겐 현실이 만족스러울 수 없는 법이다. 조급함이 앞서고, 미래를 앞당기려고 한다. 급진적 개혁을 부르짖는 철학도 마찬가지다. 도래할 약속의 땅은 현실에 대한 부정만을 가르친다. 세상을 이해하기 위해서는 인내와 노력이 필요하다. 인내와 노력을 미래의 낙관적 비전으로 덧칠하는 것은 현실의 고통을 회피하는 것이다. 급진적인 변화는 인간성을 피폐시킨다. 온갖 고통에도 불구하고 인내를 통해 얻어낸 인간적인 관계가 하루아침에 물거품이 되고 만다. 우리는 너무도 힘들게 이런 현상을 경험한 바 있다. 우리는 항상 누군가를 기다리는 마음으로 변화의 싹을 키우면서 인간성을 고양해야 한다. 인간만이 변화의 주체다. 이 깨달음이 중요하다. 진보사관은 변화를 일으키는 주체에 무관심하다. 이념을 꿈꿀 수 있어도 실제로 변화를 일으키지 못한다.

　이 같은 비판의 핵심을 읽어내려면, 계몽주의 근대성이 형성되는 과정을 읽어내야 한다. 계몽주의 근대성은 무(無)에서 뚝 떨어지지 않았다. 계몽주의 근대성은 특정 역사에 대한 반작용, 특히 고대와 중세에 대한 반성의 산물이라는 점에 주목해야 한다. 매킨타이어는 가치와 문화의 상관관계에 대한 깊은 통찰이 필요하다고 주장한다. 문화란 사실을 이해하는 방식이고, 가치는 이와 관련된 평가 방식과 관련된다. 따라서 매킨타이어의 철학을 이해하려면 두 가지 물음이 중요하다. ① 어떻게 가치가 문화와 연계되는가? ② 어떻게 가치는 변화되는가? 이 물음들은 매킨타이어 철학을 이해하는 분절점이다. 첫 번째 물음이 『덕의 상실』의 핵심적인 논의축이라면(이 것은 실천관행의 내재적 선에 대한 설명, 이야기를 통한 삶의 설명, 살아 있는 전통의 형성과 전승으로 이어지는 3단계 논의축을 형성한다), 두 번째 물음은 그 이후의 저작에서 뚜렷하게 드러나는 경향이다. 이 경우 가치 형성과 전통의 전승 문제는 피할 수 없다. 그 대답으로 매킨타이어는 살아 있는 전통의 전승 방식에 대한 이론적 관점을 제시하고 있다. 앞서 윤리적 삶에 대한 절대적 기준의 부재가 상대주의에 빠질 위험성을 지적한 바 있다. 그렇다면 매킨타이어 철학의 상대주의 문제를 검토하는 것은 여러모로 그의 철학의 타당성을 따지는 데 유효하다. 그런 점에서 이 두 물음을 체계적으로 이해하는 것은 매킨타이어 철학의 타당성을 따지는 데 결정적이라 할 것이다.

2 ㅣ 도덕적 행위자와 실천관행—덕과 공동체

매킨타이어의 철학적 물음은 근대 세계에서 사라진 도덕적 행위자에서 시작한다. 가치의 창출·전승은 가치의 전달자로서 도덕적 행위자를 전제한다. 도덕적 행위자는 매킨타이어의 철학을 이해하는 매우 중요한 단서로, 서구 가치의 변천사를 살펴보면 그 중요성이 드러난다. 가치의 변천 과정에서는 인간 삶의 본질적인 측면, 특히 행위자의 중요한 역할이 두드러진다. 역사는 인간 행위의 기록이다. 가치의 역사는 인간이란 행위자의 보편적인 구조를 드러낸다.

인간 가치의 역사를 살펴보는 목적은 가치의 계보학을 수립하기 위한 것이 아니다. 가치의 계보학은 자칫 인간 가치의 상대성으로 빠지게 한다. 가치의 역사에서 주시해야 할 점은 인간의 삶과 가치의 상호작용이다. 이 상호작용 안에서 인간 삶의 본질적인 측면이 드러난다. 말하자면 가치의 역사 안에서 인간 삶의 보편적인 구조가 드러난다. 이 구조는 역사학자들이 주목하는 행위의 규칙성, 일반성과 다르다. 보편적인 구조는 미래의 삶을 결정하는 법칙과 다르다. 구조는 과거의 삶을 이해하고 미래의 삶을 개척하는 인간 삶의 유형을 드러낸다. 이때 중요한 것이 도덕적 행위자다. 행위자는 인간의 삶에서 가치를 창출하고 수용하는 이중적인 역할을 해내는 행위 주체이기 때문이다. 매킨타이어의 핵심 요지는 단순하다. 그는 가치 탐구의 역사적 성격을 강조하면서 역사적·정치적 주체의 가치 수용 방식을 드러낸다. 동시에 이 역사적·정치적 주체는 특정 상황에서 새로운 가치를 창출해낸다. 중요한 사실은 이 같은 가치의 수용과 창출 과정은 시대의 변천에도 불구하고 놀라운 유사성을 보인다는 점이다. 근대적 사유가 놓치고 있는 것은 근대라는 시간 속에서 작동하는 이런 유사성이다.

근대인의 관심은 행위자가 아닌 행위였다. 근대인의 사유는 폭정과 악습에 대한 비판적 사유이고, 인간의 권리는 관습에 저항하는 유일한 무기였다. 자유의 체계를 수립하고, 변혁의 깃발을 치켜세운 근대인은 사회 개혁의 동력을 행위자의 탁월성에 의존할 수 없었다. 악습을 타파하기 위해서는 개별 행동에 대한 규제가 필요했던 것이다. 도덕적으로 탁월한 성인군자의 세상은 이론적으로 충분히 매력적이다. 하지만 오랜 기간 동안 유지되어온 기득권의 악습과 불의를 철폐하기에는 역부족이었다. 그러므로 행위자의 도덕적 탁월성은 실천적인 매력을 잃는다. 근대인들이 부르짖은 '사회 효용'은 행위자가 아닌 행위 자체를 규제 대상으로 삼는다. 개별 행위에 대한 규제는 악행을 막고, 더 나은 사회로 나아가기 위한 조건을 터놓는다. 법을 통해 개별 행위를 규제할 수 있다면 그 임의적인 조작을 막을 수 있다. 공리주의 사유의 급진적이고 진취적인 특성은 이 맥락에서 이해될 수 있다. 악습의 고리를 끊고 새로운 사회를 형성하기 위해서는 행위의 규제로 충분하다. (역설적으로 푸코가 지적한 것처럼 행위에 대한 규제에는 인간 신체의 규제를 통한 규율 사회가 내포되어 있다!)

행위에 눈길을 주면 인간 행위자는 드러나지 않는 법이다. 마찬가지로 서구 계몽주의의 이상에만 주목하게 되면 '자율'(autonomy)이 작동하기 위한 배경조건을 무시하기 쉽다. 사실 계몽주의 근대성을 앞세운 자유주의자도 행위자의 중요성을 인식하고 있었다. 행위로 환원될 수 없는 행위자의 독특한 역할에 주목한 것이다. 그들에 따르면 자아는 목적보다 우선한다. 자율의 이상이 작동할 수 있는 것은 자아 때문이며, 자아는 목적 이상의 실체라고 보기 때문이다. 목적과 별개로 존재할 수 있는 자아가 자율적인 조정이 가능한 정치 공동체를 구성할 수 있다. 하지만 매킨타이어를 위시한 이른바 공동체주의자들은 자유주의의 자아관이 철학적으로 받아들일 수 없는 견해라고 비판한다. 자유주의자의 주장과 달리 인간의 목적과 떨어져 존재할 수 있는 자아는 없다. (샌델의 유명한 비유로 표현하면 자유주의자의 자아는 현실과 어떤 '연고성도 없는' 자아다.) 자아는 항상 상황 안에서 규정되기 때문에 특정 형태의 목적 및 공동체와 떨어질 수 없다. '나', '우리'가 누구인지 묻는 질문에는 항상 현실의 연고에 바탕을 둔 목표나 공동체의 가치를 통해서만 그 대답이 가능하다.

　자율의 이상을 존중하는 사회에서도 특정 권위가 작동한다. 어떤 권위도 없다면 개인을 떠나 어떤 형태의 집단생활도 누릴 수 없다. 따라서 개인의 이상으로 자율성을 강조할 수 있어도 사회생활을 위해서는 권위에 대한 복종이 요구된다. 자율의 이상과 권위의 대립이 존재할 때 진짜 사회 문제가 나온다. 자유주의자들이 놓치고 있는 것은 이 같은 대립이다. 지나치게 자율의 이상을 앞세우면 현실에 순종하는 사람들이 도덕적으로 허약한 사람으로 간주된다. 하지만 복잡한 현실을 파악하지 못한 철학적 이상은 그저 실현될 수 없는 유토피아일 뿐이다. 물론 행위에 대한 규제는 어느 정도 악습을 제거했다고 평가할 수 있다. 하지만 그 체제 안에 사는 주체들이 자율성을 상실한 채 수동적인 정치적 주체로 전락했다면 그것은 전혀 다른 문제이다. 19세기 말 대중은 수동적인 정치적 주체의 결정판이다. 토크빌과 밀이 '다수의 횡포'를 민주주의의 적(敵)으로 본 것도 이런 맥락이다. 수동적인 주체의 출현은 진정성의 정치가 아닌, 남의 눈과 평판을 두려워해야 하는 정치판을 만들고 만다. 행위자는 또 다른 의미에서 중요하다. 행위자를 그저 도덕적 탁월성을 과시하는 존재로 봐서는 안 된다. 행위자는 자기 정체성과 온전성을 드러낼 수 있는 존재이다. 따라서 행위자는 자기 경험과 자기 소망을 드러낼 수 있는 공간이 필요하다. 말하자면 인간 삶에는 자신의 꿈을 실현할 수 있는 배경(setting), 자기 정체성을 이해하고 창출할 수 있는 배경이 필요하다.

행위에 대한 규제는 자기 정체성 창출과 아무 관계가 없다. 전문화가 훌륭한 사람을 만들어내지 못하는 것과 같은 이치이다. 지식은 양면적이다. 소크라테스의 지적대로 지식의 활용 방식에 따라 약과 독이 된다. 인간의 진정성은 지식이 아닌 태도의 문제다. 행위자의 태도가 진정성을 좌우한다. 계몽주의 근대성 이상은 행위자의 태도에 별 관심이 없다. 아무리 놀라운 첨단 지식을 가져도 인간 삶이 바뀌는 것은 아니다. 그 이유는 진정성과 관련된다. 지식을 어떻게 이용하느냐의 태도가 진정성을 결정한다. 도덕적 행위자에 대한 관심은 자기 진정성을 드러내면서도 사회 변화의 주체를 찾으려는 노력에서 나온다. 이때 덕과 공동체가 중요하다. 사실 덕과 공동체에 대한 관심은 과거에 대한 향수나 사라지는 집단문화에 대한 맹목적인 동경으로 해석되는 경우가 많다. 전체주의 사회를 절대악으로 배운 20세기 경험에서는 어쩌면 너무도 자연스런 현상일 것이다. 복고주의, 진부한 연고주의를 복원하려는 시도는 절대로 성공할 수 없다. 따라서 도덕적 행위자에 대한 매킨타이어의 관심을 제대로 이해하려면 좀 더 근본적인 틀에서 이를 해독하고 이에 대한 비판적 성찰이 필요하다. 하이데거의 말을 패러디하자면, "근본적인 관점"에서 인간 삶, 행위자, 덕과 공동체를 읽어내야 한다. 단순한 복고가 아닌 인간 행위에 대한 근본적인 성찰을 읽어내야 한다.

핵심은 인간 삶에서 차지하는 공동체와 덕의 역할이다. 공동체와 덕의 역할을 제대로 이해하려면 인간의 삶에서 차지하는 가치를 먼저 생각해봐야 한다. 절대적인 인간의 가치는 없다. 인간은 기존 문화 속에서 자신의 삶을 개척하고 그 안에 내면화된 가치를 먼저 배운다. 모국어를 터득하고 습관을 형성하는 과정은 철저히 기존 방식을 터득하는 과정이다. 인간의 삶은 매우 역설적이다. 특정 세계에 속하는 인간은 진정성을 드러내기 위해 자신의 세계를 벗어나야 한다. 행위자의 운명도 같다. 행위자는 역사성의 굴레에서 자신의 정체성을 드러내야 한다. 인간의 내면 시간은 과거-현재-미래로 이어져 있다. 인간의 진정성은 이 시간을 단순히 반복하느냐, 아니면 새로운 사건이 일어나는 시간으로 만드느냐에 달려 있다. 인간의 역사는 새로운 사건의 시간에서 시작된다. 과거를 인정하면서도 미래를 새롭게 하는 것이 중요하다. 따라서 문제는 문화 터득 속에서 문화 창출의 순환 고리를 발견하는 것이다. 악순환이 아닌 순(順)순환의 계기를 찾는 것이 중요하다. 매킨타이어 논의의 특징은 문화 창출의 순순환의 고리를 보여주는 데 있다. 우려했던 복고주의 경향을 일소하고 창조적인 가치를 창출하는 행위자가 출현할 가능성을 보여주는 데 있다.

순순환의 고리는 인간 가치가 전수되고 창출되는 지점을 보여준다. '실천관행'(practice)은 이런 배경의 설명이다. 실천관행에 대한 매킨타이어의 언급부터 자세하게 살펴보자.

'실천관행'은 사회적으로 형성된 일관되고 복잡한 형태의 인간 협력활동을 뜻한다. 표준적인 탁월성을 달성하려고 정진하는 인간 활동 과정에서는 활동의 형식에 스며든 선(善)들이 실현된다. 탁월성의 표준은 활동 형식에 적합하며 그 활동의 일면이다. 그 결과 탁월성을 달성하는 인간 능력, 그에 연루된 인간 목적관, 선관들이 체계적으로 확장된다.[3]

　방금 인용한 구절에서 실천관행의 세 가지 특성이 나타난다. ① 실천관행은 인간 협력활동을 증진하는 유기적인 형태이다. ② 인간 활동의 목표는 탁월성의 달성이며, 그 활동에 내재된 특정 선이 전제된다. ③ 실천관행에는 선들을 하나의 전체로 묶는 목적 체계가 있다. 인간들은 유기적인 전체 안에서 특정 선을 확장시키려고 한다. 따라서 실천관행은 일상에서 반복되는 행동 양태, 습속을 뜻하는 '관행'이라는 말과 확연하게 다르다. 실천관행의 특징은 유기체의 특성이며, 스스로 자기 생명력을 유지하고 확장하는 데 있다. 이 같은 특성 이외에도 실천관행에는 더 중요한 사실이 있다. 실천관행은 행위자를 요구한다는 점이다. 행위자 없는 실천관행은 있을 수 없다. 살아 있는 실천관행은 행위자의 행위 여부에 달려 있다. 실천관행을 향상하는 선은 실천관행의 내재적 선으로, 행위자가 실천관행의 탁월성을 터득하고, 더 나은 실천관행을 만들어내려는 계기이다.

　여기서 '실천관행의 내재적 선'(goods internal to practices)이란 말을 눈여겨볼 필요가 있다. 실천관행을 향상시키기 위한 내적 조건이자 실천관행을 유기적으로 유지하는 데 매우 중요한 조건이기 때문이다. 여기서 '내재적'이라는 말에는 다음 요건이 중요하게 작동한다. 첫째, 내재적 선들이 발휘되기 위해서는 그 선들이 구체적인 가치와 연계되어야 한다. 실천관행에 '내재적'이라 함은 구체적인 가치가 실천관행의 탁월성을 향상시킨다는 뜻이다. 둘째, 내재적 선을 언급하려면 실천관행의 종사자를 언급해야 한다. 실천관행을 향상시키는 사람은 정확히 실천관행의 종사자이기 때문이다. 셋째, 실천관행의 내재적 선은 공동체 전체에도 유용해야 한다. 공동체 전체에 유용하지 않다면, 실천관행 종사자의 적극적인 참여에도 불구하고 사회 전체가 통합을 이루지 못하고, 끝내 공동체의 붕괴로 이어지게 된다.[4] 더욱이 방금 언급한 요건 중 하나라도 충족되지 못하면 실천관행의 내재적 선은 그 기능을 제대로 수행할 수 없다. 역으로 모든 요건을 충족하는 실천관행은 매우 창조적인 공동체를 만드는 데 기여한다. 인간은 실천관행의 내재적 선을 향상시킴으로써 자신의 탁월성과 정체성을 지켜나갈 수 있는 것은 물론, 생동감 있는 공동체를 만들어갈 수 있게 된다. 실천관행의 내재적 선을 자기 자신의 것으로 만들어가는 과정이 정치적 과정이고, 이때 행위자가 정치적 주체가 된다.

실천관행의 내재적 선은 인간 행위의 목적으로서 덕(virtue)을 요구한다. 사람이 실천관행의 내재적 선을 충족시키고, 그 선의 충족이 바로 덕이다. 매킨타이어는 덕을 이렇게 정의 내린다. 덕은 "인간의 후천적 자질이다. 인간은 이 같은 자질을 보유하고 실행함으로써 실천관행의 내재적 선을 달성할 수 있다. 이 같은 자질이 없다면, 우리는 사실상 이 같은 가치들을 얻을 수 없다."[5] 덕은 후천적인 인간의 자질로, 실천관행의 탁월성을 터득하고 확장시키는 매개체다. 실천관행과 덕은 인간 정체성 형성 축이다. 실천관행은 인간의 사회적 역할을 한정하고, 인간은 덕을 통해 실천관행의 내재적 선을 습득하고 확장하면서 자기 자신의 정체성을 형성한다. 자기 진정성은 이 축을 통해서만 드러날 수 있다. 또 실천관행과 덕은 구성적 의미의 공동체를 전제로 한다. 덕을 실현하기 위해선 실천관행이 유기적으로 작동할 수 있는 공간, 즉 공동체가 필요하다. 인간은 고립되어 홀로 살지 못한다. 인간은 타인과 더불어 교류하면서 자기 자신의 정체성을 확인한다. 따라서 타인 없이는, 타인과의 교류가 없다면 인간의 정체성은 나타나지 않는다. 하지만 구성적 공동체조차 자율적 개인에 토대를 두고 있는 계몽주의 자아에게는 낯설고 무서운 것이다. 근대 계몽주의 자아들은 홀로 떠돌며 방황하는 개인들로 어떤 형태의 유기적 결합도 인정되지 않는다.

실천관행의 내재적 선에서 꼭 빼놓지 말아야 할 부가사항이 있다. 실천관행을 유지하기 위해선 부수적 특정 가치들이 요구된다. 실천관행의 유기적 통합은 항상 역사적이다. 인간의 적극적인 노력을 통해서만 실천관행의 유기적 통합을 만들어낼 수 있다. 그러기 위해서는 행위자의 적극적인 개입이 필요하고, 암중모색을 통해 끊임없는 변화에 대처할 수 있어야 한다. 실천관행이 순기능적으로 수행되려면, 실천관행을 유기적으로 만들어내는 가치들 또한 병행되어야 한다. 예를 들면 진실성, 용기, 공정성과 같은 가치들은 실천관행이 작동하기 위한 중요한 전제조건들이다. 또한 행위자의 진실성도 중요하다. 실천관행의 내재적 선을 충실하게 수행할 수 있기 때문이다. 실천관행의 내재적 선을 기만적으로 수행하는 경우를 상상해보자. 실천관행의 내재적 선이 요구하는 탁월성을 수행할 수 없을뿐더러, 설사 운이 좋아 탁월성을 발휘했다고 해도 온전하게 자기 자신의 것이라고 말하기 어렵다. 또한 자기기만이 탄로날까봐 계속 거짓말로 상황을 회피하려고 들 것이다. 거짓말이 들통 나면 한순간에 모든 것이 수포로 돌아가고, 사회를 떠받들던 실천관행은 그 목적을 상실하게 될 것이다. 더 나아가 실천관행의 부수적 가치에는 용기의 덕목이 요구된다. 용기는 실천관행을 과감하게 혁신하려고 할 때 필요한 덕목이다. 여기서 용기란 신체의 건장함, 용맹함과 같은 개인의 자질만을 뜻하지 않는다. 용기의 덕목은 실천관행과 연결될 때 그 이상의 의미를 갖는다. 오히려 칸트가 "계몽이란 무엇인가"에서 말했던 용기와 같은 것이다. 용기는 거짓에 굴복하지 않고 진실을 찾으려는 태도와 관련된다.[6] 참된 용기가 발휘되려면 공정한 판단과 환경이 필요하다. 공정하지 못한 평가는 행위자의 진실성과 용기를 발휘하지 못하게 할뿐더러, 사회 전체를 부패시킨다. 실천관행은 탁월성에 대한 인정, 타인의 인정을 전제로 할 때만 성립될 수 있다. 그런 면에서 탁월성의 기준과 그 권위에 대한 존중감도 필요할 것이다.

실천관행과 제도는 다르다. 제도의 충족조건과 실천관행의 충족조건은 다르다. 이 조건을 비교해보면 실천관행의 내재적 선의 중요성이 더욱 뚜렷해진다. 대학을 예로 들어보자. 각 학과는 말하자면 실천관행을 대표한다. 각 학과는 학과 특유의 탁월성, 내재적 선을 가지고 있으며, 그 학과의 구성원은 그 선을 증진시키기 위해 정진한다. 탁월성을 향상하려는 노력 자체가 학과의 존재 이유가 된다. 사회는 그 탁월성을 인정하는 방식으로 그 내재적 선을 받아들인다. (물론 이 내재적 선은 사회 구성원의 평가와 다르게 다른 학문의 내적 연결에 의해서도 인정된다.) 높은 평판은 그 학과를 유지하는 동력이다. 높은 평판을 받을수록 그 학과 구성원은 자기 연마와 정진에 힘쓰게 된다. 학과의 내재적 선에 대한 헌신은 곧 자기 정체성의 기반인 동시에 사회적 인정의 계기이기 때문이다. 하지만 대학 제도는 다르다. 제도는 실천관행의 내재적 선의 논리보다 사회 평판에서 나오는 '외형적 선'(external goods)을 추구한다. 명예, 금전, 권력 등과 같이 눈에 보이는 선들을 추구한다. 제도는 제도 자체의 고유 논리와 확장 논리를 적용한다. (최근 대학의 구조조정은 정확히 이런 제도적 논리의 연장선상이라고 할 수 있다.) 특정 학과의 고유 특성을 이해하지 못하고, 대학의 확장 논리만을 앞세우는 것은 제도의 특성에서 나온다. 제도로서 대학은 각 학과의 내재적 선의 확장이 아닌, 외형적 선, 가령 특권이나 사회 평판, 돈의 위력을 앞세울 수 있다.

제도 자체의 논리는 위험한 것이다. 외형적 선에 맹목적일수록 실천관행의 내재적 선에 둔감해져 실천관행의 내재적 선을 와해시킬 수 있다. 그 결과 사회의 유기적 통합이 흔들릴 수 있다. 사실 전문화 현상이 두드러지고 있는 선진 소비 사회에서 이런 현상이 발생되고 있다. 우리 사회도 이 길을 걷고 있다고 해도 지나친 말이 아니다. 실천관행의 독특한 선을 이해하지 못하고, 단순히 외형적 선에 경도된다면, 결국 제도의 외형적인 거대화만 초래할 뿐이다. 그것은 텅 빈 강정처럼 내실 없는 변화일 뿐이다. 가령 우뚝 솟

은 관공서를 보라. 화려한 관공서 건물이 외형적인 변화를 상징할
수 있지만, 공직수행 능력 향상을 반드시 의미하지는 않는다. 외형
적인 변화가 공무원의 자긍심과 자부심을 키울 수 있다. 하지만 내
적 변화가 이뤄지려면 공무원의 태도 변화가 먼저 선행되어야 한
다. 공직수행의 탁월성은 그 제도를 구성하는 공직자의 임무 완수
에 달려 있다. 즉 공무의 내재적 선에 최선을 다할 때만 공직의 탁
월성이 나타나고, 제도의 변화를 이끌어낼 수 있다.

　매킨타이어는 이 같은 문제점을 정확히 포착하고 있다. 근대 계
몽주의 정치 이념이 완벽하다고 해도, 실천관행의 내재적 선으로
연결되지 못하면 그 이상은 실현될 수 없다고 보기 때문이다. 매킨
타이어의 판단은 오히려 더 냉철하다. 근대의 이념은 고대 정치 제
도에서 작동했던 실천관행과 그 실천관행에 기반을 두고 세우려고
했던 사회 통합의 기틀과 기반을 송두리째 흔들고 있기 때문이다.
외형적 가치가 우세해지면 실천관행의 내재적 가치가 무시되기 쉽
다. 그 결과 실천관행의 탁월성을 향상시키려는 사람은 점점 사라
지고, 따라서 실천관행에서 자기 진정성을 찾으려는 사람 또한 더
이상 나타나지 않을 것이다. 매킨타이어에 따르면 인간의 진정한
완성은 실천관행의 유기적 통합에 달려 있다. 이런 유기적 통합이
가능하려면, 제도와 실천관행이 유기적으로 통합되어야 한다. 매킨
타이어는 다음과 같이 결론짓는다.

　　제도는 실천관행의 사회적 담지자이다. 실천관행을 지속적으로
　　통합시키려고 하는 것이 실천관행의 능력이다. 통합성을 유지하

는 실천관행의 능력은 제도를 유지하려는 덕과 그 수행 방식에 달려 있다. 실천관행의 통합은 적어도 이런 활동을 인과적으로 구체화하는 다수의 개인, 그 개인들의 덕 실행을 전제로 한다. 역으로 제도의 타락은 항상 부분적으로 적어도 악덕의 실행에서 비롯된다.[7]

　여기서 실천관행과 제도의 상호작용이 매우 중요하다. 실천관행은 제도화되지 못하면 그 지속성을 유지할 수 없기 때문에 순식간에 사라질 수 있다. 실천관행이 제도화에 성공한다고 해도 그 내재적 선을 제대로 실행하지 못하면 그 제도는 제도의 논리에 따라 실천관행의 탁월성과는 무관하게 원치 않은 타락의 길로 빠질 수 있다. 제도가 외형적 선에 빠진다면, 실천관행의 탁월성은 사라지고 그 내적·유기적 통합은 깨져, 결국 무질서한 사회가 되고 만다. 제도화된 실천관행의 순기능은 항상 실천관행의 자양분을 필요로 한다. 제도와 실천관행의 유기적 통합은 건강하고 성숙한 사회의 필수조건이다. 사회의 성숙함을 결정하는 가장 중요한 고리가 행동주체이다. 이 주체의 도덕적·정치적 행위가 사회의 성숙함을 결정한다. 행위자의 활동이 실천관행·제도와 유기적 통합을 이룩할 때 성숙한 사회의 토대가 건실해진다. 따라서 행위자는 현실의 구체적인 선과 밀접하게 연관될 수밖에 없다. 행위자는 근대 계몽주의가 염원하는 권리를 가진 주체로만 인식되어서는 안 된다. 행위자는 사회와 공동체를 구성하고 책임지는 주체이다. 이런 행위자에 대한 관심이 계몽주의 근대성에서 빠진 부분이다. 이 주체는 외딴 섬에서 거주하는 개인이 아니다. 이 주체들은 타인과 교류하면서 자신의 정체성을 찾고 세계를 공유하는 보통사람들이다. 때로는 좌절하면서도 때로는 행복을 느끼면서 인간만의 고유성을 찾고자 하는 인격체들이다. 행위자의 인격성은 타인과의 교류를 통해서 형성된다. 따라서 행위 없는 행위자는 있을 수 없다. 동시에 실천관행의 내재적 선을 추구하지 않는 행위자도 있을 수 없다. 실천관행의 내재적 선을 전제하지 않으면 그 어떤 행위자도 정체성을 말할 수 없기 때문이다.

3 │ 이야기를 통한 삶의 통합과 살아 있는 전통의 수립

그렇다면 어떻게 실천관행의 유기적 통합을 이룩할 수 있을까? 돈, 명예, 권력과 같은 외형적 선이 인간 행위자의 진정성을 드러낼 수 없다면, 외형적 선의 결합만으로 실천관행의 통합을 이룩할 수 없다. 외형적 선이 실천관행의 통합과 내적으로 연계될 때에만 부수적 혜택으로 외형적인 조화가 이룩되는 것이다. 윤리학의 가장 어려운 문제 중 하나는 진정성 있는 자신 자신을 발현하고 실천관행의 통합을 이룩하는 일이다. 그러기 위해서는 자기 정체성이 확고한 행위자가 필요하다. 행위자는 칸트의 지적대로 수단이 아닌 목적 그 자체의 존재, 따라서 존엄한 존재이다. 인간의 자기 정체성이 존엄한 이유는 자기 정체성이 돈과 같은 외형적 선과 바꿀 수 없기 때문이다. 인간의 정체성은 그 어떤 것으로 대체될 수 없다. 사회에서 진정한 자기 자신 찾기가 중요한 이유다. 소크라테스가 언명한 '자기 자신 알기'가 의미 있게 다가온다. 진정한 자기 자신 찾기는 모험이다. 모험적인 삶은 진정한 자기 자신에 대한 끊임없는 '탐구'(quest)를 요구한다. 내면의 '나'와 외면의 '나'의 지속적인 관계에서 진정한 자기 자신이 나타난다.[8] 그 결과가 항상 의도와 일치될 수 없다. 선택 자체가 모험적이기 때문이다. 그 결과를 자기 것으로 만들려면 항상 반성적인 성찰이 요구된다.

진정한 자신에 대한 탐구는 인간 자신에 대한 탐구이다. 이런 탐구에는 두 가지 요건이 맞물려 있다. 첫째, 진정성 있는 개인에게는 자신이 행위의 '주인'(author)이라는 의식이 전제되어 있다. 흄이 지적한 것처럼 행위를 인과적으로 나열한다고 해서 행위의 주인이 나타나지 않는다. 행위의 주인의식은 행위의 인과적 배열 이상의 것이다. 행위들을 '자기 자신'의 행위로 귀속시킬 때 행위의 주인의식이 나타난다. 행위들을 자기 자신의 것으로 귀속시키기 위해서는 이미 행한 행위들을 하나로 묶어내는 통합적 작업이 필요하다. 통합적인 작업 없는 과거의 행위들은 한갓 순간적인 행위들일 뿐이며, 내 자신의 것이 되지 못한다. 따라서 행위의 주인의식은 행위를 통합하고, 그 통합된 행위를 자기 자신의 것으로 받아들이는 것이다. 둘째, 행위의 통합은 인간의 내적 시간의 결합을 요구한다. 인간의 내적 시간은 다양한 행위를 하나의 전체로 연결하는 동시에 행위자의 과거-현재-미래를 잇는 교량 역할을 한다. 행위자의 정체성은 이런 내적 시간의 통합과 밀접하게 연계된다. 인간 각자는 독특한 자기 시간을 갖는다. 과거-현재-미래의 시간이 모든 사람에게 주어지지만, 그 시간의 내용은 다양하다. 각 개인의 경험에 따라 천차만별의 형태로 나타난다. 인간 모두는 특정 시간에 태어나고 특정 시간에 죽는다. 하지만 그 짧은 시간에도 인간 각각은 자신만의 무엇인가를 형성하고 자기 이야기를 가진다. 인간은 온갖 사물을 이용하고, 타인을 만나 소통한다. 이 과정 자체가 인간의 시간에 매우 중요하다. 이 시간이 인간의 세계를 구성하고, 세계와 소통하는 유일한 창구이기 때문이다. 타인과의 만남과 소통을 통해 형성되는 자기 정체성은 자기 자신의 삶을 통합시키면서 '나는 누구인가'를 묻는다. 이 물음에는 자기 삶에 대한 반성, 미래의 자기 자신에 대한 희망이 내포되어 있다.

인간은 어떻게 자기 자신을 찾고, 자기 자신을 통합된 시선으로 말할 수 있는가. 행위의 주인으로서 나는 누구인가. 이 물음에 대한 직접적인 대답은 힘들다. 자신의 정체성은 자신에게도 투명하게 나타나지 않기 때문이다. 자기 정체성은 늘 이야기라는 매개를 통해서만 드러난다. 『구토』의 주인공 로캉탱의 말로 매킨타이어는 자신의 생각을 말한다. "인간은 늘 이야기한다. 자기의 이야기, 타인의 이야기에 둘러싸여 살고 있다. 인간은 이야기를 통해서 자신에게 일어난 일을 본다. 그리고 남에게 이야기하는 것처럼 살아보려고 애쓴다."[9] 하지만 로캉탱의 말은 새겨들어야 한다. 인간 자신이 이야기 속에서 나타난다는 것은 명백한 사실이다. 그러나 이야기를 떠나 어떤 본질적인 것이 나 자신을 규정한다고 생각하는 것은 철학적으로 볼 때 분명한 오류이다. 매킨타이어에 따르면, 사르트

르의 오류는 이야기를 떠나 인간 정체성의 본질을 찾으려고 했다는 점이다. 자기 자신의 정체성을 찾기 위해 로캉탱은 자신의 모든 우연적인 속성, 자신의 과거까지 지워버리려고 한다. 하지만 과거 없는 자신은 존재하지 않는다. 사회적 역할을 배제한 채 자기 자신을 말할 수 없다. 역사 없는 자아를 꿈꾸는 자체가 잘못이다. 자기 자신처럼 자기 자신의 이야기도 역사를 갖는다. 과거, 현재, 미래의 자신의 이야기는 다르다. 나뿐만이 아니다. 남도 다른 이야기, 다른 역사를 가진다. 인간의 정체성은 이야기로 구성된다. 이야기의 역사적 특성을 배제한다면 인간의 정체성을 말할 수 없다. 진정성 있는 자기 정체성은 역사를 가지는 이야기 안에서 구성되고, 그 이야기를 토대로 또 다른 이야기를 만드는 데 있다.

자기 자신은 이야기와 연결된다. 내가 누구인지 알려면 이야기가 개입해야 한다. 이야기의 서술에는 자기 인생이 드러나기 마련이다. 자기 자신이 누구이고 어떤 사람이 되고 싶은지는 이야기 안에 있다. 타인에 대한 이해는 영광이든 고난이든 이야기를 통해서만 가능하다. 따라서 인생은 아직 완결되지 않은 이야기, 이야기의 연속이다. 따라서 인생은 이야기처럼 항상 바뀔 수 있다. 또 이야기는 서로 밀접하게 연관된다. 이야기는 자신만의 이야기도, 타인만의 이야기도 아니다. 우리의 이야기이기도 하다. 우리의 이야기는 그 자체는 완결될 수 없다. 특정 맥락 속에 있는 문화, 자연환경 세계를 언급하면서 우리들은 자기 자신을 이해하고, 새로운 삶을 탐색한다. 하지만 인간의 삶과 이야기는 위험하다. 생각 없이 말하고 행동하며, 자기기만과 위선으로 가득 차 이야기할 수 있기 때문이다. 이야기는 진정성을 드러내는 유일한 통로이지만, 동시에 거짓으로 포장될 수 있는 수단이기도 하다. 삶의 역설처럼, 이야기도 역설적이다. 진실과 거짓을 동시에 담고 있기 때문이다.

인간의 삶과 가치를 이해하려면 행위자와 내러티브(이야기)의 연결고리를 잘 살펴봐야 한다. 매킨타이어도 이 연결고리에 관심을 집중시킨다. 이 연결고리는 계몽주의 전통의 자아관에서 찾아볼 수 없는 것이고, 개인 삶의 통합을 가능하게 해주는 것이기 때문이다. 가령 누군가가 '누구신지요?'라고 묻는다고 해보자. 그러면 이렇게 대답할 것이다. '누구누구의 자식입니다. 어느 학교, 직장에 다니고 있습니다.' 자신의 정체는 대부분 사회적 역할을 언급함으로써 드러난다. 정체성은 이야기(내러티브) 형태로 드러나고 전달된다. 어떤 사회적 역할도 없는 '백수'의 경우도 비슷하게 설명된다. 못난 사람이라는 부정적인 뜻을 내포하는 이 말은 어떤 형태로든 내러티브를 개입시키지 않고는 그 부정적인 함의조차 전달할 수 없다. 누구누구의 자식이 아직 직장을 잡지 못했다, 그 부모가 어떤 식으로 마음고생이 심하다는 식으로 그 이유를 밝힐 것이다. 또 다른 맥락에서 '백수'는 특정 사회적 조건 하에서의 피해자를 가리킨다. 그럼에도 여기에는 간과해서는 안 될 중요한 사실이 있다. 백수라는 표현은 정치적 주체로서 능력을 박탈당한 상태를 뜻할 뿐, 자기 정체성을 포기한 사람이 아니라는 점이다. 추상적으로 보면 그는 여전히 한 사람의 행위자이며, 특정 상황에서 아직 자신의 역사를 만들지 못한 사람일 뿐이다. 사회 안에서 그런 기회를 가지지 못한 사람일 뿐이다. 정치적·도덕적 주체로서 그는 타인의 희생양이 아닌 목적 그 자체다. 스스로 자기 인생을 설계하면서 자기 자신을 만들어가야 할 사람이다. 그렇기 때문에 인간 행위자는 존엄하다. 자아가 단순히 기억이나 인상의 집합이 아닌 이유이다. 존엄한 인간의 특성은 역사 안에서 자신을 찾고 아직 미처 드러나지 않은 자신을 찾아가는 데 있다.[10]

이미 드러난 자기 자신 안에서 미처 드러나지 않은 자기 자신을 찾기 위해서는 인간의 역사성이 중요하다. 주체의 특성은 이 역사성에 있다. 이 말은 여러 뜻을 내포한다. 먼저, 이 말에는 자기 자신의 구성이 역사 안에서만 가능하다는 뜻이 강하다. 인간 행위는 개인과 집단의 파편적인 기억으로만 남아 있다. 인간은 이 파편적인 기억에 기대어 자기 자신을 구성한다. 자기 자신의 구성은 먼저 파편화된 기억을 인과적으로 엮는 데서 출발한다. 하지만 자기 자신의 구성은 그 이상이다. 자기 구성은 파편적인 기억의 인과적인 사슬에서 하나의 전체를 읽어내는 작업이다. 이 작업이 "삶의 통합"(the unity of a human life)[11]이다. 내러티브를 통해서 삶의 통합이 가능하다. 인간의 삶은 내러티브를 벗어날 수 없다. 삶은 내러티브로 엮어낸 것이다. 나의 판단과 행동은 그때마다 내러티브로 연결되고, 이야기로 변형된다. 이야기는 행위의 인과적 사슬을 넘어 하나의 전체(a whole)로 구성된다. 따라서 삶의 통합은 "내러티브의 통합"(the unity of a narrative),[12] "내러티브 탐구의 통합"(the unity of a narrative quest)이다.[13] 내러티브로 엮어낸 전체는 자기 자신, 즉 행위의 주인으로서 자신의 것이기도 하다. 행위 주체는 단순히 목적과 수단의 관계로 파악될 수 없다. 자신의 관점에서 세상을 평가하고, 자기 자신을 반성하는 행위자이기도 하다. 이 같은 심층적인 평가가 자신 자신을 재구성한다. 테일러에 따르면 자기 자신에 대한 "강한 평가"(strong evaluation)가 윤리적 주체이다. 소크라테스가 말한 삶을 음미하는 주체와 같다.

내러티브의 통합은 개인적인 기억을 심리적인 인과 사슬로 엮어낸 것이 아니다. 내러티브의 통합이 행위의 주인의식과 관련되려면, 새로운 의미가 나타나는 내러티브 기능에 주목해야 한다. 관점의 차이도 유사하게 설명될 수 있다. 계몽주의자의 보편적 관점은 현실 이해관계에서 떨어져 추상화된 것이다. 현실과 유리되면 될수록 그 관점은 보편적이고 객관적이다. 내러티브도 보편적인 관점을 지향한다. 하지만 내러티브의 통합에서 얻어낸 보편적 관점은 현실 이해관계와 밀접하게 연관되어 있다. 현실에서 추상화되긴 하지만, 현실과 거리를 둘 때 나타나는 '불편부당', '객관적인' 관점이 아니다. 내러티브가 지향하는 보편성은 '구체적 보편성'이다. 구체적인 현실에 나타나지만 아직 현실로 실현되지 않은 '잠재적인 보편성'이다. 잠재적인 것은 조건이 충족되면 꽃피게 마련이다. 인간의 목표는 현실 안에서 이 잠재적인 것을 실현시키는 것이다. 인간 행위자의 위대성이 여기에 달려 있다. 인간 행위자는 행위의 총합이 아니라, 이런 행위를 가능하게 하는 주체로서 전체를 구성하고, 이를 통해 아직 미완성의 자신을 찾아갈 능력을 가진 주체이기 때문이다.

이미 언급했듯이, 인간 행위의 의미는 고립적인 자율적 존재의 사유와 반성 활동에서 나오지 않는다. 인간 행위의 의미는 항상 타인을 전제로 하며, 타인과의 교류를 통해서만 인간 행위의 의미가 다양해진다. 그런 점에서 인간 행위는 상호 반응적이다. 행위의 상호 작용에는 가해자와 피해자의 가능성이 내포되어 있다. 그럼에도 자기 자신은 다양한 이야기의 주인공이다. 타인의 핍박에서 고통받는 주인공의 삶이 더욱 주목받듯이 타자와의 연결고리가 나의 삶에 이야기의 줄거리가 된다. 집단 행위도 타자의 관점에서 바라볼 수 있다. 인간 행위의 의미는 자기 자신이 속한 집단의 역사와 밀접하게 연관된다. 앞서 말한 실천관행의 내재적 선, 덕, 제도는 집단의 특성과 관련된다. 특정 행위는 개인의 행위인 동시에 집단적인 행위이기도 하다. 행위자는 덕을 매개로 유기적인 사회 협력을 일으키고, 새로운 실천관행을 만들어내는 데 이바지한다.[14] 물론 그 역도 가능하다. 악덕과 결탁한 행위는 유기적인 사회 협력 구도를 붕괴시키고, 그 결과 인간의 제도는 불의와 부패로 가득 찰 것이다. 개인의 행위는 어떤 식으로든 집단적인 삶에 영향을 미친다. 나라의 흥망성쇠가 실천관행의 내재적 선의 조화에 달려 있다고 말한 것도 이런 맥락이다.

　이 점을 고려하면 아리스토텔레스의 논의처럼 매킨타이어의 논의에는 강한 목적론적 설명이 깔려 있다. 덕, 실천관행, 실천관행의 내재적 선의 유기적 통합을 토대로 한 제도의 통합은 이런 목적론적 설명에 기대고 있기 때문이다. 인간 행위의 목적론적 토대는 인간의 삶에 통일성을 부여하려는 시도이며, 사회 협력의 장으로 인간의 제도를 바라보는 시선이다. 따라서 목적론적 토대의 상실은 삶의 통일성의 상실을 뜻한다. 더욱이 타락한 인간의 제도, 피폐한 인간 삶은 무목적적인 인간 행위의 결과인 것이다. 인간 행위의 목적론적 설명이 목표로 하는 바는 인간의 행위에 의미를 부여하고, 지속적인 인간 협력을 이끌어내는 것이다. 공정한 배경적 조건이 없다면 인간의 행위는 합리성을 상실하고 만다.

혹자는 너무도 강한 목적론적 통합 자체가 비판받아야 한다고 말할 것이다. 목적 체계가 고정적이라면 이런 비판은 타당하다. 일종의 절대적인 기준이 되어 예속적인 삶을 강요할 수 있기 때문이다. 전체주의 사회를 비판하는 근거도 이런 비판에 토대하고 있다. 하지만 매킨타이어 사상에서 나타나는 목적론적 토대는 고정적이지 않다. 또한 인간의 삶과 떨어져 독자적인 지위를 강조하지도 않는다. 목적론적 토대는 해석학에서 말하는 '이해의 선(先)구조'와 같은 것이다. 인간이 태어나기 전에 존재했지만, 인간의 삶을 통해 그 목적의 유기적 구성은 언제든지 수정될 수 있는 것이다. 이런 구도 안에서 내러티브의 통합이 중요하다. 단순히 자기 자신의 통일성을 이룩하는 것만이 아닌, 새로운 자기 자신을 설계하는 바탕이 되기 때문이다. 행위의 주인은 실천관행의 내재적 선을 달성하는 방식으로 자기 자신을 만들어가면서 자기 자신의 정체성을 찾으려고 할 것이다. 내러티브의 독특한 역할은 이 같은 정체성을 찾는 매개고리라는 점이다. 자기 발견은 항상 과거를 배제할 수 없는 이야기된 삶에서만 가능하다. 매킨타이어는 단호하게 말한다. "이야기는 말로 전해지기 전에 체험된다."[15] 이 말은 "이야기는 체험되지 않고 말로 전해진다."는 루이스 밍크(Louis Mink) 언급을 패러디한 것이다. 이야기가 체험된다는 말은 대체 무슨 뜻인가? 말로 전해지는 것과 체험되는 것의 차이는 무엇인가?

이야기가 체험된다는 말은 자기 정체성과 내러티브의 연관성을 지적한 것이다. 자기 정체성은 이야기의 통합이다. 이미 존재하는 이야기 안에서만 가능한 통합이다. 오직 이야기 안에서만 자기 자신을 발견하고 이야기를 통해서만 자기 자신의 미래를 설계하고 개척할 수 있다. 예를 들어보자. 나는 누구누구 부모의 밑에서 태어났고, 어떤 교육을 받았으며, 내 친구들은 누구라고 말할 수 있다. 타인의 이야기이든 자기 자신의 솔직한 이야기이든 이야기 안에서 나 자신이 드러난다. 이야기를 배제하고 자기 자신을 드러낼 수 없다. 자기 자신의 표현 자체가 이미 언어적 활동이기 때문이다. 더욱 이야기는 합리성을 내포한다. 이야기가 합리적이냐 여부에 자기 자신의 이해 가능성이 달려 있기 때문이다. 자기 정체성이 행위에 대한 '내러티브'(narrative), '합리성'(intelligibility), '책임'(accountability)과 같은 개념과 밀접하게 연관되는 이유이기도 하다. 더 중요한 것은 이 같은 연관관계조차 이야기를 매개로 할 때만 전달된다는 점이다.[16]

이 과정에서 세 가지 현상이 주목되어야 한다. 첫째, 자기 정체성은 특정 과거와 연계될 수밖에 없으며, 체화된 특정 이야기 형태로 과거와의 연계성이 드러나고 이해된다는 점이다. 가령 축구선수가 되고 싶은 누군가는 박지성의 성공 이야기에 심취할 수 있다. 연예인이 되고 싶은 누군가는 꿈속의 스타를 그리며 온종일 연습실에서 땀을 흘릴 수 있다. 이 모든 과거는 이야기에 묻혀 있으며, 특정인의 삶 이야기에 녹아난다. 둘째, 자기 정체성은 실천관행의 내재적 선과 덕을 전제로 한다. 자기 정체성의 합리성은 그 시대가 주목하는 실천관행의 내재적 선과 그 선을 달성하기 위한 자질과 밀접한 연관이 있다. 박지성, 빅뱅, CEO를 배출하는 실천관행에는 우리 시대의 덕목이 드러난다. 수많은 경쟁을 뚫고 출세하고픈 욕망이 이런 이야기에 배여 있다. 수많은 자기계발서와 성공비법서는 자기 시대의 선을 정당화하고, 이야기로 정당화된 것이다. 셋째, 자기 체화의 순간에도 이야기는 지속적이다. 이야기의 반복은 일종의 자기 최면 효과가 있다. 이야기를 통해 자기 정당화가 이뤄지기 때문이다. 그래서 청소년의 우쭐한 행동에는 연예인을 닮고자 하는 욕망, 자기 체화의 과정이 필요하다. 이야기는 이런 과정을 충족시킨다. 인간의 인생은 분명 하나의 모험이다. 이 모험은 이야기를 통해 간접 체험되고 행동으로 나타난다. 인생은 일종의 탐구로서 인생은 "덕을 습득하고 자기를 인식하는 교육"과 같다.[17]

하지만 여기에는 항상 위험이 도사리고 있다. 과거 이야기에 갇히면 진정한 자신이 드러나는 데 장애가 된다. 과거 이야기에서 드러난 나는 나의 정체성의 일부일 뿐 전부가 아니다. 현재의 판단과 행동은 과거에 드러나지 않은 나 자신을 내포하고 있기 때문이다. 가령 오늘 당장 나는 새로운 삶의 길을 가기로 결정할 수 있다. 철학을 공부할 수도 있고, 음악을 할 수도 있다. 가능성은 누구에게나 열려 있다. 물론 가능성의 실현은 현실의 제약을 받는다. 철학자가 되려면 철학 공부에 필요한 덕을 습득해야 한다. 이 같은 덕을 습득하지 않고는 철학자의 길을 한 걸음도 내딛을 수 없다. 과거에 기반을 두지 않는 꿈은 헛되고, 미래에만 매달리는 꿈은 망상이다. 따라서 꿈의 실현은 과거와 미래를 현재에 적절하게 묶어내는 일에 달려 있다. 현재라는 시간에 작동하는 "역사성"(historicity)이 중요하다.

　역사성은 인간의 숙명이다. 숙명은 인간의 미래가 결정되어 있다는 뜻이 아니다. 여기서 말하는 숙명은 과거의 자기 자신을 미래의 자기 자신에 연결시키면서 현재를 살아가야 함을 뜻한다. 인간의 진정성은 자신의 기억(역사)에 얽매여 있으면서도 미래에 대한 지적 기대를 현재에 연결시킬 때 드러난다. 인간이면 누구나 자신의 것을 진실이라고 생각한다. 자기 자신의 진정성은 이런 배경에서 나온다. 하지만 인간의 진정성은 자신의 환경과 배경에 매몰되지 않을 때만 나타난다. 기존의 이야기에 매몰되지 않고 새로운 이야기를 찾아야 한다. 일종의 창조적인 삶이 필요하다. 그렇다면 어떻게 새로운 이야기를 만들어낼 수 있는가. 역사성의 표출 안에서만 내러티브의 통합이 가능하다면, 기존 이야기로 체화된 자기 자신은 어떻게 새로운 자신이 될 수 있으며, 새로운 이야기를 할 수 있는가. 이 물음은 집단적인 삶에도 적용된다. 인간에게는 전통이 있다. 기존의 실천관행을 체화하면서 살아가는 사람에게 실천관행의 유기적 통합은 일종의 '전통'으로 작동한다. 그렇다면 물음은 이것이다. 인간은 어떻게 전통에 속하면서도 기존의 전통을 벗어날 수 있는가. 이 물음에 대한 대답은 결코 만만치 않다. 하지만 이 물음이 매킨타이어의 논의를 이해하는 데 가장 중요한 지점인 것은 분명하다.

　이 물음의 난해함은 도덕적 가치의 다양성과 깊은 연관이 있다. 도덕적 가치의 차이는 정확히 이야기의 차이에서 나온다. 개인의 이야기와 그 배경의 이야기에는 늘 큰 차이가 있기 마련이다. 더욱이 이 차이는 현재에만 적용되는 것이 아니다. 시간 차이, 즉 과거와 현재와의 연결 지점을 살펴봐도 이 사이에는 깊은 심연이 놓여있다. 따라서 전통은 그저 과거를 박제한 것이 아니다. 전통은 수많은 삶이 숨어 있는 저장소이다. 아직 그 진가를 미처 파악하지 못한 인간 행위들이 보관된 곳이다. 전통은 새롭게 밝혀져야 할 인간적인 의미의 보고(寶庫)이다. 과거 이야기에는 새로운 해석이 필요하고, 그 해석을 통해 새로운 의미가 창출된다. 이것이 "살아 있는 전통"이다. 매킨타이어는 다음과 같이 지적한다.

> 과거가 현재에서 접근 가능한 미래의 가능성으로 파악될 때 전통의 적절한 의미가 드러난다. 살아 있는 전통은 미래와 직면한다. 미래는 아직 완결되지 않은 내러티브를 지속시키기 때문이다. 미래의 결정적이고 결정 가능한 특성은 과거에서 도출된다. 과거가 어떤 특성을 소유하는 한에서 그렇다.[18]

살아 있는 전통은 과거의 재해석을 통해 새로운 가능성을 찾는 것이다. 때문에 전통은 이야기와 분리될 수 없다. 과거의 행위는 자기 정체성을 완전히 결정할 수 없다. 타인의 경험이 나의 미래의 힘이 될 수 있다. 누구에게나 아직 실현되지 않은 미지의 자기 자신이 항상 남아 있고, 그것은 희망의 이야기가 된다. 인간 행위자의 특성은 자기 정체성의 유동성에 있다. 진정한 자기 자신은 윤리적 소망으로, 이야기의 형식으로 나타난다. 인간의 삶에서 윤리적 삶과 소망은 오로지 살아 있는 전통 안에서 새로운 자기 자신을 찾아가는 것이다. 삶은 유동적이다. 따라서 이야기도 유동적이다. 새로운 자기 발견의 가능성이 남아 있기 때문이다. "음미되지 않는 삶은 살 가치가 없다."는 소크라테스의 주장은 새로운 삶에 대한 갈망이 자기 자신의 성찰에서 나온다는 통찰에 토대하고 있다. 성찰적 삶은 여전히 우리에게 유효한 윤리적 과업이자 자기 진정성의 이상이다. 윤리적 주체의 발견은 기존 방식을 그대로 모방하는 것이 아니라, 거짓을 버리고 진실을 찾아가는 데서 시작된다. 집단의 정체성도 마찬가지다. 집단의 정체성은 과거 전통에 매몰되면 그 진취적 힘을 상실한다. 아직 파악하지 못한, 미처 꿈을 이루지 못한 가능성을 전통 안에서 찾을 때 집단은 진취적이고 진보적이게 된다. 더더욱 집단의 정체성은 다양하다. 단일한 전통이 아니라, 다수의 전통이 공존할 수 있다는 점에서 집단의 자기 정체성을 찾는 작업은 만만치 않은 작업이다.

4 │ 살아 있는 전통과 문화의 전이(轉移)

지금까지의 설명은 완결된 게 아니다. 아직 결정적인 문제를 남겨 놓고 있다. '살아 있는 전통'의 지속성 문제가 제기되기 때문이다. 이 문제는 단순하지 않다. 살아 있는 전통의 수립과 지속은 다양한 형태로 진행된다. 이질적인 가치들이 다양한 이야기로 서로 엉켜 소통되고 있다. 과거에 대한 해석과 수용의 문제 자체도 모든 전통의 근본 문제이다. 획일적인 선택이 아닌, 다양하고 이질적인 선택 안에서 행해지는 선택이 필요하다.

각 전통은 나름의 합리성을 갖고 있다. 실천관행의 내재적 선을 확장시키는 한 그 전통은 합리적이다. 바로 이 때문에 여러 전통 안에서 해석과 선택을 하는 것은 어려운 일이다. 현재의 시점만으로 전통을 입맛대로 해석한다면 전통의 독특한 힘을 보지 못한 것이다. 진정한 자기 진정성이 담긴 선택은 항상 타인에 대한 이해를 전제한다. 전통도 마찬가지다. 과거 문화에 대한 해석과 판단은 그 과거 문화에 대한 독특한 이해를 전제로 한다. 각 전통에 담긴 저마다의 합리성이 중요하다.

매킨타이어의 후기 저작은 주로 이 문제를 다룬다. 'After Virtue'라는 제목이 암시하듯, 책 제목을 '덕 이후'라고 굳이 붙인 것도 이런 이론적인 귀결 때문이다. 이런 결론에는 아리스토텔레스 덕 이론의 긍정적인 측면을 부각시켜도 만족할 수 없는 이유가 담겨 있다. 덕과 공동체를 부활시켜 감춰진 도덕적 행위자를 발견했을 때 이미 예견됐던 일이다. 이것은 인간의 숙명과 관련된다. 현실의 땅에서 새로운 가치를 찾아야 하는 인간 행위자의 운명은 무엇인가? 어떻게 상이한 전통을 우리 자신의 것으로 만들어낼 것인가.

계몽주의 근대성은 현실의 조건을 추상화하여 절대적 가치를 찾으려고 했다고 지적한 바 있다. 계몽주의 근대성은 당면 현안에 대한 행위자의 선택을 보편적 관점의 선택으로 대체하고 있다. 말하자면 우리 자신의 선택을 현명한 사람의 선택으로 대신하는 것과 같다. 따라서 행위자의 관점도, 상황 속에서의 신중한 선택도 드러낼 수 없다. 가치 창출자로서의 역할은 사라진다. 아니 어쩌면 어떤 선택도 필요 없는, 따라서 그저 시키는 대로 하거나 자기 욕망에 갇힌 행위자로만 남아 있을 수 있다. 그런 점에서 행동하는 행위자이긴 했지만 행위자의 주인이 되지는 못한다. '자율' 이념을 강조한 계몽주의 근대성의 이상에 비추어보면 매우 역설적인 결과라고 할 수 있다. 행위의 주인을 열망하면서도 정작 행위의 주인이 되지 못하는 꼴이다. 매킨타이어에 따르면 계몽주의 근대성의 허구는 이 사실에서 나온다.

매킨타이어가 토미즘 전통에 주목하는 이유도 여기에 있다. 토미즘 전통에 대한 그의 긍정적인 시선은 사실 이론적 통찰에서 나온 결과이다. 물론 토미즘 전통의 단순 모방이나 전수가 그의 목표는 아니다. 우리 시대에 토미즘 전통의 완벽한 복원은 자가당착적인 주장일 뿐이다. 마치 기독교 가치관을 현대인에게 세뇌시키는 것과 같기 때문이다. 토미즘 전통의 단순 복원은 그런 점에서 무의미하다. 매킨타이어는 전통의 '살아 있음'을 강조한다. 그는 이질적인 문화를 자기 것으로 만들어내려는, 즉 살아 있는 전통으로 만들어내려는 노력을 부각시킨다. 토미즘 전통에서 배워야 할 것은 살아 있는 전통을 만들어내는 힘이다. 이질적인 문화들을 자기 자신의 것으로 만들어내려는 방식, 자연법 전통으로 아리스토텔레스 이론과 기독교 이론을 담아내려는 방식이다.

토마스 아퀴나스로 대변되는 토미즘 전통은 고대 그리스 전통의 입장에서 보면 매우 이질적이다. 고대 전통과 다르게, 토미즘 전통에는 핵심적 물음이 제기된다. 이질적인 문화 전통의 대립 안에서 어떤 길을 모색하느냐의 문제가 중요하다. 고대 그리스의 합리성을 추종할 것인가, 아니면 새로운 기독교 문명을 택할 것인가? 토미즘 전통은 표면적이든 은연중이든 선택의 기로에 서야만 했다. 물론 "이것이냐 저것이냐"의 양자택일의 선택 문제만은 아니다. 제3의 길도 가능하기 때문이다. 매킨타이어의 해석에 따르면 토미즘 전통은 사실 양자택일을 거부하고, 제3의 입장에서 가능한 통합 방식을 모색하고 있다. 토미즘 전통은 이질적인 두 문화를 자기만의 고유한 언어와 이야기로 엮어내려고 했다. 이 통합 방식이 독특한 토미즘 내러티브를 만들어낸 것이다. 토미즘 전통의 특징은 배제의 논리가 아닌 통합의 논리에 있다. 통합 속에서 그들만의 이야기가 가능했다. 하지만 계몽주의 근대성은 전혀 다르다. 통합 방식보다 기존 문화 전통을 철저하게 배제하면서 기존 전통을 대체하는 방식을 선호했기 때문이다.

진정한 문화의 전승은 배제나 대체 방식일 수 없다. 대체는 통합의 포기이며, 배제는 가치의 전이를 불가능하게 한다. 그런 점에서 통합만이 진정한 문화 전승의 방식이어야 한다. 물론 통합이 융합으로 이해될 수 있다. (미국문화 수용의 특징으로 거론된 '용광로'는 가장 대표적인 융합의 은유라고 할 수 있다). 그러나 통합에는 융합으로만 설명될 수 없는 어떤 점이 있다. 통합의 방식은 자신의 관점에서 이질성에 대한 포용을 전제로 한다. 통합의 방식에는 이질적인 타 문화에 대한 이해가 전제된다. 이해란 자기 전통의 입장에서 다른 전통의 이질성, 그 전통의 독특성과 우월성을 비판적으로 받아들이는 것이다.

모든 행위자는 자신들만의 고유한 이야기에서 의미를 찾는다. 이야기가 체험된다는 매킨타이어의 지적은 이를 두고 한 말이다. 이렇게 보면 이질적인 문화 전통에 대한 단순 모방은 그 문화 전통에 대한 참다운 이해가 아니다. 또 자기 문화 전통을 완전히 말살하고 타 문화 전통을 컴퓨터에 저장하듯 받아들이는 것이 이해일 수 없다. 자기 문화와 타 문화의 교호 작용이 없기 때문이다. 살아 있는 전통은 문화 간 교호 작용에서 나온다. 살아 있는 전통은 너무도 익숙한 이야기 속에 숨어 있다. 타 문화에서 찾는 것은 자기 문화에 익숙하면서도 새로운 이야기이다. 다양하고 경쟁적인 전통이 공존한다면, 이질적인 것을 자신의 것으로 받아들여야 한다. 전통에 생명을 불어넣는 것은 너무도 익숙한 것을 낯설게 하고, 낯설고 이질적인 전통을 익숙하게 만들어내는 것이다. 이 과정은 일종의 대화, 특히 '변증법적 대화'이어야 한다. 이 대화는 타인의 의견에 대한 주체적 수용이며, 상상력을 통한 자기 문화의 변용을 요구한다. 매킨타이어는 다음과 같이 말한다.

특정 탐구 전통에 자기 문화를 관련시킴으로써 누군가는 시간이 흐르면서 자신의 최초 견해를 긍정 또는 부정할 것이다. 그 방식은 양방향으로 진행된다. (…) 전통 내에서 지속적인 논쟁, 경쟁적인 전통과의 논쟁적인 토론 또는 갈등을 빚게 하는 것이다. 두 과업은 어쨌든 동일하다. (…) 가능한 한 경쟁적인 특정 전통이 문제된다면, 그 전통의 언어를 습득해야 한다. 그다음 상상력의 작업이 필요하다. 그 개인은 상상의 힘을 통해 경쟁적인 전통의 신념 체계 안에 자기 자신을 위치 지울 것이다. 경쟁적인 전통의 사람들이 지각하고 상상하는 것처럼 그도 자연 세계와 사회 세계를 지각하고 상상할 수 있기 위해서 말이다.[19]

이 방식에는 두 가지 형태의 순차적인 상상력이 요구된다. 먼저 상상력을 통한 감정이입(empathetic imagination)이 선행되어야 한다. 헤르더는 일찍이 역사적 이해에는 과거에 대한 동정적인 평가가 필요하다고 말한 바 있다. 마찬가지로 타 문화 전통을 이해하기 위해서는 먼저 감정이입을 고양시켜야 한다. 그다음 개념적 상상력(conceptual imagination)을 통한 개념의 변환이 필요하다. 이때 모국어에 없는 타 문화의 이질성을 포착하고, 이 이질성을 이해함으로써 모국어의 의미 변환을 모색해야 한다. "이질 문화의 개념을 제2의 언어 양태로 받아들이는 것은 진정한 모국어로 받아들이는 것과 근본적으로 다르다."[20] 이 말은 이질 문화 전통을 이해하기 위해서는 이질 문화의 독특성, 우월성을 인정하고, 모국어의 의미 변환을 통해 타 문화 전통을 이해해야 한다는 뜻이다. 이 과정은 현대 해석학에서 말하는 '이해'(Verstehen)의 방식과 유사하다. 관점의 차이에서 비롯된 이질성을 합리적인 이해의 근간으로 삼는 것이다. 이 같은 만남을 '대화'라고 말하는 것도 이런 맥락이다. 따라서 이 대화는 '변증법적'이고 '역사적'이다. 매킨타이어는 그 과정을 이렇게 설명한다.

대화의 특수성은 다양한 유형의 개인들이 경쟁적 탐구 전통의 주장들과 만날 수 있는 방식에 관한 설명에서 나타난다. 특정 전통을 현대적 형태로 제시된 테제들과 맞물리게 하거나 합리적으로 평가할 초월적 방법은 없다. 한편으로 특정 전통의 역사와 특성을, 또 한편으로 특정 개인들의 역사와 특성을 인식하기 위한 장치를 제외하고선 그 어떤 논의도 불가능하다. 그러므로 특정 테제들은 그 탐구 전통 내의 특정 문맥에서 평가하고 토론하면서 추상화하라. 그 뒤, 특정 개인의 합리적인 정당성에 비추어 그 테제들을 토론하고 평가하게 해보라. (이 정당성은 특성, 역사, 상황의 특수성으로부터 추상화된 것이다.) 그러면 일종의 합리적인 대화가 가능할 것이고, 논쟁의 평가를 통해 합리적인 대화는 실질적으로 불가능했던 이질적인 전통을 합리적으로 받아들이거나 거절하게 될 것이다.[21]

상상력을 통한 감정이입, 상상력을 통한 개념적 변환은 전통의 통약 불가능성을 전제로 한다. 동등한 기준에 따른다면 완벽한 문화 전수는 불가능하다. 전통 간 이질성 자체가 존재하는 한, 공통분모는 존재하지 않기 때문이다. 공통분모가 없기 때문에 문화 전통은 서로 통약 불가능하다. 따라서 이질적인 전통의 문화는 모국어로 완전히 번역될 수 없다. 문화 전통의 통약 불가능성은 특정 문화 A가 특정 문화 B로 번역되지 않을 때 나타난다. 모국어로 아직 확실하게 번역되지 않는다는 것은 그 이질 문화의 우월성과 탁월성을 인정해야 함을 뜻한다. 모국어로 포착하기 위해 상상적 의미 변환이 모색되는 이유도 여기에 있다.

문화 전승은 상호 이해를 전제로 하지만, 관점의 포기를 뜻하지 않는다. 행위자가 행위의 연쇄사슬로 설명될 수 없듯이, 문화 전승도 행위자의 관점에서 이질성을 포용하는 것이다. 단순 모방은 모국어 문화에 변화를 일으키지 않는다. 진정한 문화 전승은 타 문화의 독특한 전통을 자국 전통 문화의 변화의 계기로 삼는 것이다. 매킨타이어는 서구 윤리학사에서 이런 가치 전환 지점을 찾으려고 했다. 문화 흡수나 동화에서는 전통이 살아 숨 쉴 수 없다. 살아 있는 전통은 문화 이해의 관점에서만 가능하다. (우리 맥락에서는 일제 문화 수용을 받아들일 수 없는 이유이기도 하다!) 토미즘 전통의 우수성은 이런 문화 전승의 메커니즘을 찾으려고 한 데 있다. 이해를 통한 새로운 전통 수립이 모색되고 있는 것이다.

이 같은 전통의 이해 방식은 매킨타이어의 주요 철학적 업적의 연장선상에서 자리매김 되어야 한다. 그가 행위자의 특성에 주목한 것도, 전통의 전승 자체가 행위자를 전제로 하기 때문이다. 내러티브를 통한 삶의 통합, 살아 있는 전통은 오로지 도덕적 행위자의 진정성을 기반으로 한다. 이런 이해의 방식은 비단 매킨타이어 고유의 발상은 아니다. 이미 해석학자들도 이 문제의 심각성을 자각하고 있다. 차이가 있다면 매킨타이어가 서구 전통의 다양성과 이질성을 강조하고, 이 다양한 전통에서 통합을 모색하고 있다는 점이다. 매킨타이어에 따르면 서구 전통은 매우 이질적이다. 아리스토텔레스, 아퀴나스, 흄, 자유주의 전통은 서구 전통 내에 존재하는 이질적인 전통들이다. 다양한 전통의 인정은 문화 전승 과정에서 번역과 이해를 요구한다. 더더욱 중요한 것은 단순 번역이 아닌 창조적 번역을 요구한다는 점이다. 서구는 어떻게 다양한 전통 안에서 자기만의 새로운 전통을 만들어낼 수 있는가. 그 향방은 단호하게 결정하기엔 성급하다고 할 수 있다. 하지만 그 구도만큼은 분명하다. 진정한 문화 창달은 문화를 해석하고 이해하는 방식, 자기만의 문화를 만들어내는 데 있다는 것이다. 그 향방은 전적으로 이 과정에서 결정될 것이다. 자기 문화 안에서 타 문화를 이해하고 상상력을 발휘해 자기 문화의 언어로 만들어내야 한다. 그 가운데 대안이 마련될 것이다.

5 | 비판적 평가를 대신해서

지금까지 덕과 공동체, 살아 있는 전통을 중심으로 매킨타이어의 사상을 살펴보았다. 매킨타이어의 철학은 서구 근대성에 대한 근본적인 비판을 제기하고 있다. 미셸 푸코는 근대 사회의 비합리성과 야만을 예리하게 고발한 바 있다. 마찬가지로 매킨타이어의 철학은 철저히 반근대적 요소가 강하다. 계몽주의 근대성에서 사라진 행위자를 복원시키고, 행위자의 개념적 이입을 통해 현대 사회의 변화를 추구한다. 하지만 푸코와의 수평적 비교는 무의미하다. 매킨타이어의 근본 물음은 계몽주의 근대성 이념의 대체를 꿈꾸고 있다. 이 같은 대체가 가능한 이론적 성찰을 담고 있다. 행위자는 단순히 행위의 주인 이상이다. 단순히 욕망을 키우고, 자유만을 향유하려는 사람의 복원도 아니다. 그의 꿈은 자기 자신의 정체성을 묻고, 새로운 자기 탐구를 가능하게 하는 가치 창출의 출처로서 행위자의 원상복귀이다. 고전적 공화주의 이상처럼 자기 정체성에 대한 탐구는 공동체의 목표와 밀접하게 연관된다. 이런 맥락에서 보면 자유주의 정치이론에 천착한 영미 계통 정치철학 전통에서 공화주의 정치 이념이 새삼 부각되는 것도 결코 우연처럼 보이지 않는다.

혹자는 행위자의 복원이 계몽주의 근대성에 대한 합당한 비판인지 물을 수 있다. 더욱이 계몽주의 근대성을 계승한 서구 자유주의 체제는 평등 사회를 지향하면서 사회 정의를 부르짖고 있다. 평등 사회의 구현은 우리 모두의 이상이고, 결코 포기할 수 없는 목표이다. 계몽주의 근대성에 대한 섣부른 비판은 이마저도 포기하는 것으로 해석될 수 있다. 과연 그런가. 분명한 것은 평등 사회 구현의 부정이 매킨타이어의 목표는 아니라는 점이다. 다만 제도적 개혁만으로 평등 사회가 구현될 수 있다는 생각이 허상이라는 것이 그의 지적이다. 성원의 인식 변화 없는 제도적 변화는 한갓 시늉에 불과할 뿐이다. 이미 거짓에 농락당하는 현대 사회에서 너무도 자주 나타나는 현상이다.

더 나아가 현대 사회의 '인식론적 위기'에 주목하면 그의 철학의 장점이 나타난다. 인식론적 위기란 양립 불가능한 가치들이 경쟁적으로 충돌하는 상대론적 상황에서 제기된다. 공유된 목표가 사라지면 공포와 혼란이 그 자리를 차지한다. 현대 사회는 다원주의 민주주의 사회다. 다양한 정치적 가치가 공존하는 사회인 것이다. 자유주의자들은 절차적 중립성으로 이 같은 갈등을 해소하려고 한다. 하지만 절차적 중립성은 제3자의 입장에서 공정성을 달성할 수 있을지 모른다. 가치의 통합은 고사하고, 자칫 가치 상대주의를 은연중에 받아들이고 있는지 모른다. 상대주의는 정치적으로 보면 기득권 논리의 변형이다. 현상 유지를 목표로 삼기 때문이다. 오늘 같은 내일은 진리의 관점에서 보면 불변이라고 할 수 있을지 모른다. 그러나 힘든 세상을 살아야 하는 사람들에겐 지옥 같은 삶의 연장일 뿐이다. 변화 없는 내일은 진보 없는 정치인 것이다. 매킨타이어의 철학은 변혁의 가능성을 모색한다. 그는 전적으로 새로운 토대를 세우는 혁명적인 방법이 아닌, 인간의 삶을 지배하는 가치를 새롭게 해석하면서 새로운 통합을 모색하는 방식을 택하고 있다. 배제나 대체가 아닌, 우리 시대에 정의를 바로 세울 수 있는, 우리 시대의 이야기로 표현된 방식으로 가치의 무정부 상태, 가치의 폭정을 극복하려고 한다. 매킨타이어의 철학은 진정한 행위의 주인은 사회와 제도를 더 유기적인 목적론적 체계로 만들어야 한다고 가르치고 있다. 선의 통합 없이 행위자의 진정성은 나타날 수 없다. 그것은 우리 능력의 문제이다. 거짓을 버리고, 진실, 진실의 이야기로 말하는 데서 시작된다. 진정성의 정치는 진실의 힘에 대한 신뢰에 토대하고 있다.

문화 수용의 자세 또한 중요하다. 전통의 건전한 전승은 주체적인 수용의 문제이다. 주체적인 수용이 독단적이어서는 안 된다. 그것은 자국 문화의 변형을 통해 타 문화의 우수성을 인정하는 것이다. 문화적 상상력이 중요한 것도 이 때문이다. 상상력을 상실한 문화는 창조적일 수 없다. 창조적인 문화 혁신은 상상의 힘에서 나온다. 이 같은 설명은 서구 근대성에 대한 맹목적인 수용 태도를 반성하게 해준다. 우리 전통은 단일성을 유독 강조한다. 우리 전통은 다양성도, 창조적 혁신도 이룩한 바 없다. 그저 서구 근대성에 대한 단순 모방, 마치 그들처럼 똑같이 말하고 흉내 내는 것이 문화 수용의 전부라고 생각하는 듯하다. 이런 문화 수용 태도는 애초부터 잘못된 것이다. 창조적 변화가 필요하다면 타자를 인정하고 자신을 변화시키는 행위자의 힘을 신뢰해야 한다. 타자에 짓눌린 '나'가 아닌, 떳떳하고 유연한 '나'를 만드는 것이다.

　문화는 유동적이다. 우리의 판단과 능력에 따라 문화는 얼마든지 달라질 수 있다. 가치도 마찬가지다. 이 세상을 영원의 관점에서 파악할 보편적인 가치란 존재하지 않는다. 특정 역사적 상황 속에서 행위자들의 반성적인 태도와 평가가 가치를 만들어낸다. 우리가 배워야 할 것은 자신을 긍정하는 힘이다. 그것이 '자신을 알라'는 말의 뜻인지 모른다.

Ⅲ

RICHARD
RORTY

3 로티
아이러니스트가 꿈꾸는 자유주의 유토피아[1]

이유선

20세기 중반 이후 미국의 철학은 분석철학이 주류를 이루면서, 사실과 가치의 영역이 분리되고, 형식논리학적 방법론에 기반을 둔 철학적 글쓰기가 철학의 연구 영역을 전문화, 세분화하는 쪽으로 발전했다. 이런 경향은 철학적 탐구의 엄밀화에는 기여했을지 모르나, 인간의 삶을 총체적으로 다루는 사상가를 더 이상 배출하기 어려운 풍토를 낳은 것이 사실이다. 철학자들은 자신의 전문 분야 안에서 글을 썼으며, 사회철학이나 정치철학과 같은 포괄적인 철학의 영역은 미국 철학계에서 비주류의 영역으로 내몰렸다. 소논문을 써내는 철학자는 양산했을지 몰라도, 여러 방면에서 자신의 세계관에 입각해 저서를 쓰는 사상가는 점차 사라져갔다.

2007년 6월 8일, 췌장암으로 생을 마감한 리처드 로티(Richard Rorty, 1931~2007)는 아마도 현대 미국에서 사상가의 면모를 가진 드물게 보이는 철학자라고 할 수 있을 것이다. 1931년 미국 뉴욕에서 출생한 로티는 미국의 진보적인 시사지인『네이션』(*The Nation*)의 편집자이자 노동운동가였던 부모 슬하에서 성장했다. 그는 어려서부터 유명한 사상가와 운동가들을 접하면서 자연스럽게 사회 정의의 문제에 눈을 뜨게 된다. 15세 되던 해 시카고 대학에 입학한 로티는 플라톤 철학에 몰두하여 사회 정의의 문제와 진리의 문제를 중재할 방법을 모색하게 된다. 1949년 시카고 대학을 졸업하고 1952년 시카고 대학에서 석사학위를 받은 다음 1956년에「잠재성의 개념」이라는 제목의 논문으로 예일 대학에서 박사학위를 받는다. 1956년부터 1961년까지는 대학에서 강사생활을 하거나 군복무를 하면서 보낸다. 그리고 1961년 프린스턴 대학의 철학과 교수로 부임하는데, 1982년까지 재직했던 프린스턴 대학의 시절을 대체로 그의 '분석철학 시기'로 볼 수 있다. 그렇지만 그는 70년대부터 분석철학의 방법론에 대해 회의하고 철학이 어떠한 학문이어야 하는가를 고민하는 메타철학적 관심을 갖게 된 것으로 보인다. 1982년부터 1998년까지 로티는 프린스턴 대학을 떠나 버지니아 대학의 '석좌교수'(university professor)로 재직한다. 1979년에 출간한『철학과 자연의 거울』(*Philosophy and the Mirror of Nature*)은 자신의 분석철학 시기를 정리하고 극복하기 위한 저작으로 볼 수 있으며, 1982년에 출간한 논문집『실용주의의 결과』(*Consequences of Pragmatism*)는 그가 프래그머티스트(pragmatist)로서 정체성을 만들어간 1972년부터 1980년 사이의 논문들을 싣고 있다. 그의 독창적인 사상이 가장 잘 나타나 있는 저작은 1989년에 출간한『우연성, 아이러니, 연대성』(*Contingency,*

Irony, and Solidarity)이라고 할 수 있다. 이 책에서 그는 언어, 공동체, 자아의 우연성에 대해 논하고, 사적인 아이러니스트(ironist)의 욕망과 공적인 자유주의자의 희망을 결합시키는 일이 왜 쓸모없는 시도인지에 대해 문학과 철학의 경계를 넘나들면서 독특한 글쓰기를 선보이고 있다. 1998년부터 스탠퍼드 대학의 비교문학과 교수로 재직하다가 2007년 그의 친한 친구였던 데리다와 마찬가지로 췌장암으로 세상을 떠났다. 그는 생전에 1996년과 2001년 두 차례 한국을 방문하여 대중 강연을 한 적이 있으며, 그에게 소설 읽기의 중요성을 일깨운 두 번째 부인 메리 로티는 의료윤리 전공자로서 지금도 스탠퍼드 대학에서 교수로 재직 중이다.

철학자들이 그어놓은 전문 영역이라는 경계선을 마음대로 넘나들면서, 파격적인 논쟁거리를 제시했던 그의 자유로운 글쓰기에 매료되어 그를 주제로 박사 논문을 썼던 나는 운이 좋게도 그가 버지니아 대학의 교수로서 마지막 해를 보냈던 1997-1998년 1년 동안 박사 후 과정의 지도를 받을 수 있었다. 글에서 보여주는 호전성, 재치, 자유로움, 파격 등은 인간 로티에게서는 사실 찾아보기 어려운 측면이었다. 그는 오히려 매우 진중하고 배려가 깊어서, 수줍어 보이기까지 하는 점잖은 학자였다. 로티는 기존의 철학적 논의 구도를 깨뜨리고 새로운 관점에서 자아와 세계를 바라보려 했다. 그 과정에서 그는 기존의 철학자들을 날카롭게 비판했지만, 그의 기본적인 관점은 그들 철학자들의 주장이 틀렸다는 것을 밝히겠다는 것이 아니라, 그런 비판의 작업을 통해서 자기만의 관점을 만들어보겠다는 것이었다. 그는 자신이 남들보다 더 진리에 근접해 있다는 오만한 생각을 가진 적이 없으며, 다만 자기만의 어휘로 자기만의 생각을 직조해보고자 노력했다. 그것이 그가 끊임없이 새로움을 추구했던 이유이다.

자신이 영원불변의 보편적 진리를 탐구하고 있다고 생각하는 철학자들은 대부분 로티를 못마땅해 하거나 무시하고, 많은 경우 철학자로 인정하려고 하지 않는다. 그들은 로티를 자기모순적인 상대주의자이며, 철학자이기를 포기한 사람이라고 비난하기도 한다. 이런 비난은 어떤 점에서는 맞는 것이기도 하고 또 어떤 점에서는 결코 받아들일 수 없는 것이기도 하다. 로티는 결코 상대주의자가 아니라는 점에서 그런 비난은 허수아비를 세워놓고 비판하는 것과 같다. 보편적 진리를 인정하지 않는 로티의 관점이 자동적으로 상대주의로 넘어간다고 생각하는 사람은 로티를 읽지 않았을 확률이 높다. 그는 진리가 상대적이라고 주장하려는 것이 아니라 진리가 보편적이라거나 상대적이라고 말하는 진리 담론 자체가 의미가 없다고 주장하고 있는 것이다. 로티는 진리의 문제를 둘러싼 기존의 철학적 논의 구도를 벗어나고자 하는 것이지 철학적인 문제를 해결하기 위해 어떤 입장을 비판하는 것이 아니다. 그런 점에서 로티가 전통적인 의미의 철학자가 아니라고 한다면 그것은 어느 정도 맞는 말이다. 로티는 철학적 글쓰기의 방식을 바꾸고자 했다. 그의 글쓰기는 공통 근거나 진리를 찾는 것을 목표로 한 것이 아니라, 새로움을 추구했다. 그런 점에서 그의 글쓰기는 시인이나 소설가의 글쓰기와 크게 다르지 않다. 다만 그의 글쓰기 소재가 철학자와 그들의 개념이었을 뿐이다.

철학이 다른 학문과 다른 점이 있다면, 그것은 아마도 자기 자신의 정체성에 대한 근본적인 물음을 항상 던지고 있다는 점일 것이다. 철학의 정체성을 부정하는 것 자체가 하나의 철학이 된다. 자기 부정을 통해서 생명력을 얻는 학문이라는 점에서 철학은 다른 학문보다 더 깊이 있는 사고에 닿아 있다고 할 수 있을 것이다. 로티는 우리 시대에 이러한 철학의 자기 부정이라는 역할을 담당했던 철학자였다.

1 | 반표상주의—이론과 실천의 구분

로티의 글쓰기는 매우 다양한 분야에 걸쳐 있다. 인식론적인 문제가 중심이 되어 논의가 진행되어 온 기존의 철학적 논의 구도에서 벗어나면서 로티는 거의 모든 인문학 분야의 주제들을 자유롭게 글쓰기의 대상으로 삼았다. 여기서는 그의 정치철학적 관점을 중심으로 그가 남긴 메시지를 개관해보고자 한다. 로티의 인식론적인 입장이 상대주의로 오해되는 것과 마찬가지로, 그의 정치철학적 입장은 포스트모더니스트들의 입장과 같은 것으로 오해된다. 로고스중심주의를 비판하고, 역사성을 강조한다는 점에서 로티는 철학적으로 포스트모더니스트들과 궤를 같이 하지만, 거기서 비롯되고 있는 문화적 좌파의 입장에 대해서는 동의하지 않는다. 그는 오히려 정치적으로 하버마스에 가깝다. 이러한 그의 입장을 이해하기 위해서는 그의 기본적인 철학적 관점을 먼저 살펴볼 필요가 있다.

로티의 입장은 한마디로 반표상주의(anti-representationalism)라고 할 수 있다. 자전적인 에세이에서 밝히고 있듯이, 그는 15세에 시카고 대학에 입학해서 처음에는 플라톤주의자가 되려고 노력했다. 그리고 대학 교수직을 원하는 다른 모든 사람들과 마찬가지로 분석철학자가 되는 훈련을 받았다. 제도권에서의 업적이 인정되어 그는 프린스턴 대학의 철학과 교수가 된다. 그러나 로티는 보편적이며 영원불변한 진리를 탐구한다고 하는 플라톤주의적인 철학함의 방식이 자신의 의문을 해결해주지 않는다고 생각하고, 자기만의 글쓰기를 모색하기 시작한다. 분석철학자들은 형식논리학을 방법론으로 삼아 공통적인 철학적 문제의 해결에 매달린다. 예를 들어 인간에게 마음이 존재하는가, 혹은 과학적 탐구를 통해 객관적 세계에 대한 진리에 도달할 수 있는가 하는 철학적 물음에 대해 언어에 대한 논리적 분석의 작업을 통해서 해답을 얻을 수 있다고 생각하는 것이다. 그러나 로티에게는 해결해야 할 자기 자신만의 철학적인 물음이 있었다. 그것은 그의 독특한 성장 배경과 맞물려 있는 문제이다.

로티는 미국 공산당원이었던 부모 밑에서 성장했다. 미국의 진보 잡지인 『네이션』의 편집장이기도 했던 부모는 활동적인 사회주의자였으며, 그의 아버지는 트로츠키 조사위원회 의장을 맡았던 듀이를 수행해서 멕시코에 다녀오기도 했다. 로티의 집은 전 세계 망명 사회주의자들의 도피처였으며, 그는 그런 환경 속에서 사회 정의를 실현하는 것, 약자를 위해서 연대하고 투쟁하는 것을 올바른 삶의 규범으로 받아들였다. 그러는 한편, 내성적인 성격의 로티는 자기만의 사적인 취미에 몰두하기도 했다. 그는 어려서 살았던 뉴저지 산악지대의 야생란에 대한 지식을 쌓는 데서 행복감을 느꼈다. 로티는 그것을 '속물적이고', 다른 사람과는 '의사소통이 불가능한' 사적인 관심이라고 부르고 있다. 로티의 고유한 물음은 이 두 가지, 즉 사회 정의를 위한 공적인 사회적 실천과 개인의 행복을 위한 사적인 속물적 관심을 어떻게 중재할 수 있는가 하는 것이었다. 로티는 플라톤주의와 분석철학에서 답을 구했지만, 철학적인 논증 능력이 커지는 것이 자신의 문제를 해결해주지는 않는다는 결론에 도달했다.

로티의 반표상주의는 거기서 시작하는 로티 자신의 독창적인 철학이다. 로티는 기존의 철학적인 문제들과 논증의 구도가 '트로츠키와 야생란'을 중재하는 일에는 도움이 되지 않는다고 생각했다. 로티의 반표상주의는 자기만의 어휘로 자기만의 새로운 철학을 서술해보고자 하는 시도이며, 그 속에서 실재론과 반실재론, 객관주의와 주관주의, 보편주의와 상대주의, 기초주의와 반기초주의 등의 전통적인 철학적 논의 구도에서 이루어지는 모든 문제는 어떤 해결책을 찾아서 결론에 도달할 수 있는 문제라기보다는 단지 비트겐슈타인 식으로 치료적으로 해소되어야 할 문제들로 여겨진다.

로티로 하여금 플라톤주의로부터 결별하게 한 것은 철학사에 등장하는 교설들을 중재할 수 있는 초역사적인 근거를 발견하는 것은 불가능하다는 생각이다. 로티는 철학사가 어떤 공통의 문제를 해결하기 위해서 세대를 이어 내려온 지식의 역사라고 생각하지 않는다. 철학자들은 앞서간 철학자들이 고민했던 문제를 해결해왔다기보다는 자기 시대의 관점에서 그 철학자들을 재서술하는 작업을 해왔다. 말하자면 어떤 철학자도 자신이 처한 역사적 한계로부터 자유롭지 못하며, 초역사적인 보편적 진리에 근접해 있다고 주장할 위치에 있지 못하다. 이런 생각에 결정적인 영향을 준 것은 헤겔의『정신현상학』이었다. 근대성의 정점에 위치한 헤겔의 사상은 한편으로는 이성을 통해 접근할 수 있는 진리의 문제에 대해 서술하고 있는 것으로 해석할 수도 있을 것이다. 그러나 로티가 보기에 헤겔의 중요성은 그가 그런 서술이 오로지 역사적 사건들을 재서술함으로써만 가능한 일이라는 것을 보여준 점에 있다. 아무도 역사 바깥에서 진리에 대해 말할 수 없다는 것, 따라서 진리에 관한 모든 서술은 역사성을 가질 수밖에 없다는 것이 로티가 헤겔에게서 끌어내고 있는 교훈이다. 한편, 환원 불가능한 시간성을 적극적으로 받아들인다는 이러한 니체주의적인 관점을 형성하는 데 결정적인 기여를 한, 또 한 사람의 저술가는 프루스트이다. 로티는 프루스트의『잃어버린 시간을 찾아서』가 영원성이나 보편성에 구애받지 않고 자기 자신의 어휘로 자기 자신을 창조하는 '아이러니스트'의 전형을 보여주고 있는 중요한 작품이라고 평가한다.

　로티의 반표상주의의 요점은 '트로츠키와 야생란'으로 표현되는, 공적인 실천의 문제와 사적인 관심을 중재하는 일을 포기해야 한다는 것이다. 로티에 따르면 철학적인 이론을 만들어내는 일은 사적인 관심에 해당한다. 이것은 곧 이론적인 진리에 입각한 사회적 실천이라는 오래된 모토를 포기해야 한다는 말과 같다. 철학자들의 이론은 자신의 관점에서 자아와 세계를 하나의 서사로 직조하는 것이다. 거기서 주장되는 진리는 다른 사람들에게 강요될 수 없다. 내가 생각하는 진리에 따라서 모든 사람이 실천에 나서야 한다는 생각은 전체주의를 낳을 것이다. 이론은 사적인 관심 영역에 머물러야 하며, 시인이나 소설가의 자기 창조의 작업과 같은 것으로 여겨져야 한다. 반면 실천의 영역에서 궁극적인 합의에 도달하려 하거나 최선의 대책을 찾아서 행동의 지침을 마련하려고 한다면, 그 누구도 실제로 사회적인 문제에 참여하게 되지 못할 것이다. 무엇이 최선책이냐에 대한 궁극적인 합의의 시점이 무한정 연장될 것이기 때문이다. 따라서 실천의 영역은 궁극적인 진리나 보편적인 진리의 영역이 아니라 현실적인 차선책을 찾는 타협과 연대의 장이 되어야 한다. 이론에 입각한 실천은 듣기에는 좋은 구호이나, 이론과 실천을 통합할 수 있는 궁극적인 체계에 도달할 수 없다는 점에서 불가능할 뿐 아니라 경우에 따라서는 위험한 생각이기도 한 것이다.

로티에게 있어서 이론과 실천의 중재를 포기해야 한다는 생각은 그의 주저라고 할 수 있는 『우연성, 아이러니, 연대성』을 통해서 자세히 서술되고 있다.[2] 거기서 로티의 기본적인 주장은 자아, 언어, 자유주의 공동체의 우연성에 관한 것이다. 이 책은 심리철학, 언어철학, 정치철학에 대한 그의 입장을 정리한 것으로 볼 수 있는데, 로티는 다원주의적이고 자연주의적인 관점에서 인간, 언어, 공동체에 대한 반표상주의적인 관점을 서술하고 있다.

다원주의의 관점에서 보건대 인간에게 보편적인 본성이란 존재하지 않는다. 이성, 정신, 도덕성 등은 모두 인간이 진화의 과정에

100

서 획득한, 환경에 대처하는 능력에 대한 이름들이다. 인간의 의식이나 마음은 더 이상 진리를 비추는 거울로 간주되지 않는다. 인간의 이성이나 마음이 다른 동물에게는 없는 인간만의 고유한 본성이라고 보는 것이 '주체성'을 둘러싼 근대적인 철학적 담론의 공통적인 견해였다고 한다면, 그런 것을 부정하는 관점이 포스트모더니즘의 공통점이라고 할 수 있을 것이다. 후자의 견해를 받아들인다면 모든 미신적 사유를 몰아내고자 했던 계몽주의적인 이성은 자기 자신에 대해서만은 여전히 미신적인 생각을 유지하고 있었던 것으로 볼 수 있다. 그리고 그런 미신은 오늘날의 과학주의적 관점에도 계승된다고 할 수 있다. 인간의 이성적 탐구가 언젠가는 단순한 하나의 '재서술'이 아닌 궁극적인 '서술'에 도달할 수 있다는 생각은 인간과 그를 둘러싼 우주가 어떤 고정된 본질을 갖고 있을 것이라는, 과학적으로 혹은 이성적으로 설명되지 않는 '신념'에 기초하고 있을 것이기 때문이다.

로티의 반표상주의적인 관점에서 보면 인간에게 보편적인 본성이 주어져 있지 않으므로 발견해야 할 나의 본성 같은 것도 존재하지 않는다. 나는 우연적인 존재이며, 발견되어야 할 본질을 가진 존재가 아니라 나 스스로 만들어가야 할 존재이다. 로티에게 있어서 모든 이론가의 궁극적 목표는 자기 자신만의 어휘로 자기 자신의 자아를 창조해내는 일이다. 이것은 사적인 자아 완성의 프로젝트이며, 보편적인 진리의 발견과는 관련이 없다. 자아의 우연성, 역사성, 덧없음을 감내하면서 자아 창조의 작업에 몰두하는 것이 로티가 말하는 '아이러니스트'의 과제이며, 이러한 일은 시인의 자아 창조의 과정과 유사하다는 점에서 로티는 문학과 철학의 경계를 분명히 나눌 수 없다고 본다.

언어 역시 진리를 담는 도구가 아니다. 다른 동물들이 다양한 방식으로 자신이 처한 환경에 대처하듯이, 언어는 인간이 환경에 대처하기 위해 진화시킨 도구이다. 따라서 언어 분석을 통해서 세계의 존재 방식을 알 수 있다거나, 참된 해석을 그릇된 해석으로부터 가려낼 수 있는 방법을 찾아내서 세계의 객관적인 진리를 알 수 있다고 하는 생각은 잘못된 것이다. 세계의 객관적인 존재 방식을 표상하는 언어란 존재하지 않으며, 문자적인 언어와 은유적인 언어가 서로 구별되지도 않는다. 언어의 참 거짓을 가리는 것은 세계가 아니라 인간이다. 세계에 대한 객관적인 서술에 도달할 수 있다는 생각은 우리의 언어가 세계의 진리를 표상하는 매체라고 이해할 때 가능하다. 언어에는 세계의 객관적 질서를 반영하는 어떤 요소가 이미 포함되어 있으며, 우리가 아직 세계에 대한 최종적인 서술에 도달하지 못한 이유는 인간이 가지고 있는 역사적이고 경험적인 한계 때문이라고 생각하는 것이 아마도 과학주의자나 실재론자, 본질주의자들의 공통점일 것이다. 그러나 토마스 쿤이 보여주었듯이 세계에 대한 우리의 지식은 하나의 진리를 향해 수렴해가기보다는 역사적으로 변화해왔다. 패러다임의 변화에 따라 세계를 서술하는 어휘가 달라져왔다는 것은 자명해 보인다. 이런 사실을 통해 우리가 일차적으로 말할 수 있는 것은 세계를 서술하는 우리의 어휘는 앞으로도 변할 것이라는 점이다. 이것은 아마도 엄밀함을 중시하는 자연과학이나 수학의 언어에서도 마찬가지일 것이다. 탐구 대상에 대한 어휘가 새롭게 생겨나고 변화해가는 것은 우리가 전에는 몰랐거나 발견되지 않았던 대상을 마주하기 때문일 것이다. 그리고 그렇게 새롭게 서술해야 할 대상을 마주하게 되는 이유는 우리의 눈에 보이지 않던 대상이 갑자기 우리의 눈앞에 등장해서라기보다는 우리가 대상을 바라보는 관점을 바꾸기 때문일 것이다. 뉴턴이 물체의 운동을 바라보는 관점을 바꾸었을 때 '목적'이라는 아리스토텔레스의 어휘는 더 이상 세계를 설명하는 어휘가 아니게 된다. 그리고 '중력'이라는 어휘를 통해 바라본 세계는 이전과는 전혀 다른 모습으로 등장한다. 프래그머티스트의 관점을 따른다면, 탐구란 문제 상황에서만 발생하며, 이론은 문제 해결을 위한 가설로서만 제시된다. 우리가 해결해야 할 문제가 어떤 것이냐에 따라서 이론의 어휘는 얼마든지 새롭게 만들어질 수 있다. 이것은 언어가 고정되거나 완성되어 있는 어떤 것이 아니며, 얼마든지 새롭게 변경되고 만들어질 수 있는 가변적이며 우연적인 산물이라는 것을 말해주는 것이다.

공동체 역시 우연적인 역사적 산물이다. 로티는 인간의 공동체를 본질주의적인 관점에서 정당화하려는 모든 시도를 근거 없는 것으로 보고 있다. 인간의 공동체는 플라톤이 생각하듯이 진리에 대한 인식을 통해서 이루어져야 할 어떤 것도 아니고, 종교적인 근본주의자들이 생각하듯이 신의 섭리에 따라서 만들어져야 할 어떤 것도 아니며, 계몽주의자들이 생각하듯이 인간의 본성을 실현하는 쪽으로 발전해나가는 것도 아니다. 마르크스주의자들의 생각대로 인간 사회가 역사 법칙에 따라서 발전해나간다고 볼 수도 없다. 이런 관점에서는 바람직한 공동체의 밑그림을 미리 그려놓고 그 청사진에 맞추어 현실을 바꾸어나가고자 하는 시도는 무의미하다. 적극적인 의미에서 어떤 사회가 최선의 사회인가 하는 것에 대해 미리 알 수 있는 위치에 있는 사람은 없기 때문이다. 오늘날 우리가 자유민주주의 사회에 살게 된 것도 어떤 역사적인 필연성에 의해서 그렇게 되었다고 할 수 없다. 그리고 자유민주주의 사회가 다른 사회 체제에 비해 우월하다는 것에 대한 궁극적인 철학적 정당화의 작업도 가능하지 않다고 보아야 한다. 예컨대 하버마스가 일관되게 그런 정당화 작업에 매달려왔지만, 네그리, 푸코, 지젝 같은 인물들은 자유민주주의 체제 바깥에서 더 나은 사회의 모델을 추구해야 한다고 말하고 있다. 이들 사이의 관점의 차이가 좁혀져서 어떤 합의에 도달할 것을 기대할 수는 없을 것이다. 인간의 공동체는 우연적인 역사적 산물이기 때문에, 그것을 어떻게 더 나은 방향으로 개선시킬 수 있는가 하는 문제를 가지고 고민하는 사람에게는 미래에 대한 희망 이외에는 아무것도 기댈 만한 것이 없다.

이렇게 다원주의적이고 반표상주의적인 관점에서 자아, 언어, 공동체의 우연성에 대해 주장하는 것은 사실상 지금까지 전개되어 온 거의 모든 철학적 논의 구도를 버리는 것과 다름없다. 그와 같은 입장은 인간의 보편적 본성, 진리에 대한 매개체로서의 언어, 인간 사회의 발전 방향과 올바른 실천 규범에 대한 이론적 탐구의 가능성을 깨끗하게 포기하는 것이기 때문이다.

인간이 보편적이고 절대적인 진리를 발견할 수 있는 존재가 아니라는 것을 인정하는 순간, 진리에 입각해서 공동체를 건설하겠다는 생각, 또는 이론과 실천을 통합해서 하나의 체계를 세우겠다는 생각은 더 이상 유지될 수가 없다. '트로츠키와 야생란'은 통합될 수 있는 것이 아니다. 우리는 그것들이 잘 조화되기를 희망할 수 있을 뿐이다.

2 │ 리버럴 아이러니스트─ 공적인 것과 사적인 것의 구분

공적인 실천과 사적인 이론이 하나의 체계로 통합될 수 없다는 것은 현실적으로 어떤 심각한 문제를 야기하게 되는 것은 아닌가? 진리가 무엇인지를 말해주는 이론에 입각하지 않는다면 우리는 어떤 것이 더 나은 대안인지 판단할 수 없게 될 것이고 그리하여 상대주의의 난관에 봉착하게 되는 것은 아닌가? 로티는 그렇게 생각하지 않는다. 보편적이고 객관적인 진리를 알아야만 비로소 행동에 나설 수 있다고 생각하는 근본주의자들에게만 그러한 통합 여부가 문제될 것이다. 로티는 그것이 통합되지 않더라도 아무런 문제가 없으며, 양자는 병행될 수 있다고 주장한다. 실천이 객관적인 진리에 근거해서 이루어져야 한다고 생각하는 사람들은 이론과 실천의 통일, 앎과 행동의 일치가 유일하게 올바른 것이라는 생각에 대한 강박증을 가지고 있는 것이다. 그러나 현실을 잠시만 살펴보면 이러한 강박증이 쓸데없는 것임을 금방 알 수 있다. 정치적 실천과 연대는 각자가 가진 궁극적인 진리관의 일치를 요구하지 않는다. 기독교인과 진화론자가 함께 녹색당을 만들어 활동할 수 있으며, 실재론자와 반실재론자가 함께 반독재 투쟁에 나설 수도 있다. 마르크스주의자와 실존주의자가 함께 신자유주의에 반대하는 정치적 실천에 나서는 것도 전혀 이상한 일이 아니다. 정치적 실천과 연대는 궁극적인 진리에 관한 것이 아니라 긴급한 현실의 문제를 해결하기 위한 것이다.

둘 가운데 우선순위를 굳이 정해야 한다면, 공적인 실천이 사적인 이론보다 더 중요하다고 보아야 한다. 왜냐하면 개인의 사적인 공간을 마련해줄 수 있는 자유주의 공동체가 선행되어야만 비로소 개인들은 자신의 사적인 관심에 몰두할 수 있기 때문이다. '민주주의가 철학에 앞선다'는 로티의 테제는 이러한 생각에서 비롯된다. 로티와의 인터뷰를 묶어 책으로 출간한 멘디에타는 "자유를 돌보면, 진리는 스스로를 돌본다"는 로티의 말을 책의 제목으로 삼았다.[3] 영원불변의 보편적 진리에 대한 탐구를 통해 더 나은 공동체를 만들겠다는 철학자들의 생각은 이런 관점에서 보면 본말이 전도된 것이다. 개인이 사적인 관심에 몰두할 수 있는 자유로운 사회적 환경이 마련되면, 거기서 다양한 진리이론이 꽃피어날 수 있을 것이다.

만약 실천과 이론의 통합이 불가능한 것이라면, 사회 개혁을 위해 실천에 나서는 혁명가와 오로지 사적인 완성에 몰두하고 있는 아이러니스트는 어떻게 만날 수 있는가? 아이러니스트가 혁명가 또는 로티적인 의미의 자유주의자가 되어야 할 필연적인 이유는 없다. 아이러니스트는 정치적으로 파시스트가 될 수도 있고, 혁명가가 될 수도 있다. 한 사람의 아이러니스트가 '시적인 문화'(poeti-cized culture)의 영웅인 '리버럴 아이러니스트'가 되는 것 역시 우연적인 일일 뿐이다.

사적인 완성에 몰두하는 문학적 재능을 가진 시인이나 소설가는 사회적 실천에는 무심한, 타자의 고통에 대해서는 비정상적으로 무감각한 괴물이 되는 경우도 있다. 그런 사례를 로티는 나보코프의 소설『롤리타』의 주인공을 통해서 보여주고 있다. 로티가 나보코프의 소설 속 인물을 통해 끌어내는 아이러니스트의 한 측면은, 무관심의 괴물이다. 로티에 의하면 자율성의 추구가 연대성의 감정과는 잘 어울리지 않는다는 것을 간파한 작가가 바로 나보코프이다.

> 그래서 그는 황홀경에 빠져 있는 사람과 잔인한 사람, 주목하는 사람과 무관심한 사람, 선택적인 호기심만을 보이는 시인과 [다른 사람의 일에 대해서는] 냉담한 만큼 [자기 자신의 일에 대해서는] 민감한 강박관념의 소유자를 모두 창조해낸다. 그가 가장 두려워하고 있는 것은 두 가지 성격을 동시에 갖지 못한다는 것, 즉 황홀경과 친절함을 종합할 수는 없다는 것이다.[4]

로티에 의하면 험버트와 같은 인물을 창조해냄으로써 나보코프가 독자에게 일깨우고자 했던 것은 사적인 기쁨의 추구에 의해서 발생하는 작은 규모의 잔인성이 언제나 있을 수 있다고 하는 사실에 대한 감수성이다. 잔인성을 감소시키는 일은 로티에게 있어서 자유주의자의 실천적 과제이며, 자기만의 관심에 빠져 타자의 고통에 무감각한 인물들은 계몽의 대상이 된다. 이런 주장에 대해 이론과 실천의 통일을 생각하는 철학자들은 아마도 계몽의 기준이 무엇인지 반문할 것이다. 이런 물음은 잔인한 일이 자행되는 사회와 그렇지 않은 사회를 비교해서 후자가 더 나은 사회인지 말할 수 있는 근거가 무엇인지 묻는 것과 같다. 만약에 진지하게 이런 물음을 던지는 사람이 있다면 그 사람을 설득할 수 있는 이론을 제시하기는 어려울 것이다. 우리가 할 수 있는 일은 그 사람이 타자에게 고통을 가하는 일이 얼마나 끔찍한 일인가를 우리처럼 느낄 수 있게 그의 감수성을 일깨우는 일이다. 따라서 여기서 이루어지는 계몽의 과제는 이론적인 지식을 통해서라기보다는 감수성의 확장을 통해서 이루어지는 것으로 보아야 한다. 시대마다 가치의 기준이 변해 왔기 때문에 아마도 잔인하게 여겨지는 일도 달라질 것이다. 노예를 부리던 시대에는 노예의 고통에 공감하는 사람이 없었을 것이다. 남성중심주의 사회에서는 여필종부나 칠거지악과 같은 윤리적 규범이 여성들을 고통스럽게 한다는 생각을 하는 사람이 별로 없었을 것이다. 성장이 지상목표였던 군부독재 시절에는 열악한 환경에서 노예처럼 노동을 강요당했던 근로자들의 고통이 불가피한 것으로 여겨졌을 것이다. 경쟁지상주의 사회에서는 미래를 위해 현재를 유보당한 채 공부기계로 살아가는 청소년들의 고통이 심각하게 여겨지지 않을 것이다. 잔인성과 고통의 문제는 우리가 고정관념을 깨뜨리려고 노력할수록 외연을 넓힐 수 있는 문제이다. 이것은 우리가 몰랐던 것을 머리로 알게 되는 과정이라기보다는 우리가 외면했던 타자의 고통에 대해 가슴으로 공감하게 되는 과정에 가깝다.

다른 한편으로, 『1984』의 작가인 오웰은 아이러니스트의 공간을 확보하는 것이 자유주의 공동체를 건설하는 데 얼마나 중요한 일인지를 보여준 인물로 평가된다. 오웰의 작품은 성공한 범죄 집단과 결탁한 지성인에 의해 사용되는 잔인성을 위한 레토릭들을 간파하게끔 한다는 것이다. 그런 점에서 로티의 독해는 오웰의 작품에 대한 일반적인 해석과는 어긋난다. 그는 윈스턴이 고문을 당해 2+2=4가 아니라고 말해야 하는 상황에서 문제되는 것은 무엇이 진리냐 하는 것이 아니라, 그가 자신이 옳다고 생각하는 것을 말할 수 없는 상황 자체라고 지적한다. 오브라이언이 원하는 것은 거짓을 참이라고 말하게 하는 것이 아니라, 윈스턴이 자율적인 생각을 하지 못하도록 하는 것이다. 그런 점에서 그가 무슨 대답을 하더라도 고문은 중단되지 않는다. 로티는 '언론의 자유를 제거하면, 창조적인 능력은 고갈된다'는 오웰의 칼럼과 그의 고문에 대한 묘사를 연결 지으면서 다음과 같이 언급한다.

> 우리가 자유를 돌본다면, 진리는 스스로를 돌볼 수 있을 것이다. 우리가 우리의 마지막 어휘에 대해서 충분히 아이러니컬한 태도를 취한다면, 그리고 다른 모든 사람의 마지막 어휘에 대해 충분히 호기심을 가지고 있다면, 우리는 도덕적 실재를 직접적으로 접촉할 수 있을지, 혹은 이데올로기에 의해 눈이 멀게 되지 않을지, 혹은 '상대주의적'으로 허약해지지나 않을지 걱정할 필요가 없을 것이다.[5]

이런 언급을 뒤집어본다면, 우리가 자율적인 인간의 본성, 진리, 도덕적 실재 등의 개념을 고집하는 한, 우리는 끊임없는 회의와 걱정에서 벗어나지 못함으로써 자율성을 오히려 상실할 수 있는 상황에 놓이게 된다는 것이다. 따라서 문제는 진리를 어떻게 확보할 것인가, 도덕성을 어떻게 파악할 것인가 하는 것이 아니라, 먼저 자신이 옳다고 생각하는 것을 말할 수 있는 사적인 자율적 공간을 확보하는 것이다.

로티가 '시적인 문화'나 '문학적 문화'를 '포스트철학 문화'로서 제안하는 이유는 나보코프나 오웰이 보여주듯이, 시인이나 소설가들이 상대적으로 잔인성을 폭로하고 자유주의적 공간을 만들어가는 사회적 실천에 있어서 진리의 개념에 사로잡혀 있는 철학자들보다 유리한 입장에 있다고 생각하기 때문이다.

물론 누구나 자신이 옳다고 생각하는 방식으로 철학적 사유를 할 자유가 있다. 그런 점에 대해서는 누구보다 로티가 잘 알고 있을 것이다. 다만 그런 자유를 확보하기 위해 필요한 것은 보편적인 진리의 발견이 아니라, 사회적인 자유의 확대라는 것을 로티는 지적하고 있는 것이다.

3 | 좌파의 미래

이론과 실천은 어떻게 해서든 통합되어야 한다는 본질주의적인 철학적 사유의 전통에 익숙한 사람들에게는 그런 통합이 포기되어야 한다는 주장은 곧바로 비합리주의에 빠지거나, 설계에 의해서 사회를 바꾸려는 시도를 하지 말라는 시장주의로 넘어가는 것으로 생각하기 쉽다. 로티의 정치철학적 입장을 이해하는 데 있어서의 첫 번째 난점은 이런 경향의 사유로부터 벗어나기가 쉽지 않다는 것이다. 정치적 입장과 철학적 입장을 분리시키려는 로티의 관점은 그래서 좌우파로부터 공통적인 비난의 표적이 된다. 로티 스스로 자신의 입장이 양쪽에서 어떻게 비난을 받고 있는지 다음과 같이 잘 정리해놓고 있다.

> 최상의 지적인 입장이 정치적 우파와 좌파로부터 똑같은 강도로 공격을 당하는 입장이라면, 나는 아주 좋은 입장에 있다. (…) 자유세계위원회의 월간 잡지에 글을 쓰고 있는 닐 코조디는 나의 "냉소적이며 허무주의적인 관점"을 공공연히 비난하면서, "로티에게는 미국의 학생들이 단순히 멍청해지는 것으로 충분치 않다. 그는 그들에게 멍청해지기 위한 적극적인 동기를 부여하고 있다."고 말한다. (…) 셸던 월린은 좌파의 입장에서 나와 앨런 블룸 사이의 많은 유사성을 보고 있다. 그는 우리 둘 다 우리가 속한 한가롭고 교양 있는 엘리트만을 고려하는 지적인 속물이라고 말한다. (…)『슈피겔』지는 내가 "여피적 퇴행을 좋은 것으로 보이게 만들려 한다"고 말했다. (…) 리처드 번스타인은 나의 관점이 "'포스트모던적' 담론의 옷을 입고 구시대의 냉전적 자유주의에 대해 이데올로기적인 변론을 펴는 것 이상의 것이 아니다"고 말한다. 나에 대해 좌파들이 가장 좋아하는 단어는 "자기만족"이고 우파

의 경우에는 "무책임"이다.[6]

우파 근본주의자들은 로티를 비합리주의적인 지적 속물이라고, 좌파는 여피적인 동시에 냉전적 자유주의의 이데올로그라고 비난한다. 우파의 적대감은 로티가 포스트모더니즘에 동조하면서 자유민주주의의 철학적 근거를 인정하지 않는다는 데서 비롯되며, 좌파의 적대감은 로티가 보편적 합리성의 실천적 유용성을 인정하지 않을 뿐 아니라, 좌파로서는 악의 축이라고 보아야 할 미국 사회에 대한 애국심을 주장하고 있다는 데서 온다.

로티라고 하는 한 인물이 어떻게 좌우파의 공적이 되었는지를 이해하는 것이 그의 정치철학적 입장을 올바로 이해하는 데 있어서 중요하다. 현재의 맥락에서 우파란 미국의 기독교 근본주의에 입각한 공화당의 지지자들을 일컫는다. 로티가 왜 이들에게서 비난을 받는가 하는 것을 이해하기는 어렵지 않다. 로티는 철학적으로 모든 근본주의적인 태도에 반대한다. 미국의 우파들은 미국이 신의 섭리에 따라 이루어진 선택된 나라라고 믿고 싶어 한다. 그들이 전파하는 자유민주주의는 신의 메시지라는 것이다. 듀이와 휘트먼의 세속주의적인 관점에서 미국을 바라보는 로티는 그와 같은 우파의 입장에서 보자면, 미국의 젊은이들을 타락시키는 이단과 다름없다.

우리가 주목해야 할 대목은 로티가 좌파가 비난하듯이 자기만족적이고 여피적이며 냉전적인 자유주의의 이데올로그인가 하는 점이다. 이 물음에 답하기는 쉽지 않다. 왜냐하면 오늘날 스스로를 좌파라고 부르는 사람들의 스펙트럼이 다양하기 때문에, 먼저 좌, 우를 나누는 기준이 무엇인지가 해명되어야 할 것이기 때문이다. 『미국 만들기』(*Achieving Our Country*, 1999)라는 저서에서 로티는 좌파를 희망의 정파라고 부르면서, 변화를 원하지 않는 보수에 대립하는 개념으로 매우 폭넓게 정의하고 있다.[7] 20세기 이후 미국 좌파의 행보는 마르크스주의, 구좌파, 문화적 좌파 등으로 다양하게 전개되어 왔는데, 로티는 구좌파를 개혁적 좌파라고 고쳐 부르면서, 개혁적 좌파와 60년대 이후 포스트모더니즘의 세례를 받고 대학 강단을 중심으로 퍼진 문화적 좌파의 연대를 제안하고 있다.

　　로티의 좌파적 입장은 철학적으로는 문화적 좌파와 같지만 실천적인 대안에 있어서는 하버마스에 가까운 입장이라고 말할 수 있다. 보편적 합리성 같은 것을 인정하지 않는다는 점에서 로티의 철학적 관점은 하버마스보다는 데리다에 가깝다. 그러나 데리다의 영향을 받고 있는 라클라우나 무페와 같은 포스트모더니스트 좌파의 대안에 대해서 로티는 동의하지 않는다. 그들은 데리다의 철학으로부터 사회 변화의 어떤 본질적인 측면을 발견해냈다고 생각하고 싶어 한다. 예를 들면 우리가 보편적인 진리를 알 수 있는 상황에 있지 않다고 하는 데리다의 지적을 그들은 우리의 사회적 갈등이 영원히 해결 불가능한 본질을 가지고 있다고 생각하는 데로 몰아간다. 이런 관점에서는 민주주의를 위해서는 다원주의가 불가피하며, 영원한 헤게모니 투쟁이 필수적으로 수반되어야 한다. 로티가 볼 때 이들은 이론적 통찰로부터 실천적 지침을 얻을 수 있다는 본질주의적인 잘못을 되풀이하고 있으며, 데리다의 해체론적인 관점으로부터 바람직하지 못한 비관주의를 도출해내고 있다. 그리고 로티가 무엇보다도 포스트모더니스트들의 문화적 좌파에 동조하지 않는 이유는 그들이 경제적 민주주의를 처음부터 포기하고 있다는 데 있다. 그들은 자본주의가 최선의 대안이라는 우파의 주장에 대해서 아무런 대안도 내놓지 못한다고 보는 것이 로티의 관점이다. 여성, 환경, 인종 등등의 문화적 갈등과 관련된 영역에서만 민주주의를 위한 투쟁을 외치는 것이 과연 사회를 더 나은 방향으로 발전시킬 수 있는 길인가에 대해 로티는 회의적이다.

로티는 민주주의를 위한 실천이 신자유주의적인 세계화에 맞서는 내용을 갖추어야 한다고 생각하며, 그러한 실천이 문화적 좌파가 생각하듯이 비관적인 것만은 아니라고 보고 있다. 그는 그런 노력이 더 많은 사람의 자유를 가능하게 하는 사회민주주의적인 미국을 만들어낼 수 있다는 희망을 가지고 있다. 이와 같은 태도를 근거 없는 낙관주의로 몰아세우는 포스트모더니스트들의 지적은 옳은 것이다. 로티는 어떤 점에서 근거 없는 낙관주의자이다. 우리가 어떤 보편적인 합리성에 따라 행동함으로써 그와 같은 사회에 도달할 수 있을 것이라는 철학적 정당화의 노력을 불필요한 것으로 보고 있기 때문이다.

이 지점에서 로티는 하버마스와 이론적으로 입장이 갈린다. 로티는 하버마스가 추구하는 보편적 타당성의 개념이 없이도 충분히 풍부한 합리성의 개념을 가질 수 있다고 믿는다. 여기서 합리성은 '진리' 개념과 관련되는 것이 아니라, 설득을 통해서 목표를 달성하려는 태도를 일컫는다. 하버마스가 말하는 왜곡되지 않은 의사소통적 합리성에 대한 언급이 그런 태도를 말하는 것에 그친다면 로티의 민주주의적인 연대와 타협에 대한 제안은 하버마스와 크게 다를 것이 없다. 다만, 그런 합리성이 보편적인 진리와 연결되고 있으며 그와 같은 사실을 이론적으로 밝힐 수 있고, 그것을 서구 민주주의의 우월성에 대한 근거로 삼으려고 하는 순간 로티는 하버마스의 그와 같은 이론적 시도에 대해서 불필요하다고 판정하는 것이다.

로티의 좌파적 입장은 경제적 민주주의를 최우선적으로 고려한다는 점에서 문화적 좌파보다는 마르크스주의에 가깝다고 할 수 있으며, 그와 같은 실천적 대안에 대한 이론적 정당화를 해야 한다는 점을 제외하는 한, 하버마스의 사회민주주의에 대한 제안과 크게 다를 바가 없다고 할 수 있다.

좌파와 우파를 어떻게 나눌 것인가 하는 것은 한국 사회에서도 늘 문제가 되고 있지만, 로티의 관점에서는 매우 간단한 문제이다. 우파는 현재의 상황이 언제나 최선이라고 믿기 때문에 변화를 바라지 않는 반면, 좌파는 더 나은 미래에 대한 희망을 버리지 않는다. 로티 식의 좌파는 사회적으로 자유가 확대되고, 잔인성과 고통을 강요하는 제도와 관습이 철폐되며, 개인적인 삶의 완성을 꿈꿀 수 있는 여유 공간이 더 늘어나는 쪽으로 사회가 바뀔 수 있다는 희망을 가지고 실천과 연대를 모색하는 입장을 일컬을 것이다. 이런 희망을 가지고 있다면 그 사람이 마르크스주의자인가 실존주의자인가, 기독교인인가 무신론자인가, 페미니스트인가 아닌가, 노동자인가 자본가인가, 유색인인가 백인인가 하는 것 등은 아무런 문제가 되지 않으며, 사회적인 자유를 확장시키고자 하는 '우리 자유주의자'라는 울타리 안에서 연대할 수 있는 대상이 된다. 아마도 이런 식의 폭넓은 좌파의 개념을 사용한다면, 우리 사회에서 심심치 않게 논의되는 소위 '강남 좌파'에 관한 논의는 모두 쓸데없는 것이 될 것이다. 물론 좌파의 개념이 너무 넓게 규정되기 때문에 파생되는 다양한 문제도 지적될 수 있을 것이다. 예컨대 무엇이 가장 긴급하게 실천되어야 할 정치적 과제인가 하는 문제를 설정하는 데 있어서 다양한 계층의 사람들이 느끼는 고통에 대한 감수성이 다를 수 있기 때문에 논의의 폭을 좁히기 어려울 수도 있을 것이다. 그러나 그런 문제를 설정하는 과정 자체가 민주주의가 감수해야 하는 수고로움이라고 한다면 그것을 그리 큰 문제로 볼 필요는 없다.

4 | 자유주의자의 희망

로티가 개혁적 좌파라는 용어를 제안하는 이유는 마르크스주의에 의해서 설정된 좌파와 자유주의 사이의 경계를 없애버리려는 의도를 가지고 있기 때문이다. 그는 자유주의적인 입장이 더 나은 사회를 위해 실천에 나서는 좌파의 역할을 충분히 담당할 수 있다고 생각한다. 이런 식으로 기존의 개념을 다른 용도로 사용하거나 논의의 틀을 바꾸는 것이 로티의 기본적인 전략이라는 점을 감안하더라도 그는 종래의 좌파적 관점에서 볼 때 충분히 오해의 여지가 있는 용어를 과감하게 사용하고 있는 측면이 있다.

그 가운데 하나가 자문화중심주의(ethnocentrism)라는 용어이다. 로티는 서구의 자유민주주의가 다른 체제보다 우월하다고 생각하며, 이것이 그의 자문화중심주의의 기본 내용이다. 전통적인 마르크스주의자들은 이런 태도를 제국주의와 등치시키려 할 것이다. 그러나 사실 따지고 보면 하버마스나 포스트모더니스트들 역시 서구의 자유민주주의 또는 북유럽의 사회민주주의가 북한이나 쿠바의 공산체제나 중국의 일당 독재에 비해 우월한 체제라고 보는 것에는 이의가 없을 것이다. 물론 이들이 지지하는 민주주의는 신자유주의적인 횡포를 용인하고 긍정하는 자유주의는 아닐 것이다. 로티 역시 그 점에 있어서 다르지 않다. 다만 로티는 서구의 자유민주주의를 더 나은 체제라고 주장함에 있어서 기댈 만한 어떤 철학적 근거도 없다는 것을 자문화중심주의라는 용어로 고백하고 있다는 점에 있어서 차이가 있을 뿐이다. 하버마스는 보편적 합리성에 근거해서 자유민주주의 사회의 우월성을 주장하려는 시도를 포기하지 않으며, 포스트모더니스트들 역시 이론을 통해 자신들의 급진민주주의에 대한 주장이 어떤 철학적 근거가 있음을 보이려 한다. 반면 로티는 서구의 이론가로서 자신이 속한 공동체가 가진 우월성을 긍정할 수 있는 근거는 역사적인 경험들밖에 없다고 보는 것이다. 따라서 그의 자문화중심주의는 제국주의적인 오만을 드러내는 것이 아니라 이론적인 한계와 겸손함의 표시이다. 로티는 서구의 민주주의는 우연적인 역사적 산물이고, 민주주의의 여러 가능성 가운데 하나라는 것을 부정하지 않는다. 로티의 자문화중심주의를 비판하려면 이론을 통해서가 아니라, 다른 전통에 속해 있는 공동체 구성원들의 실천을 통한 구체적이고 역사적인 결과를 제시해야 할 것이다.

　미국에 대한 애국심을 가져야 한다는 주장 역시 비슷한 맥락에서 로티의 입장을 오해하게 하는 것 가운데 하나이다. 로티는 궁극적으로는 세계인들이 국가의 장벽이 없어진 상태에서 모두가 개화된 교양인으로서의 삶을 살기를 바라지만, 그와 같은 단계로 나아가기 위해서도 아직은 국민국가의 역할이 크다고 보고 있다. 미국인들이 애국심을 가질 것을 호소하는 로티의 입장은 미국이 세계의 경찰 노릇을 해야 한다고 생각해서가 아니라, 오히려 미국의 민주주의가 갈 길이 멀다고 생각하기 때문에 나온 것이다.

　전 세계의 운동가들뿐 아니라 미국 내 좌파들조차도 미국을 악의 축이라고 보는 것이 마치 좌파의 당연한 임무인 것처럼 생각하고 있다. 그러나 로티는 미국인 스스로 미국을 악의 나라라고 자조하는 것이 미국의 민주주의를 발전시키는 데 전혀 도움이 되지 않는다고 생각한다. 개인이 스스로에 대해 지나치게 자부심을 갖게 되면 오만해지고, 그렇다고 전혀 자부심을 갖지 않으면 비굴해지는 것과 마찬가지로, 국가 역시 국민들이 지나친 애국심을 가질 경우 전체주의적인 행태를 보이게 되고, 반대로 자신이 속한 공동체에 대해 자조적인 감정만을 갖게 될 경우 국가는 발전적인 정책을 수행해나갈 수 없다고 보는 것이다. 우리에게도 잘 알려진 촘스키 같은 인물은 미국을 악의 축으로 비난하는 대표적인 강단 좌파이다. 미국의 일류 대학의 교수로서 다양한 혜택을 누리는 교수들이 미국이 없어져야 할 나라라고 학생들에게 가르치는 것은 앞뒤가 맞지 않는다. 그런 행태는 어떤 점에서는 일본에 건너가서 한국을 욕하는 책을 써서 돈을 버는 몇몇 한국인보다 더 이상해 보인다. 로티는 미국이 과거에 저지른 수많은 악행에 대해 반성을 하는 것과 악의 축으로서 지상에서 사라져야 할 나라라고 보는 것은 큰 차이가 있다고 생각한다. 미국의 대학은 더 이상 학생들에게 애국심을 갖지 말라고 말해서는 안 된다고 보는 것이다. 미국의 근본주의적 입장의 우파들이 로티를 비난하는 것과는 달리, 로티는 미국의 젊은 이들에게 미국에 대한 애국심을 가질 것을 호소하고 있다.

물론 로티의 이런 호소는 기독교 근본주의자들이 생각하는 미국에 대한 이미지를 가지라는 것이 아니다. 미국이 신의 섭리에 의해서 만들어진 나라이고, 세계에서 가장 모범적인 민주주의 국가라서 미국에 대해 애국심을 가지라는 것이 아니라, 오히려 미국은 민주주의를 실현해야 할 과제를 안고 있고, 지금까지의 악행을 철저히 반성하고 더 나은 사회를 만들어내야 할 과제를 안고 있는 나라이기 때문에 애국심을 가져야 한다는 것이다.

미국을 만드는 프로젝트는 완성되지 않았으며, 미국의 좌파는 그 프로젝트를 계속해서 수행해야 한다. 이런 로티의 생각은 듀이와 휘트먼의 세속주의에 입각해 있다. 로티는 듀이와 휘트먼의 미국에 대한 세속주의적인 희망을 다음과 같이 표현하고 있다.

그들은 전통적으로 신의 의지를 알고자 하는 지식에 사로잡힌 곳에 카스트 없는 미국, 계급 없는 미국이 자리 잡기를 희망했다. 그들은 이와 같은 유토피아적인 미국이 욕망의 무조건적인 대상으로서의 신을 대체해주길 원했다. 그들은 사회 정의를 위한 투쟁

이 이 나라의 활기찬 원칙이자 이 국가의 영혼이 되기를 원했다.[8]

듀이와 휘트먼의 이와 같은 희망은 로티의 것이기도 하다. 그런데 이런 희망은 종교적 근본주의자들이 생각하듯이 신의 섭리에 의해 지지되는 것도 아니고, 인간 이성의 진보를 신뢰하는 계몽주의 철학자들이 생각하듯이 실현되어야 할 어떤 필연성에 의해 지지되는 것도 아니다. 그것은 곧 이들의 세속주의적 관점은 미국의 민주주의 실험이 실패할 가능성을 배제하지 않고 있다는 것을 뜻한다. 미국은 오늘날 좌파의 바람대로 멸망해서 없어질 수도 있다. 세속주의자로서 로티가 기댈 수 있는 것은 오로지 미국의 미래에 대한 희망이다.

로티가 개혁적 좌파와 문화적 좌파의 연대를 제안하는 것은 그러한 세속주의적 희망을 실현시킬 수 있는 것은 그와 같은 연대를 통한 실천밖에 없다고 생각하기 때문이다. 로티는 여성, 흑인, 동성애자 등과 같은 미국 사회의 소수자 문제에 매달리는 문화적 좌파의 노력이 중요하지 않은 것이라고 주장하지는 않는다. 다만, 그는 신자유주의적인 세계화가 진행되어 미국과 같은 오래된 민주주의 국가에서조차 경제적 양극화에 따른 세습적인 카스트 제도가 형성된다면, 그와 같은 문화적 좌파의 노력은 결실을 보지 못하고 결국 국제적인 부유한 기업들이 빅브라더의 역할을 하는 오웰적인 세계로 끝날 것을 우려하고 있는 것이다.

로티는 미국 철학계에서 유행했던 '자유주의 대 공동체주의 논쟁'과 같은 부질없는 철학적 논쟁에 대해 분노를 표하면서, 미국의 문화적 좌파가 개혁적 좌파의 잔류 세력, 특히 노조와 연대할 것을 제안하고 있다. 좌파에 대한 로티의 제안은 다음의 두 가지이다.

> 첫째, 좌파는 이론에 대한 모라토리엄을 선언하고, 좌파의 철학화하는 습관을 내던져야 한다. 둘째, 좌파는 미국인으로서 느끼는 자부심의 잔해를 가동시키려고 노력해야 한다. 대중들에게 링컨과 휘트먼의 나라가 어떻게 성취될 수 있는지 곰곰이 생각해보라고 요구해야 한다.[9]

사회를 바꾸고자 하는 좌파에게 중요한 것은 철학이론이 아니라 실천이다. 로티의 이러한 제안은, 자신이 속한 공동체를 개선시키기 위해서는 그 공동체에 대한 자부심에 바탕을 두고, 더 많은 사람들이 더 많은 자유를 얻을 수 있는 현실적인 방안을 고민하고 실천하라는 요구이다.

5 | 희망의 철학자, 로티

나는 로티의 이러한 요구가 비합리적이라거나, 제국주의적이라거나, 냉소적이라고 생각할 이유를 발견할 수가 없다. 미국 철학자로서 로티는 자신의 나라를 위해 당연한 제안을 하고 있는 것으로 보일 뿐 아니라, 미국을 제국주의 국가로 보건 그렇지 않건 간에 우리 사회를 바꾸어나가길 희망하는 국내의 좌파들에게도 귀담아 들을 만한 이야기를 하고 있다고 생각한다.

합리주의와 비합리주의, 좌파와 자유주의, 코스모폴리타니즘과 자문화중심주의 등의 대립 구도를 가지고서는 잘 이해될 수 없는 로티의 입장은 모두 이론과 실천의 통합이라는 오래된 철학적 문제를 해소시킨 데서 비롯된다. 마르크스가 인간의 역사와 사회의 본질에 대한 지식을 통해서 사회를 변혁할 수 있다고 생각했다면, 로티는 그 지식의 자리에 희망을 위치시키고자 한다. 그 누구도 그와 같은 지식을 가질 수는 없다고 생각하기 때문이다.

로티는 철학적인 측면에서는 자신이 다른 사람들에 의해서 충분히 이해되지 않는 것에 대해 크게 개의치 않았을 뿐 아니라, 다른 사람이 자신의 생각에 동조하기를 원하지도 않았다. 이론적인 작업으로서의 철학은 사적인 자율성을 얻기 위한 것이기 때문에 각자가 자기 자신의 어휘로 스스로를 창조해나가는 아이러니스트가 되어야 한다고 보았기 때문이다. 그러나 로티는 미국의 민주주의적 프로젝트와 관련된 공적인 영역에서는 다른 사람들이 자신의 제안에 동의해주기를 간절히 원했던 실천가였다. 말하자면 그 자신이 문학적 문화 속에서 '리버럴 아이러니스트'의 삶을 충실히 살았다. 그는 사적인 영역에서는 창조적인 시인이었으며, 공적인 영역에서는 희망의 실천가였다.

IV

CHARLES
MARGRAVE
TAYLOR

4 테일러
현대 사회의 위기와 진정한 자아의 공동체[1]

남기호

찰스 테일러(Charles Margrave Taylor, 1931~)는 현존하는 영미 철학자들 중 보기 드물게 헤겔 철학에 독창적 기원을 두고 있는 인물이다. 최근 그의 관심사는 헤겔 철학을 넘어 서양 사회의 현대적 정체성의 기원과 그 위기를 진단하고 극복하는 작업에 집중되고 있다. 이러한 관심사는 이미 그의 교육 및 연구 과정에서 엿볼 수 있다.

찰스 테일러는 1931년 프랑스어가 주로 쓰이는, 캐나다의 몬트리올에서 태어났다. 그는 프랑스어를 쓰는 모친과 영어를 쓰는 부친의 영향으로 어려서부터 두 언어를 동시에 습득했으며, 가톨릭 문화가 주를 이루는 몬트리올의 분위기 속에서 가톨릭 교육을 받았다. 이러한 성장 배경은 후에 서양인으로서의 자아 정체성에 대한 탐구와 공동체주의에 대한 연구에 많은 영향을 끼치게 된다. 그의 대학 경력 또한 몬트리올과 옥스퍼드를 교차하며 이루어졌다.

몬트리올의 맥길 대학에서 1952년 역사학 학사학위를 취득하자마자 이듬해 그는 곧 영국의 옥스퍼드 대학으로 건너가 철학, 정치학, 경제학 학부과정을 다시 밟는다. 1961년 이사야 벌린(Isaiah Berlin)과 엘리자베스 앤스콤(G. E. M. Anscombe)의 지도로 박사학위를 받을 때까지 그의 학업은 실로 다양한 분야에서 진행된 셈이다. 그의 박사논문은 1964년 『행동의 설명』(*The Explanation of Behavior*)이란 제목으로 출판되었다.

그러나 찰스 테일러에게 철학자로서 세계적 명성을 안겨준 것은 1975년 출판된 그의 저서 『헤겔』(*Hegel*)이다.[2] 헤겔 철학 전반을 다루고 있는 이 방대한 저서를 통해 그는 서양 근대 사회의 분열을 극복하고 있는 헤겔의 업적을 재조명하고자 했다. 이 작업은 1979년 『헤겔 철학과 현대의 위기』(*Hegel and Modern Society*)를 통해 다시금 요약된다.[3] 그러나 이러한 작업의 궁극 목표는 단순히 헤겔에 대한 재조명 차원에 머무는 것이 아니라 무엇보다도 찰스 테일러 자신이 속한 서양 현대 사회의 위기를 근원적으로 탐구하고 그 해결책을 모색하려는 것이었다. 그 일환으로 이루어지는 일련의 저서들이 바로 『자아의 원천들』(*Sources of the Self*, 1989) 『불안한 현대 사회』(*The Malaise of Modernity*, 1992)[4] 『다문화주의』(*Multiculturalism*, 1994) 『근대의 사회적 상상』(*Modern Social Imaginaries*, 2004)[5] 『세속의 시대』(*A Secular Age*, 2007) 『딜레마와 연관』(*Dilemmas and Connections*, 2011) 등이다. 이 밖에도 실증주의를 비판하거나 가톨릭의 미래를 모색하는 저서들이 많은 주목을 받고 있다.

찰스 테일러는 다채로운 학문 경력만큼이나 사회적 활동도 다방

면에 걸쳐 해온 것으로 알려져 있다. 학자로서 그는 옥스퍼드 대학 (1976-1981)과 맥길 대학(1982-2001)에서 교수직을 역임했으며, 2002년 부터는 미국 노스웨스턴 대학의 교수로 재직 중이다. 종교인으로서 그는 로마 교황 자문위원으로 활동 중이며, 정치인으로서는 몇 번에 걸쳐 캐나다 하원 선거에 사회민주주의 성향의 신민주당 후보로 출마하기도 했다. 그는 몬트리올이 속해 있는 퀘벡 주에서 문화적, 종교적 소수 집단의 사회 적응을 위한 위원회를 이끌고 있기도 하다. 이러한 정치 활동은 이미 청년 시기부터 지속되어 온 것이라 볼 수 있다. 옥스퍼드 대학 시절, 그는 수소폭탄 반대운동, 헝가리의 자유화 지지운동, 반핵운동, 신좌파운동의 핵심 인물로 활동한 바 있다.[6] 분석철학자 비트겐슈타인 전문가로 알려져 있는 그의 스승 엘리자베스 앤스콤이 2차 대전 당시 반전반핵운동으로 유명했던 것과도 무관하지 않을 것이다. 또한 또 다른 그의 스승 이사야 벌린은 저명한 정치 및 사회 철학자이기도 하다. 테일러가 1982년 맥길 대학으로 교수직을 옮긴 것도 당시 퀘벡 주 분리운동에 대항해 캐나다의 사회정치적 통합에 일조하기 위해서였다고 전해진다.[7]

찰스 테일러는 2002년 네 번에 걸친 다산기념 철학강좌를 통해 한국에도 잘 알려져 있으며, 그의 여러 저서들이 이미 번역되어 있기도 하다. 그에 관한 많은 국내 연구 논문들도 이를 입증한다. 그러나 여기서 그의 다양한 철학적 면모를 전부 소개할 수는 없다. 이 글은 단지 그의 철학의 핵심이라 할 수 있는 현대 사회의 위기 진단과 이에 대한 그의 해결책에 논의를 국한하고자 한다. 그가 제시한 해결책은 정치, 사회, 문화, 종교 등의 여러 관점에서 변용되어

나타나곤 한다. 그러나 그 해결책은 한마디로 '진정성을 회복한 주체들의 공동체'라 할 수 있다. 그가 강력한 공동체주의 철학자로 평가되는 것도 이 때문이다.

1 | 현대 사회의 위기

"합일의 힘이 인간의 삶에서 사라지고 대립들이 그 생동한 관계와 상호 작용을 상실해 자립성을 획득할 때, 철학의 욕구가 발생한다."[8] 헤겔이 『피히테와 셸링의 철학 체계의 차이』(1801)에서 언급한 유명한 말이다. 이에 따르면 철학은 인간의 삶에서 합일은커녕 이를 위한 힘마저 상실했을 때 시작된다. 고대의 아리스토텔레스는 철학의 시작을 자연에 대한 경이심에서 찾았다. 그러나 이제 근대의 헤겔은 바로 인간 삶의 분열에서 철학의 시작을 본다. 그렇다면 현대의 찰스 테일러는 어디에서 철학의 시작을 보는 것일까?

테일러의 대학 시절, 옥스퍼드는 과학의 논리적 분석 방법을 철학에 적용하는 논리실증주의가 지배하고 있었다. 특히 스키너의 행동주의 심리학은 인간 행동마저 관찰 가능한 것들로 환원하여 논리적으로 분석하고자 했다. 이에 대해 예리한 비판을 전개하고 있는 것이 바로 테일러의 박사 논문 『행동의 설명』이다. 테일러가 보기에 그런 식의 탐구 방법은 인간 행동을 마치 과학적 사실처럼 취급할 뿐 그 행동을 유발하게 된 개인의 의지나 욕구, 사회의 역사나 정치 등의 측면을 고려하지 않는다. 훗날 『철학 논문』(*Philosophical Pa-*

pers, 1985)에서 테일러는 그런 식의 탐구를 "자연주의"(Naturalism)로 규정한다. 자연주의는 "인간에 관한 연구를 자연과학으로 모델링하려는 야심"⁹을 말한다. 물론 이런 야심은 실패할 수밖에 없다. 이를 통해 인간 삶은 정신적 측면과 육체적 측면으로 갈가리 찢겨지기 때문이다. 인간 삶의 정신적 측면은 실증주의적 행동주의의 고려 대상이 아니다. 이런 자연주의적 관점에서 고려 가능한 것은 오직 과학적 데이터로 환원 가능한 인간의 육체적 행태(Behavior)뿐이다. 인간의 정신적 활동 또한 과학적으로 수량화 가능한 한에서만 고려의 대상이 된다. 이에 반해 테일러는 인간 삶의 풍부한 정신적 요소들을 복원하고자 했다. 이런 문제의식 때문에 그는 유럽 대륙 쪽으로 눈을 돌린다. 당시 유럽 대륙은 인간 행위의 지향적 모델을 탐구하려는 에드문트 후설, 메를로 퐁티 등의 현상학, 존재의 근원적 통일을 회복하려는 마르틴 하이데거의 현상학적 실존주의, 인간의 이해 능력에 기초해 의미 해독을 규명하려는 빌헬름 딜타이, 한스 게오르크 가다머 등의 해석학이 다른 철학 조류들과 함께 큰 영향력을 발휘하고 있었다. 이들에 대한 연구를 통해 테일러는 의지의 지향성(Intentionalität)이나 의식(Bewusstsein)의 구조를 처음으로 밀도 있게 논의한 철학자가 바로 헤겔이란 사실을 발견한다. 사실 딜타이와 가다머는 헤겔 연구자로도 유명한 사람들이다.

테일러는 『헤겔』(1975)에서 자신의 문제의식이 헤겔이 극복하려던 분열의 상황과 유사하다는 것을 발견한다. 이때의 분열은 정신과 육체의 분열일 뿐 아니라, "인식 주체와 그의 세계"의 분열, "자연과 자유"의 분열, "개인과 사회"의 분열, "유한한 정신과 무한한 정신"의 분열, "자유로운 인간과 그의 숙명"의 분열이기도 하다. 헤겔은 이 분열을 자신의 "정신"(Geist) 개념을 통해 극복하고자 했다. 테일러는 헤겔의 정신을 "우주적 정신"(cosmic spirit)으로 해석한다.[10] 우주 만물을 관통하는 이 정신 개념을 통해 헤겔 철학은 과연 그런 분열의 상황을 성공적으로 극복하는가? 이에 대한 탐구 시도가 바로 『헤겔』의 기본 주제라 할 수 있다. 테일러의 해석에 따른다면 헤겔의 우주적 정신은 "초개인적 주체"로서 자연과 인간 삶 전반에 걸쳐 세계의 "이성적 필연성"을 표현하는 원리이다.[11] 이 원리의 전개를 서술하는 것은 곧 "절대자의 인식"을 표현하는 것이다. 바로 이 때문에 테일러는 헤겔의 체계적 사고가 실패한 것으로 본다. 왜냐하면 우주적 정신의 전개를 서술하든 절대자의 인식을 표현하든 간에 헤겔 철학은 체계적으로 "기술적(記述的) 차원"에서 전개되기 때문이다. 절대자의 인식이 자신의 철학에서 결국 개념적 명료성에 도달한다는 헤겔의 관점은 내가 획득한 진리의 전개가 바로 나의 철학이라는 "근대적 주체성"의 전통에 속하는 것이다. 즉 '나'라는 주체가 진리의 주인이다. 테일러는 헤겔 자신이 세계에 내재하는 "명석한 개념적 필연성"과 "절대자의 현시"를 스스로 통찰했다고 보았기 때문에 그 내용을 자신의 철학으로 기술했다고 본다. 그러나 헤겔의 이러한 자만은 절대자의 현시를 "절대자의 실현을 완성"하는 과정으로 보지 못하게 한다. 따라서 인간은 이 과정에 함께 참여할 가능성을 처음부터 빼앗기게 된다. 헤겔의 실천철학이 본래적 의미의 개혁 또는 혁명 이론이 아니라 단지 어떻게 되리라는 "개념적 필연성"의 서술로 머무는 것도 이 때문이다. 따라서 논리실증주의가 인간의 주체적 측면을 너무 도외시한다면, 헤겔 철학은 진리를 획득한 주체의 측면이 너무 과장되어 있다. 그러나 만약 인간의 주체성을 논리실증주의처럼 "객체화된 자연의 한 기능으로 환원시키지 않고" "구체화된 사회적 존재로서의" 인간 삶 속에서 파악하고자 한다면 우리는 "끊임없이 헤겔에게로 되돌아"가야 한다는 것이 테일러의 결론이다.[12]

이제 테일러는 과도한 주체 개념에 제한을 두면서 현대적 자아의 원천들을 스스로 탐구하고자 한다. 이러한 측면에서 『자아의 원천들』(1989)은 근대적 자아에 대한 일종의 비판적 저서라 할 수 있다. 여기서 테일러는 근대인이 지녔던 자율적 개인의 이상이 자신의 토대를 망각한 근대의 오해일 뿐이라 비판한다. 어떠한 이해나 관심도 섞이지 않은 중립적인 이성을 통해서만 세계가 밝혀진다는 입장은 인간을 삶의 다양한 문맥으로부터 고립된 존재로 가정한다. 이렇게 고립적으로 가정된 인간은 자신의 중립적 이성을 통해 파악한 인식을 진리라 주장할 것이다. 그의 인식이 진리라면 다른 모든 사람들은 그를 따라야 한다. 결국 중립적 이성은 타인들에 대한 그의 지배를 위해 쓰이는 도구적 이성에 지나지 않는다. 그러나 테일러에 따른다면 처음부터 있는 것은 "중립적 이성이 아니라 오히려 윤리적 이념"이다. 그리고 이 이념은 다양한 삶의 맥락으로부터만 이해될 수 있다. 따라서 무엇보다 인간의 "일상적 삶의 긍정"이 필요하며, 이러한 구체적 삶 속에서 인간의 가치와 판단, 행위와 성과 등을 파악하는 것이 중요하다. 바로 이러한 삶의 맥락을 우선시한다면 가치중립적인 도구적 이성은 모두의 삶에 봉사하는 이성으로 순기능할 수 있을 것이다.[13] 이때 테일러가 강조하는 삶의 맥락은 비트겐슈타인이 말한 바 있는 삶의 형식(Lebensform)과 맞닿아 있으며, 헤겔의 구체적 보편 개념과도 무관하지 않다.

구체적 삶의 회복은 병든 삶의 진단을 필요로 할 것이다. 이 때문에 테일러는 우선 현대 사회의 불안 요인들을 규명하려 한다. 그러나『불안한 현대 사회』(1992)는 그 진단뿐 아니라 해결책까지 모색한다. 그리고 이러한 작업은『근대의 사회적 상상』(2004)을 포함해 최근까지 진행되고 있는 테일러의 철학적 독창성을 잘 드러낸다. 따라서 이하에서는 이 두 저서의 논의들을 집중적으로 조명해보고자 한다. 우선 이 대목에서 염두에 두어야 하는 것이 한 가지 있다. 테일러가 용어상으로 구분하지 않고 문제 삼는 시기는 때로는 근대로, 때로는 현대로 번역되는 '모던 타임스'(modern times)라는 점이다. 이를 통해 그가 자신이 속한 현대를 근대의 연속성 속에서 보고 있음을 알 수 있다. 더 나아가 모던한 것은 진보적이고 혁신적인 것이기도 하다. 근현대 사회가 문제가 있다면 해결책은 그 사회의 모던한 측면에 이미 내재해 있다. 테일러가 제시하는 해결책들은 이렇게 근현대라는 시대 속에서 그 시대에 내재한 모던한 측면을 간파함으로써 얻어진다. 여기서 우리는 헤겔의 변증법적 방법 같은 것을 연상할 수 있을 것이다.

『불안한 현대 사회』에서 테일러는 현대 사회의 불안 요인들을 크게 세 가지로 정리한다. 첫째, 현대인이 불안을 느끼는 원인으로는 무엇보다 "근대 문명의 최고 업적"으로 평가되는 "개인주의"를 들 수 있다. 개인주의는 "자신의 생활방식을 스스로 선택"하고 자신의

"신념"과 "양심"에 따라 자유롭게 판단하고 행위하며 살아가는 개인의 권리를 통해 형성되었다. 이러한 근대적 자유는 더 이상 개인을 초월한 신성한 질서의 지배를 받지 않는 새로운 지평을 요구한다. "구시대의 도덕적 지평들로부터의 단절"이라는 해방적 측면에서 근대적 자유는 인간에게 주체적인 자유의 새 지평을 열어준 것이다. 그러나 이 근대적 자유는 인간을 모든 전통적 연관들로부터 분리시켜 오직 자기 자신에만 의거하는 외로운 존재로 만든다. 한편으로 전통의 온갖 권위와 미신과 선입견으로부터 해방된 인간은 동시에 전통이 다른 한편으로 부여해주었던 세계와 사회적 행위의 긍정적 의미로부터도 단절되었다. 인간은 점점 더 자기 삶의 의미를 스스로 창조해야 하는 주체적 인간이 되는 동시에 이를 위해 점점 더 "자기 자신에게로" "초점 이동"하는 고독한 인간이 된다. 그러나 모든 인간이 풍부한 의미를 주체적으로 창조하며 살 수는 없다. 그 의미는 대부분 소소한 삶의 편린에 맞춰지기 마련이며, 이로부터 오는 작은 기쁨에 만족하며 살아가곤 하는 것이 보통 사람의 모습이다. 자기선택, 자기중심, 자기도취 등의 표현들은 오늘날 기성세대가 새로운 세대를 향해 반복해 사용하는 비판적 상투어들이다. 정작 자기 자신도 협소화된 삶의 편린에 갇혀 있다는 것을 깨닫지 못한 채 말이다. 전통의 감옥에서 해방된 인간은 이제 자신의 마음의 감옥에 갇혀 있다.

권위와 미신으로부터 탈주술화(脫呪術化)된 인간은 진리와 선, 미를 탐구하기 위해 사전에 외부로부터 어떠한 영향도 받지 않는 중립적 이성을 추구한다. 그리고 이러한 이성을 활용해 모든 인간의 행복이나 복지에 공평하게 기여할 수 있도록 노력한다. 그러나 앞서 말했듯이 테일러에게 중립적 이성이란 사실상 허구이며, 인간이 자신의 목적을 성취하기 위해 투입한 "도구적 이성"에 지나지 않는다. 이 "도구적 이성의 지배"가 현대 사회의 두 번째 불안 요인이다. 왜냐하면 이 도구적 이성의 지배를 통해 인간 삶은 점점 더 오직 경제적, 과학적 효율성에 따라서만 평가되기 때문이다. 도구적 이성이란 주어진 목적 성취를 위해 "경제적" "합리성"만을 따지는 이성을 말한다. 투입 대비 산출의 극대화를 위해 인간은 비단 경제뿐 아니라 과학, 정치, 의료 분야에 이르기까지 삶 전반에 걸쳐 도구적 이성에만 의존해 생각하려 한다. 그 목적이 아무리 경제성장, 환경보호, 재난예방, 사회복지 등등의 온갖 좋은 말들로 치장된다 해도 도구적 이성은 "도덕적 정신적 계몽" 같은 결과를 가져오지는 못하며, 인간을 전인적 인격체로 바라보지도 못한다. 망할 수 있다는 걸 알면서도 경영자가 인간적 관점을 저버리고 효율의 최대화를 위해 임금을 깎고 원자재를 아껴가며 치열한 경쟁에 뛰어드는 것도, 지식을 도구적으로 적용하는 의사의 전문 치료에 비해 간호사의 감정 노동이 상대적으로 평가 절하되는 것도 다 이 때문이다. 그러나 도구적 이성이 마련해줄 수 있는 삶이란 경제적으로 계산 가능하고 기술적으로 조작 가능한 평준화된 삶일 뿐이다. 도구적 이성의 발전과 더불어 삶을 계산하고 조작하는 제도들은 더욱더 복잡화되고 비대해지며 이를 통해 마침내 막스 베버가 "쇠우리"(Iron Cage)라 말한 관료제가 지배하는 사회가 초래된다.

현대 사회의 세 번째 불안 요인은 앞 두 요인들의 역설적 결과라 할 수 있다. 개인주의화된 개인의 도구적 이성의 강조는 도리어 그 개인과 개인이 속한 집단에게 "자유의 큰 손실"을 가져온다. 소위 "산업기술 사회의 제도들"이나 생산물들에 적응하지 못하는 삶은 모두 퇴출당할 운명에 처하기 때문이다. 열심히 스펙을 쌓아 취직하거나 경제적 생산 리듬에 맞춰 살 수 없는 인간은 극빈자로 내몰린다. 아무리 오존층을 보호하려 해도 공장의 가동을 중단할 자유는 없다. 자동차가 없다면 마트에 갈 수 있는 선택은 극히 제한된다. 그렇다고 가까운 재래시장이 온전히 존속하는 것도 아니다. 물론 "자신의 마음속에만 갇혀 있는" 개인들은 그런 것들을 개선하기 위해 "자치 정부에 적극적으로 참여"하지도 않는다. 오늘날 현대인은 그저 현행 정부가 개인 삶을 만족시킬 만한 것들을 만들어내고 분배해주면 그걸로 만족하며 사는 것을 더 선호한다. 이로써 권력자는 도구적 이성을 가장 잘 발휘할 수 있는 자가 되곤 한다. 그는 사회 구성원들의 제재를 별로 받지 않는다. 오히려 그 자신이 사회 전체를 합리적으로 통제하기가 더 수월해진다. 테일러는 이러한 현대 사회를 토크빌의 표현에 따라 "온건한 독재"가 반복되는 사회라 진단한다. 이 사회의 독재 권력자는 무력과 폭력으로 통치하지 않는다. 오히려 그는 온화한 "가족주의적 권위"를 갖고 사회를 보살피고 있다는 명목으로 "거대한 보호 권력"을 행사한다. 물론 이 권력에 국민의 견제는 거의 발현되지 않는다. 예컨대 자신이 소유한 부동산 가격이 오를 것 같으면 정부의 거품 경제정책 같은 것에는 개의치 않는다. 강물이 썩을 것 같아도 내가 판매하는 제방용 시멘트가 썩지 않으면 된다. 올림픽으로 한순간 돈을 벌고 즐기면 됐지 비싸게 지어놓은 경기장을 나중에 어떻게 관리할지는 아무래도 상관없다. 결국 이렇게 해서 초래될 공동체의 문제는 더욱더 정부의 관리에 맡겨지게 될 것이다. 그래서 테일러는 현대 사회에서 "관료주의 정치"가 고도로 "중앙 집권화"되는 경향을 본다.[14]

2 | 진정한 자아의 공동체

현대인은 개인주의 때문에, 도구적 이성의 전횡 때문에, 가속화되는 관료주의 때문에 불안하게 산다. 헌법 속에 명시된 인간의 자유는 마음속에 갇힌 개인의 자유로 축소되고 말았다. 이에 대해 테일러가 제시하는 해결책은 크게 개인적 차원과 사회적 차원으로 나누어 살펴볼 수 있다.

자아의 진정성

『불안한 현대 사회』에서 테일러는 무엇보다 개인의 "자기 진실성"을 강조한다. 진실성 또는 진정성을 뜻하는 'authenticity'는 원래 희랍어 '아우텐테스'(authentes)에서 비롯된 말이다. 'authentes'는 스스로(auto) 무언가를 행하는 자(hentes)를 의미한다. 진실한 자는 다른 것에 의존하지 않고 자신이 판단하고 말한 바를 스스로 행한다. 이런 의미에서 자기 진실성은 자기 삶의 의미를 스스로 창조해야 한다는 근대의 개인주의와 맞닿아 있다. 개인주의는 고독한 인간을 낳았지만 그 인간은 동시에 주체적 인간이기도 했다. 이 "자기실현의 개인주의", "자기 자신에게 진실하게" 자기 삶을 개척하라는 이상을 테일러는 현대 사회에서도 여전히 강력하게 작용하고 있는 도덕적 이상으로 보며 이를 "자기 진실성의 이상"으로 표현한다. 현대 사회에서도 작동하고 있는 이 이상의 도덕적 힘을 탐구한다면 현대 사회의 위기를 개인적 차원에서 극복할 수 있는 길이 열린다는 것이다. 테일러가 보기에 이 이상을 따른다면 먼저 무한경쟁을 조장하는 극단적 자유주의에 빠지지 않을 수 있다. 오히려 "무엇이 내용적으로 좋은 삶을 구성"하는지에 대해 누구나 서로의 진실성을 존중하며 "중립적 입장"을 견지하는 "중립성의 자유주의"가 가능해진다. 둘째로 자기 진실성을 존중한다면 "도덕적 주관주의"를 극복할 수 있다. 자신이 진실하게 생각하고 있는 삶의 이상이 무엇인지는 사람마다 다를 수 있지만, 그 이상이 자신에게 진실한 것이라는 점은 주관적 취향을 넘어 누구에게나 이성적으로 논증할 수 있는 것이어야 한다. 마지막으로 자기 진실성을 추구하는 사람은 도구적 이성이나 자본주의, 산업 사회, 관료주의 등의 용어로 인간을 "체제" 속에 갇힌 존재로만 보지 않는다. 현대 사회과학에 전형적인 이러한 숙명론적인 설명을 넘어 자기 진실성의 이상은 사회적 실천을 가능하게 한다는 것이다.[15]

테일러는 우선 "자기 진실성은 타당한 이상"이라는 점을 보여주고자 한다. 그에 따른다면 자기 진실성의 개념은 "도덕의 강조를" 인간 외부의 초월적 존재에 상정하지 않고 인간 "마음속의 생각 쪽으로 이동"시킴으로써 형성되었다. 이런 작업을 한 대표적인 철학자가 바로 "자신의 책임 하에서 자립적으로 사유"하기를 요구한 데

카르트이다. 또한 사회적 의무보다는 "개인과 그 의지"에 주목한 로크나 우리 "마음속에서 들려오는 본성의 목소리"에 귀 기울이고 "현존재의 느낌"(le sentiment de l'existence)을 간직하라고 주장한 루소, 인간 각자가 지닌 "자기 고유의 척도"를 존중하라는 헤르더 등도 자기 진실성의 윤리를 발전시킨 대표적인 철학자들이라 할 수 있다. 따라서 자기 진실성의 윤리는 근대 이후 서양 사회에 고유한 도덕적 이상이라 할 수 있다. 이 이상은 "자기 자신"의 "내적 본성과의 접촉에 상당한 도덕적 의미를 부여"한다. 이때의 접촉은 나 "자신의 본연성, 독자성에 진실"하라는 것을 의미한다.[16] 바로 이 이상 때문에 현대인은 자기실현을 추구하는 삶을 살고자 하는 것이다.

그러나 진정 무엇이 나에게 소중한 것인지는 사람마다 생각이 다를 수 있다. 이 때문에 도덕적 주관주의와 상대주의가 참된 도덕적 태도인 것처럼 보이기도 한다. 이에 반해 테일러는 자기 진실성을 추구하다 보면 그런 주관주의나 상대주의가 극복되는 계기를 만나게 된다고 본다. 그 계기는 바로 인간 삶의 일반적인 특징을 이루는 "대화"에 있다. 조지 허버트 미드를 따라 테일러는 인간이 "의미 있는 타인들과의 의사 교환"을 통해서만 언어를 습득한다는 것에 주목한다. 이때의 언어는 단지 말이나 단어뿐 아니라 몸짓, 표정, 예술, 사랑 등등을 아우르는 넓은 의미의 언어를 말한다. 즉 어떻게든 표현될 수 있는 의미를 지닌 모든 것들이 다 언어이다. 이런 언어를 인간은 혼자 습득하지 못한다. 눈썹을 긁으면 한국 사람은 가렵구나 생각하지만, 독일 사람은 자기를 비웃는다고 화를 낸다. 이것은 각자 어려서부터 대화를 통해 그렇게 몸짓 언어와 그 의미를 다르게 습득했기 때문이다. 자기 진실성도 마찬가지이다. 진정한 나란 누구인지 아무리 홀로 생각한다 해도 그 생각 속에는 "의미 있는 타인들"이 나의 "마음속에 각인시키고자 하는 다양한 정체성들과" 벌이는 "격렬한 논쟁"이 들어 있다. 베드로 같은 사람이 될 것인지 바울 같은 사람이 될 것인지, 아니면 그냥 유다가 되고 말 것인지와 같은 논쟁 말이다. 더 나아가 나의 진정한 모습을 이루는 나의 정체성은 어디에서 오는 것인지, 무엇으로 이루어진 것인지, 이 또한 독백적 사유를 통해서는 밝혀질 수 없다. 이런 물음들도 분명 일생에 걸쳐 수행되는 대화를 통해서만 해결된다. 따라서 "자기중심적이고 자기도취적인" 태도를 통해서는 결코 자기 진실성에 도달할 수 없다. 이것은 첫째, 자기 진실성이 타인과의 연결이나 더 나아가서는 연대를 필요로 한다는 것을 의미한다. 바꿔 말해 이것은 둘째, 인간의 개인적 욕망을 넘어서는 어떤 것을 고려하지 않고서는 자기실현도 불가능하다는 것을 의미한다. 먼저 첫째 의미를 살펴보자. 타인과의 연결의 필요성은 진정한 자아의 선택과 밀접하게 관련되어 있다. 진정한 나 자신을 선택하는 것은 각자의 자유에 달린 것으로 보인다. 그러나 자유롭게 선택했다고 해서 그 모습이 다 진정한 것이라 할 수 없다. 이순신이 될 것인지 이완용이 될 것인지는 누구나 다 자유롭게 선택할 수 있다. 그렇지만 누군가 이완용이 되기로 자유롭게 선택했다고 해서 우리는 그런 그의 모습을 그의 진정한 자아로 평가하지 않는다. 왜냐하면 이완용은 나라를 사랑한다면서 나라를 팔아먹은 자로서 자신에게 진실한 사람이 아니었기 때문이다. 누구든 자신의 자아의 진실성 내지 진정성

을 주장하는 사람은 이완용 같은 사람의 자아와 차별화되는 내용
을 말하고 있는 것이다. 그리고 그 내용은 나의 자유로운 선택에 의
해 결정되는 것이 아니라 나의 자유 의지와 "무관하게 독립적으로
존재하고 있는" 도덕적 가치에 의해 형성되는 것이다. 나의 진정한
자아 선택을 위해 내가 참조하고 관계 맺으며 대화하는 타인들은
나와 함께 개인적 취향을 넘어서는 보편적인 도덕적 가치를 말하
고자 한다. 따라서 진정한 자아의 자기 선택은 이 "자기 선택을 넘
어서는" 보편적 가치를 전제한다. 이런 보편적 가치는 타인들과 사
회와 역사 속에서 형성되는 것이며, 따라서 이런 가치와의 연대가
없다면 자유로운 선택도 무의미해진다. 그렇다면 진정한 자아 또한
불가능할 것이다."

자기 진실성은 보편적 가치를 전제하기에 개인적 욕망을 넘어서
는 자기실현을 요구한다. 자기 진실성의 이 두 번째 의미는 나 개인
의 욕망 충족을 위해 타인이나 사회를 이용하는 것을 허용하지 않
는다. 반면 근대의 도구적 이성은 내가 가입하는 여러 단체나 공동
체를 나의 목적 달성을 위한 도구로만 간주하도록 부추긴다. 이 때
문에 오늘날 "정치적 시민의식"은 점점 더 희박해지고 있다. 이런
현상은 각자 자립적으로 살 수 있는 권리와 능력을 가져야 한다는
근대의 "보편적 권리 개념"으로부터 비롯된 것이라 할 수 있다. 그
런데 이런 "로크식 개인주의"는 다른 한편으로 개인의 "사적인 영
역", "특히 사랑의 관계"를 중요시하는 풍조를 형성했다. 사랑은 타
인에게 내 모습 그대로 인정받는 것이다. 그리고 인정받지도 사랑
받지도 않는 자는 자신의 자아가 진정으로 받아들여지고 있다고

생각하지 못한다. 다시 말해 진정한 나의 "정체성을 규정하는 데 있어서 다른 사람에게 인정받는 것"도 필요하다. 과거 신분 사회에서는 높은 관직을 얻으면 그 자체로 인정받을 수 있었다. 인간의 가치가 신분이나 제도를 통해 사회적으로 이미 위계질서를 이루고 있었기 때문이다. 그러나 오늘날은 지위고하를 막론하고 그 직업 활동이 그의 진정한 자아를 표현하는지 따진다. 그래서 대통령도 욕을 먹는다. 욕먹지 않으려면 자기의 진실한 자아를 사회적 실천을 통해 입증해야만 한다. 즉 개인의 정체성은 타인과의 "상호 교환을 통하여 사회적 인정을 획득"해야만 존중받는다는 것이다. 인정은 "인류 역사에 언제나 존재"하는 인간의 보편적 욕망이었다. 이것을 처음으로 철학적 주제로 발전시킨 사람은 헤겔이다. 그러나 테일러는 투쟁의 형태로 전개되는 헤겔의 인정이 아니라 자기 진실성의 발현을 위해 요구되는 인정을 말하고 있다. 이때 인정은 "사회적 차원"에서 모두가 받아들일 수 있는 "공정성의 원리"에 기반을 두어야 한다. 타인을 도구로 사용하는 것이 아니라 타인과 내가 모두 받아들일 수 있는 보편적 가치를 실행하는 자아만이 진정한 자아로 인정받을 수 있다. 진정한 자아의 보편적 가치는 사회적으로 볼 때 무엇보다 공정성의 가치라 할 수 있다. 인정은 또한 "사적인 영역"에서는 "사랑의 관계"로 이루어진다. 서로의 정체성을 존중하고 인정해주는 사랑이 없다면 아무리 빼어난 자기 진실성이라도 외롭게 남는다. 따라서 자기 진실성의 인정은 사적으로는 서로 사랑하며 사회적으로는 공정성에 기초한 보편적 가치를 추구하는 과정이라 할 수 있다. 물론 이를 위해서는 모두가 능동적으로 참여하는 정치

생활이 요구된다.[18]

그래서 테일러는 마지막으로 쇠우리를 벗어날 수 있는 사회적 실천의 계기를 자기 진실성에서 모색한다. 자기 진실성은 정확히 말하자면 인간이 자신의 삶의 목표를 채택하는 "방식"에 불과하다. 이것은 간단히 삶의 형식이라 부를 수 있을 것이다. 그러나 자기 진실성에 의거해 추구되는 삶의 내용은 분명 개인의 자유로운 선택을 넘어서는 것이어 삶의 형식 측면에서 인간은 자신의 진정한 자아 "창조"를 "독창성"을 발휘하고 때로는 사회의 기존 규율이나 도덕 반대할 수도 있다. 예를 들어 노예제에 반발해 이 제도의 폐지를 외칠 수 있다. 그러나 이러한 저항적 독창성은 내용적으로 인정을 받아야 한다. 왜 노예제가 폐지되어야 하는지, 그 근거가 는 인간 평등은 어떤 보편적 가치를 지니는지 인정받지 않는다면 저항은 공허한 불평으로 끝나고 말 것이다. 그래서 자기 진실성은 내용적으로 "의미 지평에 대한 개방"과 "대화를 통한 자기 정의를 요구"한다. 이렇게 자기 진실성을 내용적으로 채우는 일은 타인과의 부단한 대화적 인정관계를 통해 자기 진실성의 이 이중적 측면을 분명히 구별해야 한다고 본다. 삶의 형식적 측면에서 자기 자신에 진실한 인간은 자신 고유의 현존재 느낌을 성취하며, 이 느낌은 삶의 내용적 측면에서 개인적 욕망을 넘어서는 세계와의 연결점을 지시한다. 타인과의 대화와 사랑과 인정으로 이루어지는 이 연결점을 통해 인간은 도구적 이성을 극복하고 쇠우리에서 해방될 수 있다. 그렇기에 자기 진실성을 추구하는 자는 사회적 실천 또한 소홀히 해서는 안 된다는 것이다.[19]

사회적 상상의 공동체

『불안한 현대 사회』가 개인적 차원에서 자기 진실성으로부터 출발해 파편화된 도구적 관료 사회에 대항하는 사회적 실천에까지 나아간다면, 『근대의 사회적 상상』은 사회적 차원에서 현대 사회의 위기를 극복할 수 있는 해결책들을 모색한다. 앞의 저서가 현대인의 자아의 기원과 그 문제 및 해결에 주목한다면, 이 후자의 저서에서 테일러는 현대 사회의 기원과 그 문제 및 해결을 탐구하는 셈이다. 여기서 중요한 개념은 물론 '사회적 상상'(Social Imaginary)이란 말이다. 'Imaginary'는 보통 실재하지 않는 어떤 것을 가공적으로 생각하는 것을 의미한다. 그러나 테일러는 이 말을 실재하는 어떤 것에 대해 이미지상으로 생각하고 의미 부여하는 것이란 의미로 사용한다. 이 저서 서론에서도 밝히고 있듯이[20] 이 말은 테일러가 베네딕트 앤더슨의 『상상의 공동체』(*Imagined Communities*)에서 빌려온 개념이다. 베네딕트 앤더슨은 민족 또는 민족주의의 기원을 근대 자본주의의 발전을 통해 형성된 역사 문화적 구성물로 고찰한 정치학자이다. 따라서 그에게 민족이란 그 구성원들이 서로를 속속들이 만나지도 알지도 못하면서 동일한 주권을 가지고 있다고 "상상되는 정치 공동체"를 의미한다.[21] 테일러는 이 상상 개념의 의미를 특정 시기의 민족 단위에만 국한된 것이 아니라 모든 시기, 모든 사회에 해당되는 것으로 확장시킨다. 이런 의미에서 사회적 상상이란 어떤 사회의 구성원들이 "자신의 사회적 실존에 대해 상상하는 방식", 다른 구성원들과 "서로 조화를 이루어가는 방식", 이렇게 일을 처리하고 기대를 충족시키며 그 아래에 놓인 심층적인 "규범적 개념과 이미지들"을 가지는 방식으로 정의된다. 이렇게 상상 개념을 폭넓게 확장시킨 이유는 "소수의 전유물"이 되기 쉬운 "사회이론"의 관점을 넘어서 평범한 사람들의 "이미지와 이야기 그리고 전설 속에" 담긴 사회의 모습을 포착하려는 데 있으며, 이를 통해 공통의 사회적 실천과 정당성 감각의 공유를 가능하게 하기 위해서이다. 따라서 사회적 상상은 소수 이론가나 정치 엘리트에 의해 사회가 변화하는 것이 아니라, 사회 구성원 모두의 상상된 공통 이해를 통해 자생적으로 사회가 발전한다는 것을 보여준다. 그러나 여기에 이론이 전혀 아무런 역할도 하지 않는 것은 아니다. 어떤 사회의 구성원들 모두가 어느 날 갑자기 다른 사회적 상상을 가지게 되어 다른 사회로 이행한다는 것은 말도 안 되기 때문이다. 테일러에 따르면 처음에는 몇몇 소수가 새로운 이론을 창안해내고, 이 이론이 설득력이 있으면 계속해서 사회를 주도하는 소수 엘리트들의 사회적 상상 속으로 널리 전파된다. 그런 다음 이것이 "사회 전체의 사회적 상상" 속으로 폭넓게 침투하게 되면 새로운 사회를 가능하게 하는 공통의 실천이 행해지게 된다. 그리고 이 실천 과정에서 처음 창안된 이론은 역으로 사회 현실에 맞게 수정되기도 한다. 테일러는 사회적 상상에 따른 그러한 사회적 변화 과정을 근대 시기에 주목해 고찰해보고자 한다. 이것은 현대의 서구적 정체성의 기원을 탐색하려는 그의 기본 관심을 반영한다.[22]

테일러가 보기에 근대의 사회적 상상은 크게 세 가지 요소들로 특징지어진다. 경제, 공론장, 인민주권이 바로 그것들이다. 먼저 경제의 측면에서 근대인들은 사회 전체를 "하나의 경제로" 보기 시작했다. 사회는 경제만으로 이루어진 것이 아니다. 사회 구성에는 관습, 문화, 도덕, 정치 등의 여러 요소들이 필요하다. 그런데 근대에 이르러 인간은 이런 여러 요소들을 도외시하고 점차 경제에 중심적인 위치를 부여하기 시작했다. 특히 아담 스미스가 『국부론』에서 설계한 "보이지 않는 손"은 개인이 "자신만의 부를 추구하더라도 그 행위가 결과적으로 전체의 복지에 이바지한다"는 상상을 심어주었다. 이것은 각 개인이 저마다 자신만의 목적을 의식적으로 추구한다 하더라도 이런 의식적 활동과 무관하게 사회 전체의 경제는 조화롭게 돌아간다는 것을 의미한다. 다시 말해 경제는 인간의 의식적 활동에서 독립적인 "객관화된 실재"로 이해되기 시작한다. 여기서 경제는 고유한 질서와 법칙을 갖는 체계이다. 인간은 여기에 개별적인 경제 활동을 통해 참여할 뿐이다. 그러나 이 참여를 통해 사회 전체는 저절로 경제적 번영과 복지에 도달하기 때문에 인간은 경제 활동에 성실하게 임해야 한다. 이를 통해 사회는 전체적으로 "상호이익의 질서"를 이룰 것이기 때문이다. 하지만 '경제=사회'라는 이러한 상상은 꼭 좋은 것만은 아니다. 사회 윤리적 가치를 경제적인 가격으로 평가한다고 생각해보라. 그러나 테일러는 이 대목에서도 긍정적인 측면을 간파하고자 한다. 그에 따르면 바로 이러한 사회적 상상 때문에 사회 전체의 복지와 안전이 점차적으로 정치의 일반적인 목표가 되었다. 여기에 경제적으로 기여하는 개인의 평범한 삶은 이제 신성한 것으로 여겨진다. 경제적 직업 활동의 신성화는 막스 베버의 관점이기도 하다. 이런 관점은 엘리트주의에 반대하는 평등주의적 정치를 가능하게 했다. 그러나 개인의 평등한 사회적 기여와는 별도로 경제는 고유한 법칙으로 운행된다. 이에 따라 객관적인 경제 법칙이 지배하는 사회를 그 자체 비인격적인 과정으로 연구하려는 움직임이 일어났다. 이른바 사회과학이 시작된 것이다. 사회는 이제 의식적인 정치 영역으로부터 분리된 "과학적인 연구 대상"이 된다. 이것은 사회가 이제 더 이상 개인의 개별적인 경제 활동으로부터 설명될 수 없게 되었다는 것을 의미한다. 아무리 평등주의적 정치가 가능해졌다 하더라도 정치 차원에서 사회 문제는 개별적 행위로서가 아니라 집단적 행위로서만 고려된다. 여기서 경제=사회 상상의 두 가지 측면에 주목할 필요가 있다. 한편으로 개인의 세속적인 직업 생활은 그 자체가 평등하게 사회 경제에 기여하는 것으로 신성화된다. 개인적 행위주체성이 그 자체로 존중받는 것이다. 그러나 다른 한편으로 이러한 개별 활동으로부터 독립된 자율적인 경제 체계가 있다. 이 체계는 비인격적인 과학적 시각으로만 분석 가능하다. 그리고 여기서 고려될 수 있는 인간 활동이란 개인적인 것이 아니라 집단적인 것이다. 바로 "집단적 행위주체성"이 정치 차원에서 고려되는 것이다.[23]

테일러는 집단적 행위주체성을 가능하게 하는 요소들로 공론장과 인민주권을 언급한다. 정확히 말하자면 인민주권은 정치적 차원의 집단적 행위주체성이며, 공론장은 사회적 차원의 집단적 행위주체성이라 할 수 있다. 공론장이 경제=사회와 정치를 매개하는 위치에 있다고 할 수 있을 것이다. 그러나 주의해야 할 것은 경제든, 공론장이든, 인민주권이든 이것들은 모두 사회를 상상하는 방식, 따라서 정치적 조직에 선행하는 사회적 상상으로부터 비롯되었다는 것이다. 기존 정치 체제가 이것들을 규정하는 것이 아니라 반대로 이것들이 사회적 상상으로부터 비롯되어 새로운 정치 체제를 가능하게 했다. 그래서 테일러는 경제, 공론장, 인민주권을 "정치체(polity)로부터 독립적인 정체성"을 획득한 시민사회의 요소들이라 본다. 그 중 경제는 사회의 객관화된 측면을, 공론장은 사회의 집단적 행위주체성을, 인민주권은 사회의 정치적으로 작용하는 집단적 행위주체성을 나타낸다.

근대의 두 번째 사회적 상상 요소로서 공론장(public sphere)은 사회 구성원들이 다양한 미디어를 통해 공통의 이해관계와 의견을 형성하고 문제를 해결해나가는 "하나의 공통 공간"(a common space)을 의미한다. 테일러는 공통 공간을 하나인 것으로 보아야 한다고 애써 강조한다. 다양한 미디어를 통해 모든 구성원들이 "원칙적으로" "서로 통하는" 것으로 보아야 하기 때문이다. 그러나 그렇게 보아야 한다는 것은 사회 구성원들이 그렇게 상상하는 한에서만 의미 있는 지적이다. 테일러가 보기에 근대에 들어서면서 사회 구성원들은 점점 더 자신들의 사회를 하나의 공론장으로 상상하게 되었다는 것이다. 여기에는 이런 주관적 요인뿐 아니라 "인쇄 자본주의" 같은 객관적인 요인도 작용했지만, 결정적인 전환은 바로 전자에 있다는 것이 테일러의 생각이다. 그에 따르면 '공론장=사회'라는 상상은 세 가지 특징을 지닌다. 첫째, 공론장은 축구 경기나 오페라 관람처럼 "장소 한정적 공통 공간"에서 이루어지는 것이 아니라, 실제로 만나거나 모이지 않고도 "장소 초월적"으로 이루어지는 활동 공간이다. 이를테면 오늘 토론 내용이 내일 신문에 소개되고 모레 수

업에 다루어지는 식이다. 따라서 공적인 문제는 사회 전체를 공간적으로 가로지르며 지속적으로 논의 가능해진다. 한마디로 사회 전체가 하나의 공론장인 셈이다. 이 장소 초월적 공통 공간에서는 정치 조직으로부터 독립해 사회 구성원들의 다양한 권리들, 특히 자유의 권리가 공통 의견을 통해 수호된다. 이 공간에는 비판적, 규범적 성찰을 하는 모든 사람들이 참여할 수 있으며, 정치 조직의 권력 행사를 감독하는 기능을 한다. 따라서 이 감독 기능은 "자의식적으로 권력 외부에 있다고 자처하는 토론 공간"에서 자율적으로 이루어진다고 할 수 있다. 이 "정치 외적 지위"가 공론장의 두 번째 특징이다. 정치권력은 사회적 담론 이성에 의해 길들여져야 한다. 이러한 관점은 테일러가 하버마스의 의사소통 이론을 적극 수용한 결과이기도 하다. 마지막으로 공론장은 "정치 영역의 매개 없이", 그러면서도 권력의 외부에서 권력에 규범적 역할을 하는 이성적 담론 공간이다. 과거 아테네의 공론장은 정치적으로 구성된 공간이었으며 중세의 공론장은 종교의 개입을 통해서만 형성된 공간이었다. 반면에 근대의 공론장은 정치, 종교나 여타 권력 기구로부터 독립된 사회 자체의 자율적 공간으로 인식되었다. 테일러는 이것을 "급진적" "세속성"으로 특징짓는다. 더구나 이 공간에서 논의되는 것은 여기에 참여하는 구성원들 자신의 문제란 점에서 더욱 그렇다. 이에 반해 고대나 중세의 공론장에서 논의되었던 문제는 참여자의 행위 반경을 넘어선 영역의 것이었다.[24]

공론장의 급진적 세속성은 사회가 정치 조직에 선행하는 "인민으로서의 사회"이며, 이 공론장=사회로부터 정치 조직의 기초가 마련된다는 상상에 의해 초래된 것이기도 하다. 이러한 사회적 상상 요소가 바로 세 번째로 고찰되는 인민주권이다. 인민주권은 권력 행사의 기원이 인민이라면 누구나 태어나면서부터 가지고 있는 주권에 있다는 생각이다. 테일러는 이 "인민의 발명"을 근대 정치체가 형성되기 이전의 사회적 상상을 통해 형성된 것으로 설명한다. 여기서 테일러는 사회적 상상의 형성 과정을 다시금 두 가지로 세분한다. 그 중 하나는 앞서 설명했듯이 하나의 이론이 소수의 활동에 영향을 끼치고 점차 "집단의 상상"으로 파급되는 과정이며, 또 다른 하나는 이미 사회 속에 당연히 행해지고 있던 실천이 "재해석"됨으로써 사회적 상상이 변화하는 과정이다. 역사적으로 두 과정은 중첩되어 나타나지만, 청교도 혁명의 경우는 전자의 과정이, 미국 혁명의 경우는 후자의 과정이 우세하게 나타났다. 왜냐하면 몇몇 신학 교리의 혁신이 교회 구조의 변화와 정치적 혁명에 이르기까지 확산된 과정이 바로 청교도 혁명이라 할 수 있으며, 이에 반해 영국의 기존 정당성 관념들이 미국적 상황에서 재해석됨으로써 독립 운동으로까지 촉발된 것이 미국 혁명이라 할 수 있기 때문이다. 그러나 소수 이론가의 고안이든 기존 관념의 재해석이든 새로운 사회적 상상은 인민의 집단적 행위 속에서 새롭게 사후적으로 의미 부여되기 마련이다. 이때 특정 시기 인민의 사회적 상상은 "무엇을 해야 하는지 알고" 있는 인민이 "새로운 질서를 실현하는 실천들"을 공유하도록 한다. 또한 이 실천들이 무엇인지에 대해 참여자들이 동의하도록 하기도 한다. 즉 인민의 사회적 상상은 실천들의 공통 레퍼토리와 인민의 동의를 내용으로 한다. 그러나 역사적으로 이 두 가지가 항상 충족되진 않았으며, 러시아 혁명의 경우는 전자가, 프랑스 혁명의 경우는 후자가 결여되어 있었다. 그래서 동의는 했지만 무엇을 해야 할지 공통의 실천 목록을 결여했던 러시아 농민은 차르 중앙권력을 물리쳤지만 스스로 대체하진 못했다. 이 대체는 소수 직업 혁명가에게 넘어가버린 것이다. 반면 공통의 실천 목표들을 공유했던 프랑스 민중은 실천 방법에 대해서는 동의하지 못했기에 이는 빈번한 민중 봉기로 표출되었다. 그러나 마침내 실천 레퍼토리를 재해석하고 정기적인 인민 의지의 표현을 가능하게 하는 제도를 도입함으로써 혁명의 종식과 사회적 상상의 안정화가 이루어졌다. 그러나 테일러는 여러 혁명들 중에서도 18세기 미국과 프랑스의 "위대한 두 혁명"이 "새로운 사회적 상상과 전통적인 사회적 상상 간의 상호작용이라는 관점에서" '인민주권=사회'의 시대를 연 것으로 평가한다. 이로 인해 서양 사회는 이제 봉건 시대의 "위계적 상보성"이 아니라 사회 엘리트를 넘어 아래로 확장되고 재해석되는 수평적 상보성의 사회가 되었다는 것이다.[25]

이제 경제, 공론장, 인민주권의 사회적 상상은 파편화된 도구적 서양 사회의 위기를 극복할 수 있는 긍정적 요소들로 평가된다. 이 요소들 때문에 서양 사회는 어떠한 특권적 대리인도 인정하지 않는 급진적 수평성을 특징으로 하는 "직접 접속(direct access) 사회"가 되었다. 이 사회는 "비인격적 평등주의적 질서"가 지배하는 사회이며, 이 사회 속에서 개인은 점점 더 자신을 "비인격적인 실체"로서 객관화해 바라본다. 이런 측면에서 현대인은 한편으로 "집단적 행위주체성의 자유롭고 수평적인 새 양식들을 상상할 수 있게" 되었으며, 다른 한편으로 "규범과는 무관한 과정들의 체계로서" 사회를 객관적으로 바라볼 줄도 알게 되었다. 바꿔 말해 사회는 "공동 행위주체성의 장"이자 동시에 객관적으로 분석 가능하고 계몽적으로 혁신 가능한 실재이다. 또한 사회의 정치적 개선은 정치 외적인 공론장에 의해 제한을 받기에 이 후자의 측면에서 사회의 정치 외적 개념화가 가능해진다. 그리고 근대의 사회적 상상은 "능동적인 것과 객관적인 것"의 두 측면을 총체적으로 고려할 수 있도록 해주며 이것들이 "우리 삶에서 상호보완적인 역할"을 하게끔 해준다. 그러나 이러한 긍정적 역할에도 불구하고 근대의 사회적 상상에는 앞서 경제의 측면에서 드러났듯이 개인의 직업 활동과 사회의 경제 체제 간의, 다시 말해 개인의 개별적 행위와 사회적 행위 또는 개인적 행위주체성과 집단적 행위주체성 간의 분리가 존립한다. 이 간극을 메우기 위해서인지 테일러는 마지막으로 "패션의 공간"을 추가한다. 이 네 번째 사회적 상상 요소는 극히 사적인 행위가 타인의 목격과 반응을 통해 공동으로 결정되는 의미를 지니게끔 한다. 일상의 삶 속에서 서로가 서로에게 서로를 전시하며 이러한 "수평적 동시적 상호적 현존" 속에서 모두가 의미의 공동 결정자로 기능하는 공간이 바로 패션의 공간이다. 한편으로는 홀로 경기장에 왔을지라도, 다른 한편으로는 결정골을 응원하는 모습을 보여주며 함께 응원할 수 있다는 것이다. 패션의 공간은 그래서 "고독과 연대감"을 가로지르는, 개인적 행위주체성이 집단적 행위주체성과 만나고 헤어지는 자유의 공간이라 할 수 있다.[26] 이러한 사회적 상상 요소들을 통해 고독한 인간들의 도구적 이성이 사회를 지배하는 관료주의가 극복될 수 있다는 것이 테일러의 전망이다.

3 | 생각거리들

테일러는 현대 서양 사회의 정체성을 일관되게 탐구해왔다. 이런 점에서 그의 논의는 서양 사회의 영향력에서 벗어나기 힘든 우리 사회의 성찰에도 시사해주는 바가 많다. 그러나 그가 자주 주목받는 이유는 그의 개념적 독창성과 체계적 이론에 있다기보다 무엇보다도 기존 개념의 창조적 해석과 재구성에 있다고 할 수 있다. 물론 이런 "창조적 착각"(creative misremembering)이[27] 항상 좋은 것만은 아니다. 여기서는 비판적으로 더 생각해보아야 할 점들을 열거하는 것으로 만족한다. 이에 대한 수용 여부는 전적으로 독자의 몫이기 때문이다.

첫째, 테일러의 헤겔 해석은 그 출발부터 다시 검토해볼 필요가 있다. 테일러는 헤겔의 정신 개념을 낭만주의적 기원을 갖는 것으로 보고, 헤겔 철학을 이 우주적 정신을 계몽적 이성과 조화시키려는 시도로 해석한다.[28] 그러나 헤겔의 낭만주의에 대한 평가는 재검토될 필요가 있다. 또한 우주적 정신이 헤겔의 정신 개념인지도 다시 생각해보아야 한다.

둘째, 진정성의 도덕적 설득력에 대해 고민해볼 필요가 있다. 진정성에 대해서는 주관적으로 좋은 말들을 끊임없이 덧붙일 수 있을 것이다. 그러나 아무리 보편적인 사회적 정당성과 인정을 통한 실현 등의 세련된 말들로 진정성이 주장된다 하더라도 철두철미 그 모든 내용이 위선일 수 있는 사람을 상상해보라. 이와 관련해서는 헤겔의『법철학 개요』도덕성 장 마지막 절과 비교해보면 좋다. 헤겔에 따르면 양심과 위선은 한끝 차이일 수 있다.

셋째, 사회적 상상 개념이 학문적으로 설득력 있는 개념인지 의문시해볼 필요가 있다. 카스토리아디스의 사회적인 상상적인 것의 개념과 비교해보아도 좋을 것이다. 나치 시절 독일인들이 자신의 사회에 대해 상상했던 방식이 그 자체로 받아들여질 수 있을까? 이 경우 사회적 상상은 이데올로기와 무슨 차이가 있는가? 테일러 또한 이 문제를 의식하고 있다. 그러나 그의 답변은 상당히 놀랍다. 사회적 상상이 "이데올로기적인 허위의식"일 수 있는가? 그는 "그렇다"고 말한다.

넷째, 그의 학문적 탐구 방법을 살펴볼 필요가 있다. 그가 명시적으로 언급하진 않더라도 이는 충분히 추측 가능하다. 위의 답변에 덧붙여 테일러는 사회적 상상은 거짓일 수 있어도 꼭 "전적으로 거짓일 수는 없다"고 한다.[29] 이런 식의 평가는 세상 모든 존재자들에게, 히틀러나 전두환에게도 할 수 있을 것이다. 그의 고찰 방식은 지극히 현상적이다. 있는 그대로의 현상을 취해 그 양가적 측면을 살펴보는 것이다. 부정적 측면이 있지만 긍정적 측면도 있기에 후자를 통해 전자가 극복 가능하다는 식이다. 사실 이런 접근은 헤겔식 변증법도 현상학적 본질 직관도 아니다. 경제, 공론장, 인민주권의 부정적 측면이 냉정하게 주시되지 않는 것도 이 때문일 것이다. 이와 관련해서는 칼 폴라니와 칼 슈미트를 참조할 필요가 있다. 그리고 부족한 부분을 자꾸 새로운 이론 요소를 덧대 메우는 것도 생각해볼 일이다. 패션의 공간처럼 말이다.

다섯째, 주어진 현상 그대로의 것을 부정적 측면을 극복하는 그것의 긍정적 측면의 강조 방향으로 해석하는 것은 냉정히 말하면 현상 유지적 시각으로 경도되기 쉽다. "전통의 핵심적 가치를 다시 해석하면서도 스스로 이전 전통에 뿌리를 두고" 있는 사회적 상상만을 부각시키는 것도, "우리가 우리 자신을 공동으로 지배하고 있으며, 우리를 고려하지 않"는 다른 "어떤 행위주체성에 의해 지배당하고 있지 않다는 사실"의 강조도, 이러한 급진적 세속의 근대 국가에서 갑자기 "종교를 위한" 전통의 탈세속적 "공간"을 애써 찾으려는 것도 모두 그런 시각을 반영한다. "자신의 뜻과는 다른 의사결정에 자유의 이름으로 반기를 들고자" 하는 개인은 무엇을 할 수 있는가? 더구나 그 의사결정이 반민주적이라면? 테일러에 따르면 인민주권의 시대에 개인이 할 수 있는 것은 타인들의 동의를 얻기 위한 "강력한 집단적 행위주체성에 대한" "호소일 뿐"이다.[30] 그러나 이때 테일러가 어떤 호소를 염두에 두고 있는지는 분명하지 않다. 게다가 호소하는 개인이 새로운 사고전환을 가져올 정도의 엘리트가 아니라면? 예를 들면 북한 사회가 좋은 측면도 있으니 발전할 것이라고 말할 수 있을까? 아니면 현대 서양 사회에만 해당되는 설명이라고 제한적으로 이해하고 말아야 하는가?

V

MICHAEL SANDEL

5 샌델
중립주의적 자유주의를 넘어서 시민 공화주의로[1]

김은희

마이클 샌델(Michael Sandel, 1953~)은 현재 미국 하버드 대학 정치학
과 교수이다. 그는 1953년 미국 미네소타 주에서 태어나 브랜다이
스 대학을 최우등으로 졸업하고, 영국 옥스퍼드 대학에서 박사학
위를 하는 등 전형적인 엘리트 코스를 밟으며, 27세에 현 교수직에
임용되었다. 최연소 임용이었다. 29세에는 당시 정치철학계의 태두
인 존 롤즈의 정의론을 본격적으로 비판하는 책『자유주의와 정의
의 한계』(Liberalism and the Limits of Justice, 1982)를 발간하면서 단순히 최연
소 임용 교수임을 넘어 공동체주의의 대표적인 이론가로 자리매김
하였다.[2] 그 이후로 그는 이 책으로 인해 1980년대에서 1990년대에
미국 철학계를 풍미하게 된 자유주의-공동체주의 논쟁에서 매킨
타이어, 테일러, 왈저와 더불어 주요 공동체주의 이론가로 인식되
었다. 그리고 1996년에 『민주주의의 불만』(Democracy's Discontent)을 출

간하였는데, 이로써 그는 단순히 롤즈를 비판적으로 연구하고 공격한 이론가에서 독창적인 대안적 정치철학을 제시하는 이론가로 자리 잡게 되었다.[3] 그리고 그는 앞의 두 독창적이고 학문적인 저서를 더욱 대중적인 이슈와 대중적인 난이도로 풀어놓은 『공공철학』(Public Philosophy, 2005)을 출간하며 대중적 눈높이에 맞추는 저술활동을 한다.[4]

샌델은 자신의 연구에 있어 독창적 산물을 내는 학자적 능력 이외에 탁월한 강의 능력으로 인해 대중적으로 훨씬 더 유명해졌다. 그가 하버드 대학에서 가르쳐 온 정치철학 관련 강의들은 하버드 대학 최고의 명강의로 손꼽힌다. 이 강의들 중 하나가 방송용으로 제작되고 그 강의 내용은 『정의란 무엇인가』(Justice: What's the Right Thing to Do?, 2009)라는 책과 동영상으로 선보이게 되었다.[5] 이 책의 인기는 미국 현지에서는 물론 한국에서 폭발적이었고 샌델의 방한 강연도 재차 이뤄졌다.

하지만 정작 국내 학자들은 샌델의 사상에 대해 그다지 긍정적 의미를 부여하지 않는 것으로 보인다. 그의 인기는 오히려 그의 사상에 대한 평가를 인색하게 만드는 배경이 되는 것 같다. 국내에서 그의 책의 성공에는 단지 샌델 사상의 매력 이외의 요소들이 많이 작용한 것이 사실이다. 그러나 우리는 그 인기를 의식하여 그의 사상을 지나치게 칭송할 필요도 없지만, 또한 지나치게 폄하할 필요도 없다.

국내외 정치철학 관련 학자들은 샌델을 마냥 반기지만은 않는데, 그 이유는 크게 두 가지로 보인다. 첫째, 샌델은 롤즈를 심각하

게 왜곡하여 비판했다는 것이다. 둘째, 샌델이 내세운 공동체주의
는 보수주의적이고 전근대적인 함축을 지닌다는 것이다. 첫째 지적
은 샌델의 첫 번째 작업인 롤즈 비판에 관한 평가이고, 둘째 지적은
샌델의 두 번째 작업인 공화주의라는 대안 제시에 관한 평가이다.

대중적 인기와 학계의 인색한 평가 사이의 간극이 매우 큰 샌델
의 사상은 지나친 기대나 냉소적 평가보다 비교적 차분한 분석을
받아야 할 필요가 있다. 나는 학계에서 샌델에 가해지는 가혹한 비
판의 담론이 많다는 점을 의식하여 담론의 균형을 맞추기 위해 샌
델의 대안적 정치철학을 비교적 긍정적으로 제시하고자 한다. 하
지만 긍정적인 제시 자체가 이 글의 목적은 아니며, 이 글이 노리는
바는 샌델의 이론을 최대한 그럴듯한 것으로서 제시하고 그럼에도
불구하고 남는 진정한 문제점을 식별해보는 것이다.

이 글에서는 샌델이 제시한 사회 비판적 내용과 대안 제시 내용
이 크게 세 가지 분류로 서술될 것이다. 1절에서는 샌델이 비판하
는 자아관과 그 대안으로 제시하는 자아관을 살펴볼 것이다. 샌델
은 자신이 공격의 표적으로 삼고 있는 현대 미국의 평등주의적 자
유주의를 가장 철학적으로 그럴듯하게 완성한 롤즈의 사상을 검토
하면서 그의 사상이 "무연고적 자아"(unencumbered self)관을 함축하고
있다고 비판한다. 이러한 자아관으로는 롤즈가 바라는 평등주의적
정책을 도출할 수 없다는 것이다. 샌델은 롤즈적인 분배 정의가 성
립하는 군건한 연대의 정치 공동체를 이루기 위해서는 그러한 자
아관보다 구성적인 의미의 "서사적"(narrative) 자아관을 받아들여야
한다고 주장한다. 2절에서는 중립주의적 국가관을 비판하는 샌델

의 논의를 다루며, 시민적 덕을 추구하는 공화주의라는 그의 대안을 살펴볼 것이다. 중립주의적 국가관은 국가가 시민들 각자가 따르는 가치관들 사이에서의 중립을 지켜야 한다는 자유주의적 입장을 말한다. 샌델이 보기에 이는 공론장에서 해결되어야 할 중대한 도덕 문제들을 회피하여 무기력한 공공철학을 낳는다. 샌델은 시민들이 공론장에서 특정한 도덕적, 종교적 담론의 개입을 회피하지 않고 진지하게 다룰 것을 주장하며, 목적론적 도덕관의 복원과 시민적 덕의 육성을 가장 핵심적인 가치로 하는 공화주의의 복원을 대안으로 제시한다. 3절에서는 경제 성장과 공정 분배라는 어법으로만 복지를 논하는 케인스식 복지와 정치경제학, "시장사회"(market society)에 대한 샌델의 비판을 다루며, 이를 대신할 공화주의적 정치경제학이라는 그의 대안을 살펴볼 것이다. 그는 전국화되고 전 지구화된 거대 기업적 힘에 맞서 주권의 대규모화보다 분산화를 제시하며, 돈으로 살 수 없는 가치들이 복원되는 세상을 꿈꾼다.

1 | 자아—무연고적 자아관 비판과 서사적 자아관의 제시

샌델은 롤즈적인 자유주의 정치철학을 "좋음에 대한 옳음의 우선성"(the priority of the right over the good)으로 요약하고 이 입장을 비판한다.[6] 샌델은 "좋음에 대한 옳음의 우선성" 주장이, 롤즈의 『정의론』에서는 "무연고적 자아"(unencumbered self)라는 자아관에 의해 드러나며,⁷ 롤즈의 『정치적 자유주의』에서는 국가 중립성 입론에 의해 드러난다고 파악한다. 자아관에 관한 샌델의 논의를 먼저 살펴보자.

『자유주의와 정의의 한계들』에서 샌델은 롤즈의 정의론이 칸트적 인간관을 담고 있다고 분석한다. 여기서 "칸트적"이라 함은 칸트의 형이상학을 따른다는 의미가 아니라, 의무론적 구분법을 따른다는 의미이다. 의무론적 구분법이란 옳음(the right)을 좋음(the good)으로부터 구분하는 것을 말한다. 샌델은 롤즈가 칸트의 예지계와 칸트적 형이상학을 따르지 않는다는 것을 안다.⁸ 그럼에도 불구하고 샌델이 보기에 『정의론』에서 롤즈가 칸트적이고 의무론적인 이유는 그가 정의(옳음, the right)를 여러 선들(the good)에 기반을 두지 않고 제시하기 때문이다. 그 옳음의 기초를 칸트는 자율적 주체에서 찾았고, 이 주체는 그 주체가 고려하는 선들(욕구, 경향, 목적들)과 분리되며 그 선들에 우선한다. 주체 앞에 놓인 선들은 주체에 의해 취사선택된다. 그래야 한 인간은 주체로서 경향성과 욕구 등의 선들에 의해 휘둘리지 않는 자율적 인간이 되고 자율적 인간이라야 도덕법칙을 알아내고 지킬 수 있다는 것이다. 샌델은 이런 관점을 "자발주의적"(voluntarist)이라고 말한다.⁹ 샌델에 따르면 이런 자발주의적 관점은 롤즈에게도 나타난다.¹⁰ 롤즈의 의무론에 따르면 다양한 선들에 의존하지 않고 그 선들에 앞서 정의(justice)가 제시되어야 한다. 샌델은 이러한 정의의 우선성 주장이 자발주의적인 인간 능력을 가정할 때 성립한다고 생각하며 롤즈에게 이런 종류의 자아관이 함축되어 있음을 밝힌다. 그러한 자아관에 따르면 개인은 자신 앞에 놓인 다양한 좋은 것(욕구, 경향, 목적들)을 평가하고 선택하고 버릴 수 있는 능력의 담지자로 해석되어야 하며, 그런 자율적 선택 능력의 행사를 존중하는 것이 정의이다. 샌델이 보기에 이 점에서 칸트와 롤즈는 유사하다. 이런 자아관에 따르면 자아는 자신이 가진 목적들, 욕구들이라는 특성들에 앞서 존재하는 것으로 간주된다. 이러한 자아는 자신의 목적, 욕구들로 구성되지 않고, 그런 것들과 분리되어 그것들을 바라보고 판단하고 자아로부터 떼었다 붙였다 하기도 한다. 그것들은 자아의 소유물일 뿐이다. 이런 롤즈의 자아관은 자신을 둘러싼 타인들, 혹은 그들과의 관계에 관한 욕구, 목적에 대한 고려가 자아로부터 동떨어져 있다는 점을 가정한다. 그리고 이 생각은 롤즈가 정의 원칙을 도출하는 가상적 상황으로 제시한 "원초적 입장"의 당사자들이 가지는 태도인 상호무관심이라는 가정에 연결된다. 샌델이 보기에 원초적 입장의 당사자의 태도로 규정된 상호무관심은 롤즈의 철학이 지닌 개인주의적 측면을 말해준다. 샌델은 이때 롤즈가 우리 인간들의 실제의 심리가 개인주의적이라고 보는 심리적 차원의 가정을 하는 것은 아님을 인정한다. 샌델은 롤즈가 단지 인식론적 차원에서 개인주의적 가정을 깔고 있다는 점을 알고 있다.

하지만 샌델이 볼 때 이런 개인주의적인 인간관은 롤즈가 "원초적 입장" 장치로부터 도출되기를 원하는 평등지향적인 분배정의관, 특히 차등 원칙과 정합성을 이루지 못한다. 차등 원칙은 사회의 가장 불우한 계층인 최소 수혜자들에게 가장 이익이 되는 한에서만 경제적 불평등이 정당화될 수 있다는 롤즈의 정의 원칙이다. 차등 원칙의 저변에는, 개인의 천부적 능력까지도 자연적 운에 속하므로 각 개인들의 능력 분포를 인류의 공동자산인 것처럼 간주해야 도덕적으로 자의적이지 않은 정의로운 분배 원칙을 세울 수 있다는 롤즈의 생각이 깔려 있다. 하지만 샌델이 보기에 (a) 우리가 정의로운 분배 원칙을 세울 때 개인의 천부적 능력이 응당 분배받을 만한 도덕적 자격으로서 고려되어서는 안 된다는 점으로부터 (b) 개인의 천부적 능력이 사회 전체의 소유물인 양 간주될 수 있다는 점은 도출되지 않는다. 어떤 것이 개인의 소유로서 정당한 것이 아니라고 해서 곧바로 사회의 소유로서 정당하게 된다는 점이 입증되는 것은 아니기 때문이다. 샌델이 보기에 롤즈의 차등 원칙은 개인의 천부적 능력이 사회의 공동소유물인 양 간주되어야 지지될 수 있기에 (b)가 입증되지 않으면 차등 원칙의 도출은 어렵다.[11] 이러한 비판은 사실 자유지상주의자인 노직이 롤즈에게 했던 비판의 내용이다. 샌델은 개인주의적 인간관으로 출발할 경우, 노직처럼 사회 협력의 산물은 공동자산으로 간주되어서는 안 된다고 보는 입장이 차라리 일관적이라고 본 것이다. 샌델이 보기에 이 난점을 해결하기 위해 롤즈 앞에 놓인 해법은 두 가지이다. 첫째, 자아와 그 자아의 소유물(목적, 능력, 욕구 등)을 엄격히 구분하는 길을 가는 것이다. 한 자아가 지닌 재능들을 그 사회의 공동자산으로 간주한다는 것은 그 자아 자체를 수단으로 간주하는 것이 아니다. 자아는 자아가 지닌 재능들과 구분되어 따로 존재하는 것이기 때문이다. 하지만 샌델은 이렇게 자아와 소유물을 철저히 구분하게 되면 주체는 소유물과 동떨어져 존재하는 매우 추상적인 존재가 되어 롤즈가 피하고자 하는 칸트적인 초월적 주체와 유사해진다고 본다. 둘째, 자아를 확장시켜 "나"의 속성들을 공유하는 사람들을 상호주관적인 자아 개념 안에 포함시키는 길이 있다. 이에 따르면 나와 같은 목적과 욕구와 생각을 가진 한 공동체 속의 이들을 돌보는 일은 나 자신을 돌보는 일과 다르지 않다. 여기서 소유의 주체는 "나"에서 "우리"로 확장된다. 하지만 샌델은 롤즈의 자아관이 이런 상호주관적 자아관을 거부하고 있다고 본다. 샌델은 롤즈가 차등 원칙이라는 평등주의적인 분배 원칙을 내세우려면, 공동체 성원들에 대한 연대감을 상정하는 자아관으로부터 그런 원칙을 도출하는 것이 가장 정합적이라고 본다.

이 외에도 샌델은 자신이 처한 사회의 특수성마저도 무지의 베일로 가린 원초적 입장의 당사자들의 결정이 공정함을 획득한다면, 그 결과는 어느 한 지역(국내)에만 국한되지 않고 모든 인격체에 적용되어야 하는데, 롤즈의 정의론은 국내적 논의로만 한정되고 있다는 점도 롤즈 정의론의 부정합성을 말해준다고 지적한다.[12] 샌델이 보기에 이런 부정합성은 롤즈가 자발주의적 자아관, 의무론적인 "무연고적" 자아관을 버리면 해결된다.

샌델이 대안적으로 제시하는 자아관은 어떤 것일까? 첫째, 샌델은 구성적 자아관을 제시한다. 샌델에 따르면 우리는 가족의 한 성원, 혹은 어떤 공동체, 민족의 한 성원이라는 특수한 상황에 놓인 특수한 존재들이다. 우리는 어떤 특정한 목적, 애착에 대해 충성과 확신을 느끼며 행동한다. 우리가 이런 특수한 정황이나 헌신 등에 독립적인 자아라고 가정할 경우, 우리는 우리가 가진 충성과 연대감을 나 자신의 선택 여부 하에 두어야 할 것이다. 우리의 애착이나 충성, 연대감을 본질적으로 혹은 구성적으로 바라보지 못한다면 이러한 충성과 연대의식은 나에게 하나의 명령, 즉 도덕이 될 수 없고, 우리는 공동체 안에서 의무나 책임과 같은 것들을 도덕으로서 느낄 수 없는 존재가 된다. 샌델이 보기에 이런 존재는 자유롭고 합리적인 존재라기보다 "성품을 갖지 않은, 도덕적 깊이가 없는" 존재이다.[13]

샌델이 생각하는 인간은 역사에 대해 반성을 하면서 자신의 위치를 그 안에서 해석하고, 역사적 정황들을 자아의 소유라기보다 자아를 구성하는 목록들로 바라보는 존재이다. 즉 인간은 특수한 상황 속의 존재이다. 이것은 상황에 매몰되어 있다는 뜻은 아니다. 샌델은 자아가 역사로부터 거리를 유지할 수 있음을 인정한다. 하지만 이 거리는 언제나 확정적이거나 최종적인 거리가 아니라 잠정적인 거리이며, 이런 거리를 유지하려는 반성 역시 역사 안에서 이뤄진다.[14] 이러한 인간은 자신이 다양한 상황을 반성할 때에도 초월적 입장이 아닌 이런저런 것들에 연루되어 있다는 점을 인식하며 그 도덕적 무게를 진지하게 받아들인다. 이러한 자아는 구성적인 의미에서 성품(character)을 가진다. 이 성품은 우리가 취사선택할 수 있고 언제든지 자아로부터 분리할 수 있는 요소라기보다 우리를 구성하고 있는 것이며, 이러한 성품 안에서 우리는 이렇게 행동하거나 저렇게 행동한다. 샌델에 따르면 이런 구성적 의미의 성품이 가능하기 때문에 우리는 우애에 관해 설명할 수 있다.[15] 우애는 단지 정서만 포함하는 것이 아니라 상호 인식을 포함한다. 나는 친구에 관해 많이 알고 있으며, 친구는 어느 때 나보다 나에 대해 더 잘 알고 있기에 나는 친구에게 조언하고 친구는 나에게 조언한다. 나에게 좋은 일을 오직 나만이 알고 있는 것이 아니기에 나는 나에 대해서 잘 아는 친구의 말을 따르기도 한다. 즉 샌델에 따르면 나 자신을 아는 것은 덜 사적인 일이 된다. 샌델은 이런 자아가 의무론 적 자아보다 훨씬 더 풍성한 자아라고 말한다. 샌델은 이에 대한 의 무론의 반론을 예상한다. 즉 의무론자들은 이런 헌신이나 애착관 계는 사적인 생활에서는 인정할 수 있지만, 공적인 생활에서는 인 정하기 어렵다고 반론할 수 있다. 하지만 샌델은 이런 사적 생활에 서의 자아의 구성 가능성과 공적 생활에서의 자아의 구성 가능성 에 관한 구별은 심리적인 구별일 뿐이라고 본다. 샌델에 따르면 자 아의 독립성에 대한 의무론적인 주장은 심리적 주장이 아닌 인식 론적 주장이기 때문에, 이런 심리적 구별은 설득력이 없다. 인식론 적 차원에서 헌신, 애착들이 자아를 구성할 수 있음이 사적 생활에 서 인정된다면, 이런 구성 가능성은 공적 생활에서도 인정될 수밖 에 없다는 것이다.[16]

둘째, 샌델은 서사적 자아관을 제시한다. 그는 매킨타이어의 논 의를 빌려 이야기하는 존재로서의 자아관을 내세운다.[17] 매킨타이 어는 우리 인간이 이야기를 하며 서사적 탐색을 하는 삶을 산다 고 본다. 인간이 체험해낸 이야기와 서사에는 특정한 목적론이 있 고, 그 목적론이 제시하는 통일성이나 일관성 안에서 우리는 낱낱 의 사건들을 해석하고 규정한다. 그리고 도덕적 문제들도 이 틀 안 에서 최대한 정합적인 방식으로 해결하게 된다. 우리는 나를 둘러 싼 역사적, 사회적 정황들, 즉 이야기들과 동떨어져 존재하면서 나 자신의 할 일들을 정할 수 없다. 그것은 통일된 관점을 잃은 파편화된 이야기가 될 뿐이다. 이러한 존재는 도덕적 문제해결을 제대로 하는 존재자일 수 없다. 따라서 매킨타이어에 따르면 우리가 도덕적 존재가 되기 위해서는 더욱 큰 통일된 서사 안에 나를 놓고 그 안에서 도덕적 고민의 의미를 따져 묻고 해결을 얻어야 한다. 그런 의미에서 우리는 나의 행동과 직접 관련이 없는 내가 속한 공동체의 역사적 과오와 책임을 절감하는 존재가 될 수 있다. 유태인 학살과 관련 없는 세대의 독일인이 여전히 유태인 학살의 역사적 과오에 대해 책임감을 느끼고 표현하는 것은 그 예라 할 수 있다. 샌델은 『정의란 무엇인가』에서 이러한 매킨타이어의 서사적 존재로서의 자아관을 합의 중심의 계약론적 자아관과 대조하면서, 결국 매킨타이어적 자아관의 손을 들어준다. 이는 그의 책 『민주주의의 불만』 결론부에서도 드러난다. 그는 거대 기업의 전국적, 전 지구적 확장에 맞서 지역 공동체의 생활을 지켜내어야 할 필요성을 강조하면서, 이야기하는 존재(storytelling beings)로서의 자아관을 제시한다. 샌델은 우리가 이런 거대 기업의 지역 침투에 대해 저항하는 것은 우리의 이야기를 지켜내기 위해서라고 본다. 우리 스스로가 만들어 낸 이야기가 아닌 파편화된 이야기 안에 우리를 빠뜨리는 것은 우리의 행위주체 능력을 부정하는 것이다. "이야기 능력의 상실은 인간 주체의 궁극적인 영향력 상실을 의미하는 것과 같다. 왜냐하면 이야기 없이는 현재와 과거 사이에 아무런 연속성도 없고 따라서 아무 책임도 없고, 따라서 우리 자신을 지배하기 위해 함께 행동할 가능성도 없기 때문이다."[18]

2 │ 국가─중립주의 국가관 비판과
시민 공화주의의 제시

롤즈적 자아관에 대한 샌델의 비판에 대해서 많은 롤즈 옹호자들은 롤즈의 자아관은 단지 인생의 다양한 선들에 대한 "합리적인 수정 가능성"을 표현한 것이므로 샌델이 받아들이지 못할 이유가 없다고 응수한다.[19] 그리고 혹자는 자아에 관한 철학적 담론은 롤즈가 나중에 제시하는 "정치적" 의미의 자유주의의 성립과 무관한 영역의 담론이므로 치명적이지 않다고 응수한다.[20] 하지만 샌델은 단지 롤즈의 철학적 인간학만을 비판하는 것이 아니라, 롤즈적 자유주의가 함축하고 있는 정의의 우선성도 비판한다. 즉 샌델은 정의(옳음)가 선(좋음)들과 구분되며, 다양한 선들을 정리해주는 고차적 역할을 한다는 생각을 비판한다. 샌델의 비판은 롤즈의 후기 사상인 "정치적 자유주의"에도 가해진다.[21] 롤즈는 정치적 정당성이 좋은 삶에 대한 다양한 관점들에 기대지 않고 입증되어야 한다고 보는데, 샌델이 보기에 이것은 정의가 선(good)보다 우선한다는 생각을 여전히 그대로 드러내는 것이다. 롤즈는 "공적 이성"(public reason) 개념을 통해 중립적인 공적 토론장을 지지한다.[22]

샌델이 공격하고 있는 국가 중립주의란, 국가가 어느 하나의 특정한 가치체계나 원리를 우위에 두거나 그것에 근거하여 활동하지 않아야 한다는 입장이다. 즉 이 입장에 따르면 국가는 더 이상 인간의 본성이나 삶의 의미를 특정한 형이상학적, 종교적, 도덕적 원리로 규정하고, 그 규정을 공공정책의 정당한 근거로 삼아서는 안 된다. 국가는 나름의 가치관을 갖고 삶을 영위하고 계획하고 때로는 수정하는 개인들의 다양한 삶의 방식을 동등하게 존중해주어야 한다. 이러한 입장은 서구 근대 종교전쟁이라는 비극적 경험으로부터 얻어진 생각으로서 다양한 가치체계를 갖고 나름대로의 삶을 영위하는 개인 혹은 집단들의 상호공존을 위해 대부분의 자유주의 정치철학이 지지하고 있는 생각이다.

샌델이 보기에 이러한 국가 중립주의는 롤즈의 정치철학의 성격을 말해준다. 롤즈 스스로는『정치적 자유주의』에서 자신의 정치철학이 모든 의미에서 중립적이라고 할 수 없고 한정된 의미에서만 중립적이라고 유보적인 입장을 표명한다. 하지만 샌델은 롤즈가 주장하는 "좋음에 대한 옳음의 우선성" 입론이 곧 국가 중립성 입론을 의미하고, "좋음에 대한 옳음의 우선성" 입론은 롤즈의 "공적 이성" 개념으로 재구성된다고 보았다.

샌델은 롤즈적인 자유주의 정치철학이 함축하고 있는 중립성에 대한 열망을 비판하면서, 해결되어야 할 중대한 도덕적 문제는 좋은 삶에 관한 특정한 관점들에 대한 토론 없이 이루어지지 않는다고 주장한다. 가령 낙태의 허용 가능성에 관한 논쟁에 대해 국가가 각 주 정부의 재량권에 맡겨야 국가가 중립성을 지킬 수 있다는 생각은 태아가 인간일 경우 중대한 도덕적 잘못을 저지르는 처사이다.[23] 마치 흑인노예 제도의 존속 여부를 각 주 정부의 재량권에 맡기는 중립론자들이 중대한 도덕적 잘못을 저지른 것과 마찬가지라는 것이다. 또 다른 예로 동성결혼의 허용 가능성에 관한 논쟁에 대해 국가가 각 개인의 재량권에 맡겨야 국가의 중립성을 지킬 수 있다는 생각은 마치 각 개인들이 사적인 공간에서 어떠한 점잖지 못한 짓을 해도 국가가 간여할 수 없다는 식으로 관용하는 셈이며, 이는 동성결혼을 자신의 인생의 중요한 가치로 생각하는 동성애자들을 법적으로 동등하게 존중하는 것이 아니라고 샌델은 말한다.[24] 즉 태아가 인간인지 여부와 동성결혼이 이성결혼과 동등한 의미에서 한 사람의 인생에서 매우 중요한 결혼을 구성하는 가치를 가졌는지 여부에 대해 시민들은 도덕적 논의를 해야 한다는 것이다. 샌델이 볼 때 자유주의적 중립성은 이런 도덕적 관점들이 특정한 선관(the conception of the good life)에 기반하고 있기 때문에 공적 담론에서 배제되어야 한다고 주장한다. 하지만 샌델은 특정한 선관이 우월할 수 있으며, "참"(true)일 수도 있다는 강한 어조로 중립성 주장을 비판한다.[25] 논쟁의 소지가 있다는 이유로 도덕적 관점과 종교적 관점을 배제하는 것은 공적 담론의 장을 무기력하게 만들고, 도덕적 언어로 무장된 근본주의자들에게 자리를 내어주는 나쁜 효과를 초래한다는 것이 샌델의 지적이다.

또 다른 예로 샌델은 휴일 논쟁을 언급한다.[26] 중립주의는 일요일이 아닌 날을 종교적 의무일로 지키고 싶어 하는 특정 종교인들에게 양심의 자유를 근거로 휴일을 허용하게 되는데, 이렇게 되면 어떤 축구광이 자신이 기다려 온 축구 빅매치가 있는 날을 휴일로 지정해달라는 청원까지 중립성 하에 동등하게 받아들여야 하는 곤란한 결과를 가져오게 된다. 앞에 나온 종교인의 휴일 청원은 종교적 의무를 하기 위한 권리를 청원한 것임에 반해, 나중에 제시된 축구광의 휴일 청원은 그런 의미를 담고 있지 않기 때문에 샌델은 그 청원은 동등하게 처리되어서는 안 된다고 말한다. 하지만 미국의 자유주의적인 중립성 풍토는 이 두 사람의 청원을 모두 좋은 삶이 무엇인가에 대한 특정한 관점이 아닌 중립성의 어법에서 해결하려고 하기 때문에 똑같이 처리할 수밖에 없게 된다는 것이다. 샌델이 보기에 어떤 이에게 있어 종교적 신념은 그 사람의 정체성과 같은 핵심적인 부분을 구성하는 것으로서 축구 애호와 같은 선택적 가치가 아니다.

또한 샌델은 중립주의에 따르면 우리는 나치주의자들의 거리 행진과 흑인인권 운동가들의 거리 행진에 대해 표현의 자유를 두 진영 모두에 동등하게 적용하는 차원에서 그 둘 모두를 승인하게 된다고 지적한다. 하지만 샌델에 따르면 우리는 어떤 것이 더 가치 있는가에 대해 특정한 관점을 갖고 바라보며, 그런 관점 하에서 나치주의자들의 거리 행진을 막을 도덕적 이유를 제시할 수 있어야 한다.[27]

이처럼 샌델은 공론의 장에서 도덕적, 종교적 관점들이 논의되는 것을 바람직하다고 생각하기 때문에, 가치 다원주의를 거부한 것으로 보일 수도 있다. 그는 강한 어조로 "참"(true)을 운운하기도 한다. 그가 중립성에 의거한 역대 판결들을 비판하면서 가장 바람직한 해결로 제시하는 것을 살펴보면 그는 분명히 가장 바람직하다고 생각하는 선이 있다고 믿는 것으로 보인다. 그렇다면 샌델은 과연 어떤 선을 가장 좋은 선으로 생각하고 있는 것일까? 혹은 어떠한 삶이 가장 좋은 삶이라고 생각하는 것일까? 크게 두 가지로 보인다. 첫째, 각 활동에 내재한 목적, 즉 샌델 어법으로 텔로스(telos)

가 해당 활동의 규범적 기준을 제공하는 최상의 선이다. 샌델은 규범적 기준으로서 공정성을 제시하는 정의론과 아리스텔레스의 목적론적 정의론을 대비하면서 후자를 지지하는 결론으로 나아간다. 아리스토텔레스를 따라 샌델은 우리의 삶이 다양한 활동과 그 영역들로 이뤄져 있고, 그 활동 영역에는 그 활동이 지향하는 고유의 목적이 있다고 보고, 재화들에도 그 재화에 가장 적합한 고유의 목적이 있다고 본다. 이런 고유의 의미가 있는 활동, 재화, 영역들을 단순히 공정성이라는 하나의 기준으로 평가하고 분배하고 판단해서는 안 된다는 것이 샌델의 주장이다. 가령 최고의 플루트는 최고의 플루트 연주자에게 돌아가야 한다. 플루트의 분배에 공정성 기준을 부여하여 제비뽑기를 통해 플루트 본연의 가치를 알지 못하는 사람에게까지 그것을 점유하게 하는 것은 최고의 플루트의 가치에 맞는 처사가 아니다.[28] 이는 매킨타이어와 왈저의 입장을 연상시킨다. 매킨타이어 역시 아리스토텔레스의 목적론적 도덕관을 받아들여서 각 실천양식(practice)에 고유한 합리성이 존재한다고 보고 그것에 가장 알맞게 행동하는 것이 덕 있는 행동이라고 보았기 때문이다. 그리고 왈저는 비록 아리스토텔레스의 목적론적 도덕관을 도입하지는 않지만, 각 분배 영역에는 그 분배 영역에 고유한 분배 논리가 존재한다고 보는 정의론을 제시했기 때문이다.

둘째, 자기 통치(self-rule)를 해낼 수 있는 역량으로서의 시민적 덕(civic virtue)을 갖춘 삶이 가장 좋은 삶이다. 샌델은 자유주의가 개인의 권리를 가장 중요한 정치적 가치로 두는 반면, 공화주의는 자기 통치를 가장 중요한 정치적 가치뿐 아니라 삶의 가치로 둔다고 대조하면서 후자를 옹호한다. 자신이 몸담고 있는 공동체의 운명을 동료들과 함께 결정해나가는 것이 바로 정치의 핵심이고 좋은 삶의 요소라는 것이다. 하지만 이것은 쉬운 일이 아니기 때문에 정치는 이런 능력, 즉 시민적 덕을 형성하는 일에 주력해야 한다.

샌델에 따르면 나치주의자들의 거리 행진을 킹 목사의 거리 행진과 동등한 가치를 가진 의사표현 행위로 볼 수 없는 이유는 킹 목사의 거리 행진은 시민들의 자기 통치의 주체 능력을 확보받기 위한 가치를 담고 있었지만, 나치주의자들의 그것은 그렇지 못했다는 점에 있다. 샌델은 분명히 우월하다고 볼 수 있는 삶의 가치를 국가가 인정하지 않고 가치중립성을 견지할 경우, 두 정치의사 표현행위들을 동등하게 대우할 수밖에 없다고 우려한다. 다른 예로서 포르노그래피에 대해 샌델은 그것이 남녀 시민들이 서로를 공동체의 운명을 함께 결정해갈 동등한 동료 시민으로 바라보지 못하게 함으로써 시민적 덕의 육성에 위배되는 표현들을 담고 있기 때문에 좌절시켜야 할 관행으로 판단한다.[29] 이는 포르노그래피를 반대하기 위해 보수주의자들이 말하는 근거인 "인간 본연의 품위 훼손"이라거나 여성주의자들이 말하는 근거인 "여성 섹슈얼리티에 대한 남성의 통제와 지배"라는 어법과는 다소 다른 논거라 할 수 있다.

샌델은 종교의 중요성을 강조하기도 하는데, 이 역시 그 신앙 자체의 진리성 때문이라기보다 종교가 시민들에게 주는 시민적 덕 함양의 효과 때문인 것으로 보인다. 하지만 그는 이러한 특정한 한 가지 가치에 대한 헌신 때문에 비판을 받기도 한다. 가령 그는 가치통합주의적 공동체주의자라는 비판을 받는다. 벤하비브에 따르면

이 조류의 공동체주의는 근대 사회의 여러 문제들을 오직 어떤 통합적 가치체계의 회복, 활성화에 의해서만 해결하려고 한다. 이런 경향을 갖는 공동체주의자들은 이런 가치체계의 모델로 종교적인 모델을 생각한다. 무페 역시 샌델과 매킨타이어가 아리스토텔레스의 영향을 받아 공동선의 명분하에 근대적인 자유주의적 다원주의를 거부하며, 전근대적인 정치관을 옹호하면서 윤리적인 영역과 정치적인 영역을 구분하지 않는 경향이 있다고 비판한다.[30]

샌델이 이러한 평가를 받는 것은 어느 정도 샌델의 제시방식에 탓이 있다. 가령 샌델은 자유주의의 중립주의적 공론장 모델을 비판하면서 낙태 논쟁의 예를 들 때, "가톨릭교회의 주장이 참이라면" 이라고 표현한다.[31] 벤하비브와 무페가 단지 이 문구만을 생각해서 샌델을 통합주의적이라고 평가한 것은 아니다. 하지만 공론의 장에서 다양성 존중을 위한 중립주의보다 "참"을 찾아가야 한다는 샌델의 표현을 고려하면, 벤하비브와 무페의 평가가 설득력 있게 들린다.

그러나 샌델이 직접 배아와 태아의 도덕적 지위에 대해 논의하는 것을 살펴보면, 그가 정책 논의에 어떤 특정한 형이상학적, 종교적 논거도 도입하지 않음을 알 수 있다.[32] 그가 말한 "가톨릭교회의 주장이 참이라면"이라는 것은 "우리가 태아에게 인간의 도덕적 지위를 부여하는 것이 맞다면"이란 의미로 해석해야 한다. 그는 가톨릭교회에서 말하는 신이 인간을 창조했다는 논거가 참일 경우를 받아들여서 낙태의 도덕성 문제를 다뤄야 한다고 주장하는 것이 아니다. 샌델이 중립적 공론장을 비판하는 이유는, 다양성 존중이라는 이유로, 혹은 해당 문제가 정치적 문제가 아니라는 이유로 시민들이 충분히 공적으로 더욱 나은 답을 찾아갈 수 있고, 그래야 하는 공적인 도덕적 문제들을 너무 빨리 회피하는 경향이 잘못되었기 때문이다. 각종 공적인 이슈들(낙태, 동성애, 배아연구, 교육, 복지, 인센티브제도 등)에 관한 샌델의 논의는 특정 종교적 교리나 특정 진리론을 논거로 사용하지 않는다. 그는 시민들이 대체로 이해할 수 있는 공적인 언어와 논증으로 논의를 풀어나간다. 이렇게 볼 때 샌델이 말한 "참"이라는 개념은, 시민들 모두 납득할 수 있는 공적인 논증을 구사하여 충분히 더 나은 심의를 통한 합의에 이를 수 있는 해결책이 가진 성질이라고 보아도 무방하다.

그럼에도 불구하고 샌델은 여전히 가치통합주의자로서 보일 수 있다. 그는 그가 가장 중요하다고 생각하는 좋은 삶에 관한 관점이 정치에 관한 관점의 성립에도 깃들어야 한다고 보기 때문이다. 즉 그는 선관(the conception of the good)과 정의관(the conception of the right)이 구분되지 않아야 한다고 본다. 하지만 우리는 샌델이 가장 중요하다고 생각하는 선(the good)이 무엇인지를 고려해야 한다. 그것은 바로 앞서 말했듯이 자기 통치를 위한 시민적 능력, 즉 시민적 덕이다. 이것은 시민들이 자신들의 공동 운명을 스스로 결정할 수 있는 능력이다. 이 선은 공동의 삶에 관련된 선이며, 이것은 정의에 관한 관점과 결코 무관하지 않다. 롤즈 역시 정치 공동체 자체를, 그리고 정의감이라는 시민적 덕을 중요한 정치적 선으로 인정한다. 정치 공동체의 협력 상태를 유지하는 기반을 모색하는 것은 샌델에게나 롤즈 혹은 다른 자유주의자들에게나 정치철학의 가장 중요한 과제이다. 샌델과 자유주의자들이 다른 점은 샌델의 정치적 선은 개인이 살아가야 할 좋은 삶에도 많은 관련이 있는 데 반해, 자유주의자들의 정치적 선은 개인이 살아가야 할 좋은 삶의 경계에 존재하면서, 그런 삶들이 정의 원칙을 위반하지 않는 정도에 머물도록 유도할 뿐이라는 점이다. 가령 타인의 권리를 부당하게 침해하지는 않지만 자기 통치를 수행할 덕을 형성하는 데 큰 관심 없이 거대 산업구조 속에 다소 자본가에 의존적인 노동을 하며 자신의 생활을 영위하는 시민은 자유주의자에게는 그 사람 나름대로의 가치관에 따라 삶을 살아가는 것으로 보일 수도 있지만, 샌델에게는 좋은 삶을 살아가는 것으로 보이지 않을 것이다.

정의와 선의 관계에 있어 샌델과 자유주의자 간에 분명히 이런 차이는 존재한다. 하지만 이 차이로 인해 샌델이 가치통합주의적이고 반근대적인 부류로 구분되어야 할까? 그렇게 보이지 않는다. 왜냐하면 그는 정치 공동체의 자기 결정, 자기 통치를 위해서 시민들의 그런 능력의 배양이 필수적이라고 보아서 그것을 중요한 선으로 제시한 것이기 때문이다. 물론 개인적 삶과 활동에 관한 평가 기준으로 이런 공적인 시민적 덕의 기준이 도입되는 것에 대해 자유주의자들은 수긍하지 않을 것이다. 하지만 개인적인 자율적 삶과 활동의 바탕에 정치 공동체의 자기 통치와 자기 결정이 전제되어 있다는 것을 자유주의자들 역시 받아들인다면, 개인적 삶과 활동 안에 시민적 덕의 함양이 포함되어 있어야 한다는 것은 인정할 것이다. 물론 여전히 자유주의자들은 사소한 개인적 활동에 대해서까지 공적 기준을 고려해야 한다는 것에는 여전히 반대할 수도 있다.

하지만 이제 그러한 반대는 그 사소한 개인적 활동이 얼마나 시민적, 공적 영향력과 의미를 지니는가에 관한 관점 혹은 입증에 따라 성립될 수도 있고 아닐 수도 있는 반대라고 할 수 있지 않을까?

3 │ 정치경제—케인스식 정치경제학 비판과 돈으로 살 수 없는 가치들의 회복

샌델에 따르면 미국의 평등주의적 자유주의는 케인스 경제학이 제시하는 경제 성장과 공정 분배를 통한 복지 정책을 뒷받침하고 있다.[33] 미국의 평등주의적 자유주의 정책은 시민들에게 경제 성장의 결실이 그들이 가진 가치관과 상관없이 공정하게 배분되어야 한다는 정의 원칙을 따른다. 하지만 샌델이 보기에 이것은 시민들을 능동적인 정치적 주체로 키우기보다 가치판단을 멈춘 수동적인 소비의 주체로 만들 뿐이다. 불황을 타개하기 위해 케인스 경제정책은 총수요를 늘리는 일을 급선무로 두었고, 총수요를 늘리는 일은 그 수요의 성격이나 소비자의 선호가 지니는 바람직함 여부와는 관련이 없었다. 샌델이 보기에 이러한 케인스 경제정책은 개인의 다양한 가치관들에 대해 관여하지 않는 중립주의적 자유주의 정치철학과 잘 맞아떨어지게 되었다. 또한 이러한 케인스 정치경제학과 자유주의 정치철학은 시민적 전통이 가지고 있던 육성적(formative) 기획을 버리게 되며, 그 빈자리에 개인의 선택을 중시하는 자발주의적 자유관을 내세우게 된다.[34] 하지만 샌델은 전국적인 규모로, 아니 전 지구적으로 확장해가는 대기업 등 대규모의 경제 세력들을 그대로 방치하면서 그 성장의 결과로 나오는 물질적 재화에 대해 중립적으로 분배함으로써 복지를 도모하는 것은 오늘날 민주주의의 시민들이 가지는 불만에 대한 근본적인 해결책이 아니라고 지적한다. 최소 수혜자들의 처지를 가장 높이 끌어올리는 데 소용되는 재화는 소득과 부라는 재화이며, 샌델이 보기에 이것은 시민들 사이에 경제 만능적 태도가 만연하게 되는 현실을 초래할 뿐, 그것을 완화하지는 못한다.

이런 요소들로 인해 샌델은 미국의 민주주의가 불만에 싸여 있다고 생각한다. 샌델이 생각하는 민주주의의 불만은 첫째, 시민들이 자신들의 운명을 스스로 결정할 수 없다는 무기력감이 팽배해 있다는 점과 둘째, 국가적 규모든 작은 규모든 모든 규모의 공동체의 기반이 무너져가고 있다는 위기감에서 발생한다.[35] 시민들은 개인적으로 자유로워지고 정부로부터 물질적인 공적 부조도 많이 받게 되었지만, 힘이 없다고 느낀다는 것이다. 이것은 미국 민주주의가 최근 기간 동안 계속해서 암암리에 형성하고 지지해왔던 자유주의 공공철학의 무기력함과 통한다는 것이 샌델의 진단이다. 샌델이 롤즈의 이론을 공격한 것은 롤즈의 이론과 모종의 관련을 맺고 있는 자유주의 공공철학이라는 더 큰 대상을 공격하기 위함이다. 샌델이 민주주의의 불만의 원천으로 지목하는 자유주의는, 개인의 권리의 우선성을 강조하며, 그와 동시에 공정 분배의 복지를 제시하고, 공적 담론에 있어 특정한 종교관, 도덕관을 배제하는 중립성 입론을 지지하는 공공철학이다. 이에 맞서 샌델이 제시하는 대안은 무엇일까?

샌델이 대안으로 제시하는 정치경제학의 모습은 크게 두 가지로 요약된다. 첫째, 자치 능력의 발휘를 돕는 산업구조이다. 샌델이 보기에 케인스적 경제정책이 지배적이기 전에 미국의 명망 있는 정치가들은 늘 어떤 정책의 도입이 시민적 덕에 해가 되는지 아닌지 여부를 고민했다. 가령 토머스 제퍼슨은 대규모 제조업의 도입을 반대했는데, 그 이유는 그러한 산업이 시민들의 독립성과 자치 능력을 저해하고 기업주에 대한 의존도를 심화시키기 때문이었다.[36] 반면, 케인스 이후의 시대에 우리는 어떤 경제정책의 도입을 놓고 고민할 때 그것이 얼마나 더 많은 효용을 창출하고, 혹은 더 많은 성장을 일으켜서 더 많은 혜택을 복지 수혜자들에게 나눠줄 수 있는가를 고려한다. 샌델이 볼 때 이런 케인스 이후의 경제정책 사상은 중립주의적인 평등주의적 자유주의와 잘 조화되어 지배력을 갖게 된다. 그런 자유주의적 경제정책에 따르면 시민의 자치 능력을 육성하기보다는 더 큰 성장을 통해 더 많은 복지 혜택을 공정 분배하는 것이 주요한 고려 사항이다. 이때 사회의 취약계층에 대한 공적 부조는 금전적 혜택으로 이뤄지게 되고 금전적 혜택은 그 계층들이 더 왕성한 소비자가 되게 한다. 하지만 샌델이 보기에 부유한 계층들과 그다지 큰 차이 없이 소비할 수 있는 것을 통해 개인들은 권리가 평등해졌다고 느끼지 않을 것이다. 이제 모든 계층은 시장에서 모든 재화에 동등하게 접근할 수 있는 메커니즘에 익숙해지게 되는데, 샌델이 보기에 이는 우리의 삶을 가치 있게 만들어주지 않는다. 샌델은 지역사회에 기반을 둔 비영리법인을 통해 지역사회의 경제 발전을 도모하는 움직임, 그리고 전국적 확장을 목표로 하는 기업형 슈퍼마켓에 대한 지역사회 차원의 반대 운동을 시민적 공화주의 정치경제학으로 제시한다.[37]

둘째, 샌델은 모든 영역에 시장의 논리가 침입해 들어오는 것을 제어하는 정치경제 구조를 꿈꾼다. '돈으로 살 수 없는' 고유한 가치들을 누구나 차별받지 않고 돈으로 사고팔 수 있게 해주는 권리는 점차 우리 삶의 환원 불가능한 고유한 영역들을 무너뜨리는 결과를 초래하기 때문이다. 샌델은 시장경제(market economy) 자체를 거부하는 것이 아니라, 시장 메커니즘이 모든 가치 영역에 도입될 수 있고 그래야 한다는 '시장사회'(market society)를 거부한다.[38] 샌델은 왈저와 마찬가지로 돈의 논리가 침탈해 들어올 수 없는 고유한 분배 원리를 내재한 가치의 영역들이 존재한다고 보는 것이다.

케인스식 경제정책은 기업들의 점증하는 경제 권력에 맞서기 위해 전국적 규모의 정치권력을 필요로 하였다. 주 정부 차원으로 분권화되어 있던 미국의 주권 형태는 점차 전국 차원으로 확장되기에 이른다. 하지만 샌델이 볼 때 이런 정치의 전국화 현상은 이미 한 국가를 넘어 전 지구적으로 확장하는 경제 권력들을 근본적으로 막을 수 없다. 뿐만 아니라 전국화된 정치 형태 속에서 시민들은 자기 운명을 통제하고 결정하는 주체로 인정받는다고 느끼지 못하고 정부 정책의 수혜자로 전락한다고 느낀다. 정치는 점차 시민의 삶과 동떨어지게 된 것이다. 샌델은 시민들이 자신의 삶에 특수한 도덕적 의미를 주는 장소와 이야기, 사건들을 찾아내어 공동의 운명을 결정하는 일에 참여해야 한다고 주장한다. 샌델에 따르면 전 지구화된 경제적 힘들에 맞서기 위해 세계시민주의가 동원되는 것은 좋은 해결이 아니다. 세계시민주의적 정책들이 성공하기 위해서는 전 지구적인 정치권력을 가진 제도가 있어야 하는데 그것은 실현 불가능한 일일뿐더러 바람직하지도 않기 때문이다. 그리고 그런 제도는 더 확장된 시민 정체성을 필요로 하는데, 그런 시민 정체성의 육성은 매우 어렵기 때문이다.[39] 따라서 샌델은 국가 아래의 가능한 모든 단위에서 주권을 행사하는 시민 자치가 이뤄져야 한다고 보고 있다.[40]

이상으로 볼 때, 샌델의 시민적 공화주의에서 가장 중요한 내용은 자기 통치이며, 그것을 위한 가장 중요한 정치적 선이 바로 시민적 덕의 육성임을 알 수 있다. 경제구조도 모두 이런 육성적 기획에 어떤 방식으로든 기여해야 이상적이라 할 수 있다.

샌델의 시민적 공화주의가 자유주의를 대체할 수 있으려면, 실현 가능한 대안을 제시해야 한다. 샌델은 그러한 대안으로서 정치적 분권화를 제시한 것이다. 하지만 근대적 정치사회는 대규모화하였고, 시민들은 점차 정치를 생생하게 가까이 느끼는 경험을 하기 어려워졌다. 이런 상태에서 정치 공동체의 공동 운명에 대해 적극적으로 함께 자기 통치할 수 있는 관심과 능력을 배양하는 것은 오히려 억압적인 육성 계획이 될 수 있다.

샌델이 이 문제의식을 모를 리 없다. 샌델은 이 문제들을 타파하기 위해 정치 참여를 위한 시민적 덕의 육성을 부차적인 가치로 제시하는 대안보다 정치의 단위를 더 작게 만드는 대안을 제시한다. 그는 듀이를 끌어들여, 민주 정치란 전국화된 국가가 시민의 기본권과 정의 원칙을 보장하는 체제라기보다 시민 교육 그 자체라고 주장한다.[41] 민주주의를 시민들의 생활 속에서 실행하고 훈련하는 교육은 시민들과 가까운 학교, 지역협동조합, 시민운동을 통해 이뤄진다. 우리는 참여 활동을 통해 자기 통치의 능력을 키우고 정치적 영향력을 행사하고 있다는 생각을 갖게 된다.

이때 우리가 유의해야 하는 것이 있다. 샌델은 전국 규모의 정치권력 형성에 대해 비판적이라는 점이다. 대공황 시기에 발생한 경제 위기와 정체성 위기에 대처하기 위해 미국 정치가 채택한 정치 전국화의 노선(케인스적 정책의 노선)에 대해 샌델은 그 시기부터 미국이 잘못된 길을 가게 되었다고 비판한다. 즉 샌델은 지역 공동체에서의 정치 참여를 옹호하고 정치권력의 전국화는 비판한다. 하지만 과연 지역 공동체에서의 정치 참여와 정치권력의 전국화라는 두 요소는 양립 불가능한 것일까? 오히려 두 요소는 함께 이루어져야 현실적이라고 할 수 있지 않을까?

샌델은 지역 시민들의 반대로 전국 체인 슈퍼마켓의 진입을 무산시켰던 사례를 들어, 분권화 운동이 전국화된, 전 세계화된 경제 권력들의 확장을 현실적으로 막을 수 있다고 주장한다.[42] 하지만 이런 사례는 매우 부분적인 것이라 할 수 있으며, 대형 슈퍼마켓의 진입을 무산시킨 그 지역 시민들이 그 외의 다른 거대한 경제 권력의 침투들도 모두 성공적으로 막아내었다고 보기는 어렵다. 전 지구적으로 확장해가는 기업들의 힘을 작은 소규모 지역 공동체의 주권으로 막아낼 수 있다고 생각하는 것은 다음과 같은 세 가지 문제를 드러낸다. 첫째, 그러한 대안은 공동체성이 더 강한 많은 나라들의 역사적 사례를 보더라도 현실적이지 못하다. 둘째, 그런 대안이 어느 시기에 현실적으로 성공한다고 해도 막강한 경제 세력의 확장을 막기 위해 역부족인 소규모 공동체들은 더욱더 공격적이고 맹렬해질 것이며, 무장을 마다하지 않을 수도 있다. 전국화된 정치권력을 인정하지 않은 상태에서 지역 공동체에게 이런 역할을 맡기는 것은 그 공동체들이 더 전투적이 되도록 유도하는 것과 다를 바 없다.[43] 셋째, 지역 공동체에 분권화된 주권을 준다고 해도 그 공동체들은 대규모의 경제 세력들에 효과적으로 대응하기 위해 언젠가는 다시 연합을 시도하여 대규모의 단위를 구성할 수밖에 없을 것이다. 미국의 정치 역사는 실제로 그렇게 흘러갔다. 그런데 샌델은 그러한 전환이 일어날 수밖에 없었던 정황을 설명하지 않고서 그 현상만을 비판할 뿐이다.

미국은 전국적으로 확장되는 경제 권력들로부터 시민의 권리를 보호하기 위해 정치권력을 전국화하는 방향을 선택했고, 샌델이 걱정한 바대로 미국의 민주주의는 자기 통치의 덕을 키우는 시민 교육보다는 개인적 권리를 잘 보장해주는 혜택 제공 정도로 받아들여지게 되었다. 듀이가 주장하는 교육으로서의 민주주의가 부각되어야 한다는 점은 맞는 지적이다. 하지만 듀이는 정치권력의 전국화를 비판했다기보다 수동적 시민을 길러내는 민주주의를 비판했다고 보는 것이 맞다. 정치권력의 전국화가 반드시 지역 공동체에서의 시민 교육의 빈곤으로 귀결되지는 않는다. 따라서 샌델은 지역 공동체의 시민 교육과 정치 참여 활성화를 촉구하는 것에 그쳤어야 한다. 더 나아가 정치권력의 전국화를 부정하고 주권 분권화를 주장하는 것은 실현 가능성을 확보하기 어려워 보인다.

4 │ 맺음말

지금까지 샌델이 무엇을 어떻게 비판했으며, 그 대안으로 제시한 것이 무엇인지 살펴보았다. 요약하자면 샌델은 현대 미국의 공공철학으로 자리 잡고 있는 자유주의를 비판했다. 그 자유주의는 시민들을 평등하게 존중한다는 이유에서 좋은 삶에 대한 관점들에 대해 중립주의를 표방하였고, 샌델이 보기에 이것은 시민들로 하여금 도덕적 토론을 회피하게 만들었고, 자기 통치의 덕과 연대감에 대한 좋은 근거를 제시하지 못하며, 평등하게 제공되는 물질적 복지 혜택을 받고 시민들이 수동적인 소비자로 남는 것에 만족하게 만들었다.

롤즈를 따르는 많은 자유주의자들은 샌델이 이런 식으로 롤즈적인 정의론, 자유주의를 비판하는 것에 대해 롤즈의 진의를 왜곡했다고 대응한다. 그리고 이론적으로 볼 때 샌델은 롤즈의 정의론을 곡해하기도 한다. 하지만 샌델이 정작 비판하고 싶은 대상은 롤즈라는 학자의 이론 자체에 머물지 않는 것으로 보인다. 샌델은 현대 미국 사회, 아니 그 사회를 선망하며 닮아가고 있는 모든 자본주의 국가의 정책이나 시민들의 생각 속에 스며들어가 있는 "공공철학"을 비판하고 있다. 샌델의 책을 읽는 많은 대중들은 샌델이 얼마나 롤즈에 대해 정확한 해석을 바탕으로 비판을 하고 있는가에 관심이 있지 않다. 그것은 철학자들의 관심사이다. 현실 사회를 고민하는 대중들은 샌델이 어떤 종류의 사회를 비판하고 있고, 어떤 종류의 사회를 대안으로 내세우고 있는가에 관심이 있다.

샌델은 우리가 공동체 성원들에 대한 연대 의식과 공유된 이야기 속에 공존하는 존재라는 것을 부각하지 않은 채 공동체의 불우한 동료들에 대한 지원을 정당화하는 논리의 한계를 비판하고 있으며, 모든 가치를 하나의 물질적 단위로 환원하며 그 물질을 공정하게 배분하는 것이 정의로운 국가의 할 일이라고 보는 중립주의를 비판하고 있다. 그리고 그러한 문제를 해결하기 위해 샌델은 이야기를 공유하면서 그 안에서 서로가 운명 공동체임을 느끼고 책임의식을 가지는 자아관을 제시하며, 정치적 문제에 있어서 도덕적 담론을 기꺼이 수행하는 공론의 장을 제시하며, 성장과 공정 분배의 어법으로만 경제체제를 정당화하기보다 자기 통치의 기반으로서의 경제체제를 정당화하는 정치경제학을 제시한다.

샌델이 비판하고 있는 미국 사회처럼 우리도 한국 사회가 정치적으로 점점 민주화되어가고 복지에 대한 고려가 점증하고 있지만 여전히 불만스럽고 무기력하다고 느끼는가? 샌델은 대중들에게 메시지를 이미 던졌다. 대중들이 롤즈를 모르더라도, 그들이 그 문제가 자신들의 사회에도 있다고 공감하고 그 해법에 동의한다면, 샌델은 성공한 것이다. 물론 샌델의 해법이 "민주주의의 불만"을 일소할 정도로 완벽하지는 않다. 위에서 언급했듯이 전국화, 전 지구화되어가는 경제 권력의 힘들에 맞서기 위해 시민적 힘을 그 규모로 키우기보다 분권화하자는 대안은 시민적 힘의 전국화, 전 지구화라는 대안과 함께 가지 않을 경우 현실성이 매우 떨어지는 낭만적 생각에 머물 수 있다. 시민적 힘의 분권화는 전국화와 현실적으로 양립 불가능한 진로가 아니다.

VI

MICHAEL
WALZER

6 왈저
정의란 독점이 아닌 지배 극복의 문제[1]

문성훈

오늘날 마이클 왈저(Michael Walzer, 1935~)의 정의관이 특히 주목할 만
하다면 그 이유는 신자유주의 이래 급격히 확산된 사회적 양극화
를 비판할 수 있는 적절한 개념 틀을 제공하기 때문이다. 최근 일어
나고 있는 사회적 양극화는 단지 경제적 불평등으로 환원하기 어
려운 다원적 양상을 띠고 있다. 왜냐하면 사회적 양극화는 비단 경
제적 영역뿐 아니라, 친밀성 영역에서부터 정치적, 사회적, 문화적
영역에 이르는 광범위한 불평등이 서로 결합하면서 흡사 신분 사
회적 모습을 보이고 있기 때문이다.

마이클 왈저의 정의관에 따르면 정의란 사회적 재화의 독점을
막고 더욱 평등한 방식으로 이를 분배하는 데 있는 것이 아니다. 오
히려 그의 정의관은 특정한 사회적 재화가 지배적 역할을 수행함
으로써 이를 통해 여타의 사회적 재화 역시 획득하게 되는 '사회적

연금술'에 주목한다.[2] 단적으로 말해서 돈만 있으면 권력도, 명예도, 품위도, 학벌도, 사랑도, 무엇이든 얻을 수 있는 세상이 이에 대한 대표적인 예이다. 이런 점에서 왈저의 정의관은 단지 경제적 불평등이 아니라, 사회의 다양한 영역에서 일어나는 불평등이 서로 결합하면서 사회적 지배관계가 형성되는 신분 사회적 현상을 분석하는 데 적절한 개념 틀을 제공한다.

　이 글에서는 마이클 왈저의 정의관을 설명하면서 왜 이런 정의관이 우리가 살고 있는 현대 사회를 비판하는 데 적합한 규범적 틀인지를 밝힐 것이다. 이를 위해 우선 마이클 왈저의 가장 기본적인 정치적 성향을 알 수 있게 하는 그의 이력과 시대적 경험을 소개하고(1), 그의 정의관의 핵심이라고 할 수 있는 '다원적 정의' 개념을 설명한다(2). 그리고 이하의 부분에서는 그의 정의관이 현대 사회 비판에 적합한 규범적 틀인지를 설명하기 위해 현대 사회와의 연결점을 밝히고(3), 그의 정의관이 어떤 방식으로 현대 사회를 비판할 수 있고, 왜 이에 적합한지를 해명할 것이다(4). 끝으로 이에 근거하여 왈저의 다원적 정의관이 모든 사회가 아니라, 현대 다원주의 사회를 비판할 수 있는 규범적 토대로서의 위상을 가질 때 그의 '내재적 비판' 개념에 상응함을 지적할 것이다(5).

1 | 왈저의 이력과 시대적 경험

마이클 왈저는[3] 1935년 미국 뉴욕에서 유대인 이주자의 손자로 태어나 리버럴 좌파적 분위기 속에서 성장했으며, 어려서부터 언젠가 좌파적 사회 비판가가 되겠다는 꿈을 가졌었다고 한다. 그는 1950년대 초 매사추세츠 주 월섬에 설립된 브랜다이스 대학에서 역사학을 공부했다. 당시 이 대학은 매카시의 반공 정책 때문에 다른 대학에서 면직당한 리버럴 좌파 교수들이 주를 이루고 있었다. 이후 왈저는 하버드 대학에서 수학했고 1961년에는 영국혁명과 청교도들의 정치적 역사에 관한 연구로 정치학 박사학위를 받았다. 그리고 1966년부터 1980년까지 하버드 대학에서 교수 생활을 했다. 당시 그와 교류했던 하버드 대학의 동료 교수로는 존 롤즈, 주디스 슈클라, 로버트 노직 등을 꼽을 수 있다. 현재 그는 프린스턴 고등연구원 사회과학부 교수로 재직하고 있으며, 미국 아카데미 좌파의 잡지인 『뉴리퍼블릭』의 편집위원이며, 급진적 잡지로 유명한 『디센트』의 공동 편집자이기도 하다.

지금까지 그는 수많은 저술을 남기고 있지만, 특히 『정치적 행위』(*Political Action*, 1971)는 정치적 활동가들로부터 많은 주목을 받았고, 『정의로운 전쟁과 부정의한 전쟁』(*Just and Unjust Wars*, 1977)은 많은 사회적 논쟁을 불러일으켰다.[4] 그리고 다원적 정의론을 제시한 『정의와 다원적 평등』(*Spheres of Justice*, 1983)은 그의 핵심 저작으로 손꼽힌다.[5] 또한 시민사회와 사회 비판에 관한 연구, 성경의 출애굽에 관한 연구들도 있다. 흔히 마이클 왈저는 1980년대 자유주의-공동체주의 논쟁에서 찰스 테일러, 알래스데어 매킨타이어, 마이클 샌델 등과 함께 공동체주의를 옹호한 핵심 이론가로 알려져 있으며, 존 롤즈의 정의론에 대항한 다원적 정의론으로 유명하다.

이렇게 공동체주의와 정의론으로 대표되는 왈저의 정치철학은 그가 태어난 가정환경이나 어린 시절 꿈에서도 알 수 있듯이 좌파적 배경에 뿌리를 두고 있다. 특히 1950년대 미국의 민권운동과 그 이후 미국 좌파의 정치적 변화와 투쟁은 왈저의 정치철학 형성에 있어서 결정적 역할을 한다. 그러나 이러한 시대적 경험이 왈저의 정치철학 형성에 직접적으로 영향을 미친 것은 아니다. 왜냐하면 그 영향은 오히려 이에 대한 비판적 반성 속에서 이루어진 것이기 때문이다.

왈저가 대학을 다니던 1950년대에 미국 좌파는 거의 사회적 영향력을 상실했다. 이는 한편으로 보수적 상원의원이었던 매카시가 반국가 활동을 추방하기 위해 만든 조사위원회가 대대적으로 용공 세력 척결에 나선 데서 비롯되지만, 다른 한편으로 미국 좌파의 경직성에도 그 원인이 있었다. 당시 미국 공산당은 스탈린의 범죄적 만행을 시인하지도 않았으며, 이를 청산하지도 않은 채 흐루시초프에 대한 굴종적인 태도를 취했고, 이로 인해 대중적 지지를 얻지 못했다. 이러한 시대적 상황 하에서 왈저의 저술 활동은 바로 좌파에 대한 자기비판에서부터 시작된다. 즉 그는 1956년 미국 공산당에 대한 비판적 글을 『디센트』에 기고한다.[6] 당시 『디센트』는 『파티잔 리뷰』와 함께 비(非)교조적 좌파의 새로운 중심지 역할을 하고 있었으며, 여기에는 폴 굿맨 같은 무정부주의자에서부터 노먼 메일러와 같은 사회 참여적 저술가, 한나 아렌트 같은 철학자, 그리고 민주주의적 사회주의자인 마이클 해링턴이나 어빙 하우에 이르기까지 다양한 지식인들의 글이 실렸다. 그리고 나치를 피해 미국으로 망명한 프랑크푸르트학파의 이론가들인 에리히 프롬, 헤르베르트 마르쿠제, 오토 키르히하이머, 프란츠 노이만 등도 여기에 기고했다. 그러나 이러한 잡지의 영향력 역시 미국 좌파와 마찬가지로 미미한 것이었다고 한다.

미국 좌파가 다시금 사회적 영향력을 회복하기 시작한 계기는 미국 민권운동의 기폭제가 되었던 1954년 '브라운 vs. 토피카 교육위원회 사건'이다. 미국 캔자스 주 토피카에 살고 있던 8세 흑인 소녀 린다 브라운은 단지 인종이 다르다는 이유로 집에서 가까운 백인 학교를 놔두고 1마일이나 떨어진 흑인 학교를 가야 했다. 이 때문에 린다의 아버지는 집에서 가까운 백인 학교로 전학을 신청했으나 피부색이 다르다는 이유로 토피카 교육위원회는 이를 거절한다. 이에 그는 헌법 소원을 냈고, 1954년 연방대법원은 인종을 분리하는 공립학교는 위헌이라는 기념비적 결정을 내렸다. 즉 아무리 평등한 시설과 교육을 제공한다 하더라도 인종을 분리시킨다는 것 자체가 인종차별이라는 것이다.

이러한 판결은 국가를 어떤 단일한 권력기관이 아니라, 서로 경쟁하면서 서로를 견제하는 다양한 기관과 제도들의 복합체로 이해하게 하였고, 학교, 직장, 식당, 버스 등 일상적 영역에서 일어나는 다양한 차별의 해결을 통하여 기존의 정치적 질서가 점진적으로 변화할 수 있음도 보여주었다. 따라서 이는 일상에서 차별을 겪는 많은 사람들에게 정치적 투쟁에 동참할 수 있는 동기를 부여함으로써 대중의 정치 참여의 길을 열어놓았다. 그 결과 시민의 동등한 권리를 실현하기 위해 다양한 좌파 세력들이 연대하기 시작하였으며, 이들은 점차 중산층과 노동조합의 지지까지 획득해나갔다.

왈저는 이러한 시대적 변화를 경험하면서 참여민주주의의 가능성을 보게 되었을 뿐 아니라, 특히 민권운동이 전개한 시민 불복종이란 실천 방식을 새로운 정치적 저항의 방식으로 인식하게 되었다고 한다. 이제 그에게 계급 없는 사회를 위한 마르크스주의적 혁명운동은 다양한 영역에서 일어나는 구체적이고 일상적인 차별에 저항하는 국지적 투쟁으로 대체되었고, 직업 혁명가라는 전위의 자리는 크고 작은 시민 단체나 조직 같은 정치적 아마추어가 차지하게 되었다. 그리고 그에겐 이것이 바로 참여적 시민들이 만들어내는 공화주의적 미국의 모습이었고, 정의로운 사회에 대한 사회주의적 희망이었다.

그러나 이러한 민권운동은 1963년 8월 23일 '가자! 워싱턴으로'라는 역사적 시위 이후 몰락의 길을 걷는다. 왜냐하면 민권운동 초기에 이루어진 광범위한 연대가 와해되기 시작했기 때문이다. 대개 그 이유는 두 가지로 볼 수 있다. 첫째는 초기 민권운동이 추구했던 목표들이 어느 정도 달성되었다는 것이고, 둘째는 이른바 '뉴레프트'라고 불리는 새로운 저항 세력의 등장 때문이다.[7] 민권운동 초기와 달리 이들은 대개 백인 학생들이었으며, 말 그대로 사회적으로나 지적으로나 소수의 엘리트층이었다. 따라서 장차 자신이 하고자 하는 것을 할 수 있는 모든 가능성이 열려 있는 이들에게 더욱 나은 생활이나 노동 조건 같은 구좌파의 고전적 주제는 별다른 관심 거리가 되지 못했다. 오히려 이들의 주된 관심은 시민들의 정치 활동을 통해 풀뿌리 민주주의 전통을 복원하고, 시민과 국가 간의 세력 균형을 형성하는 데 있었다. 따라서 이들의 활동은 대개 미국 대학의 민주화나 일반 대중의 정치적 계몽에 집중되었다. 그러나 이러한 목표 역시 베트남 전쟁을 둘러싼 반전 시위가 격화되면서 뒷전으로 밀리게 되었고, 이들은 '국가', '사회', '기존 체제'와 같은 포괄적이면서도 막연한 대상을 저항의 목표로 삼으면서 이들의 존재 근거 자체를 부정하는 급진주의에 빠지게 되었다. 즉 미국 사회, 혹은 미국의 민주주의는 어떤 부분도 잘못되지 않은 것이 없다는 것이다. 결국 이러한 전면적 부정 때문에 뉴레프트 운동은 별다른 정치적 성과 없이 1960년대 말 종말을 겪게 된다.

왈저는 1960년대 초 민권운동의 본거지인 미국 남부를 여행하면서 학생들의 저항 현장에서 목도하며 많은 활동가들과 접촉하였고, 이후 반전운동에도 적극 참여하였다. 물론 왈저는 뉴레프트 운동에도 가담하였지만, 이것이 뉴레프트 운동에 대한 적극적 지지를 의미하는 것은 아니다. 그는 일련의 논문을 통해 뉴레프트 운동을 비판적으로 분석하기도 했다.[8] 왈저에 따르면 뉴레프트 운동은 국가나 기존 체제 자체를 전면적으로 부정함으로써 정치권력이 국가의 제도적 장치를 통해 획득된다는 점을 고려하지 못했으며, 그 결과 풀뿌리 정치운동에만 의존함으로써 통합된 조직을 형성하여 제도권으로 진출하지도 못했고, 저항 세력 내부의 소통망을 형성하는 데도 실패했다는 것이다.

이렇게 1950년대에서 1960년대로 이어지는 민권운동이라는 시대적 경험이 왈저의 정치철학 형성에 있어서 일종의 전사(前史)의 의미를 갖는다면, 아마도 이는 두 가지 점 때문일 것이다. 즉 왈저는 앞서 서술한 시대적 경험에 대한 비판적 성찰을 통해 한편으로 미국 사회의 문제는 현재 미국의 민주주의 제도를 통해 해결해야 한다는 믿음을 갖게 되었으며, 다른 한편으로 사회 체제 자체의 문제를 어떤 보편적인 관점에서 비판하고 대안을 모색하는 것이 아니라, 사회는 그 내부의 다양한 영역들 내에서 일어나는 제한적이지만 구체적인 문제를 해결하면서 점진적으로 진보한다는 생각에 이르게 되었다는 것이다. 이러한 두 가지 깨달음으로부터 어렵지 않게 도출해낼 수 있는 정치철학적 태도를 이야기한다면 그것은 그의 학문적 동료였던 노직과 롤스에 대한 반대 입장, 즉 국가의 역할을 최소화하는 것이 아니라 국가의 개입을 통해 사회 개혁을 추진하려는 개입주의적 국가관, 그리고 보편적 분배 원칙보다는 다양한 분배 영역의 자율성을 보장하려는 다원적 정의관일 것이다. 물론 이 둘은 별개의 것이 아니다. 왜냐하면 다원적 정의란 결국 개입주의적 국가를 통해 실현될 수밖에 없으며, 이것이 바로 그가 리버럴 좌파적 환경에서 성장하면서, 그리고 민권운동과 뉴레프트의 경험을 토대로 갖게 된 '민주적 사회주의'의 모습이기 때문이다.[9]

2 | 평등의 이념과 다원적 정의

왈저의 다원적 정의관을 이해하기 위해서는 우선 평등에 관한 그의 입장을 살펴보는 것이 필요하다. 왜냐하면 왈저의 다원적 정의관은 평등에 대한 고정 관념을 넘어서려는 시도에서 비롯된 것이기 때문이다. 흔히 사람들은 소득 불평등이 극심한 경우 모든 사람들에게 똑같은 재산이 분배되는 사회를 이른바 평등한 사회로 그려보곤 한다. 그러나 과연 이런 식의 평등이 유지될 수 있을까? 왈저의 문제의식은 바로 여기에서 출발한다.

그에 따르면 이런 식의 '단순 평등'은 처음에는 유지될 수 있을지 몰라도 시간이 지남에 따라 다시 불평등한 상황을 결과할 수밖에 없다.[10] 왜냐하면 비록 처음에는 재산이 똑같다 하더라도 시간이 지남에 따라 어떤 사람들은 이를 통해 더 많은 부를 축적할 수도 있고, 반면에 어떤 사람은 잘못된 투자로 빈털터리가 될 수도 있기 때문이다. 또한 어떤 사람은 자신의 재산을 먹고 마시는 일에 탕진해 버릴 수도 있고, 어떤 사람은 근검절약하며 자식들 교육을 위해 사용할 수도 있다. 마찬가지로 어떤 사람은 병이 들어도 병원에 가지 않고 푼푼히 모은 돈을 철학 연구자들을 위해 희사할 수도 있을 것이다. 이런 예에서 알 수 있는 것은 모든 사람이 똑같은 재산을 분배받는다 하더라도 이를 자신의 선택에 따라 자유롭게 사용한다면 결국 불평등한 상황을 결과하고 만다는 것이다.

그렇다면 만약 지속적으로 불평등한 상황에 개입함으로써 초기의 평등한 상태로 되돌아가려 한다면 결국 불평등 문제는 해소될 수 있는 것 아닐까? 그러나 왈저에 따르면 이 경우 우리는 불평등이 아니라 억압을 감수해야 한다.[11] 왜냐하면 지속적으로 불평등을 극복하기 위해서는 국가의 강력한 통제가 필요하며, 이는 결국 사회 구성원이 자신의 재산을 자신의 선택에 따라 자유롭게 사용하는 것을 억압할 수밖에 없기 때문이다. 더구나 국가가 강력한 통제를 위해 권력을 독점하게 되면, 이는 새로운 지배 엘리트층이나 새로운 통치 계급의 등장으로 이어질 수 있다. 따라서 겉보기에는 분배가 평등하게 이루어지는 것처럼 보일지라도 사실 이런 사회는 억압적 사회에 지나지 않는다.

또한 단순 평등이란 하나의 불평등은 해소하지만, 동시에 새로운 불평등을 야기한다는 점에서 심각한 문제점을 갖는다.[12] 즉 재산을 똑같이 분배할 경우 경제적 의미에서 불평등은 사라질 수 있지만, 이제 불평등은 다른 영역에서 심화된다는 것이다. 왜냐하면 모두가 똑같은 재산을 갖고 있다면 이제 재산은 별로 중요한 것이 되지 못하기 때문이다. 예를 들어 모든 사람이 동일한 양의 돈을 갖고 있다고 가정하자. 그리고 만약 자녀의 학벌이 출세의 지름길로 인식된다면 모든 사람은 자녀 교육을 위해 이 돈을 사용한다. 이렇게 되면 돈은 별로 중요성을 갖지 못한다. 이제 중요한 것은 좋은 성적, 학력, 학벌이며, 모든 사람들은 이를 위해 경쟁하고, 이를 얻은 사람과 못 얻은 사람으로 나누어진다. 따라서 경제적 불평등은 사라졌지만 학벌을 통해 새로운 불평등이 발생한다. 더구나 이들이 교육 영역을 넘어서 자신들의 학벌의 중요성을 주장한다면 이는 다시 취업이나 사회적 지위에서의 불평등으로 이어지고, 그 결과 경제적 불평등이 다시 발생할 수 있다. 그리고 이제는 경제적 영역에서의 불평등이 또 다른 영역에서의 불평등과 결합됨으로써 사회 전체의 일반적 불평등이 심화되는 악순환이 발생하게 된다.

그렇다면 특정한 재화만 평등하게 분배하는 것이 아니라, 모든 재화를 평등하게 분배한다면 하나의 불평등 해소가 새로운 불평등으로 이어지는 것을 막을 수 있는 것은 아닐까? 물론 이것이 가능하려면 모든 재화의 분배를 통제하는 강력한 국가 권력이 요구되며, 이는 결국 새로운 지배 세력의 등장으로 이어질 수 있다. 하지만 만약 이러한 권력마저 평등하게 분배한다면 새로운 지배 세력의 등장을 막을 수 있는 것 아닐까? 물론 이런 일이 가능하지도 않지만, 비록 가능하다고 해도 여기에는 근본적인 문제가 있다. 왜냐하면 모든 재화를 모든 사람에게 평등하게 분배한다는 생각에는 모든 사람들이 자신들의 가치나 취향, 내지 인생의 목적과 관계없이 동일한 것을 원한다는 전제가 깔려 있기 때문이다. 만약 모든 인간이 무차별적으로 동일한 것을 원한다면 이제 우리는 더 이상 사람들 간의 차이를 이야기할 수 없다. 모든 사람은 가치나 취향, 인생의 목적에서 완전히 동일한 존재나 다름없기 때문이다. 이에 반해 만약 인간을 서로 구별되는 개성적 존재로 본다면 이런 단순 평등 사회는 인간의 개성을 완전히 말살하는 엄청난 억압 사회에 불과하다. 만약 모든 사람이 복제 인간처럼 동일한 것을 원하며 동일하게 행동하는 사회가 있다면, 이런 사회를 인간을 로봇처럼 조종하는 사회가 아니라 인간의 자율성을 보장하는 사회라 말할 수 있을까?

그런데 사실 우리가 불평등을 비판하는 것은 단지 누가 더 많이 갖고, 누가 더 적게 갖고 있다는 단순한 사실 때문이 아니다. 왈저가 지적하듯이 불평등을 비판하면서 평등의 이념을 내세우는 사람들이 표적으로 삼는 것은 사람들 간의 차이, 내지 불평등 자체가 아니라, 사회적 지배이다.[13] 즉 평등의 이념이 등장하는 것은 빈부 격차가 있다는 단순한 사실이 아니라, 부자가 가난한 사람들의 고혈을 짜내면서 이들을 빈곤에 빠뜨리고 자신에게는 존경을 강요함으로써 결국 지배와 예속 관계를 만들어내기 때문이라는 것이다. 마찬가지로 신분 사회를 철폐하자는 주장이 등장한 것도 사람들이 귀족과 평민으로 구분된다는 단순한 사실이 아니라, 귀족들이 평민을 지배하면서 자신들의 권력을 통해 이들에게 온갖 만행을 저지르기 때문이다. 이런 점에서 평등 사회란 엄밀한 의미에서 불평등이 없는 사회라기보다는 사회적 지배와 예속이 없는 사회를 말한다.

이런 점에서 평등의 이념을 불평등이 아니라 지배와 예속의 철폐로 이해한다면 우리 모두가 똑같은 존재이어야 할 필요도 없으며, 우리 모두가 똑같은 것을 똑같은 양으로 소유할 필요도 없다. 단적으로 말해서 누구도 지배의 수단을 소유하거나 통제하는 사람이 없을 때, 지배와 예속은 사라지며, 따라서 모든 사람은 평등하다고 할 수 있기 때문이다. 그렇다면 지배의 수단이란 무엇이고, 어떻게 하면 지배 예속 관계를 철폐할 수 있을까? 왈저에게 지배의 수단이란 한 사회에서 지배적 가치를 갖는 사회적 재화를 말하며, 어떤 사회적 재화도 지배적 가치를 갖지 못할 때 사회적 지배는 철폐

된다. 왈저의 정의관의 핵심인 '다원적 정의'란 바로 이러한 그의 입장을 개념화한 것으로서 '단순 평등'과는 구별되는 새로운 평등, 즉 '다원적 평등'의 실현을 목표로 한다.

예를 들어 돈이라는 재화가 갖는 사회적 가치가 어떤 사회에서 지배적이라 한다면, 이는 돈을 통해 여타의 다른 사회적 가치를 획득할 수 있다는 것을 의미한다. 물론 사람들은 남보다 더 열심히 일해서 더 많은 돈을 벌고, 이 돈으로 더 좋은 옷, 더 좋은 음식, 더 좋은 집을 살 수 있다. 그런데 이 돈을 통해 전혀 대학 갈 실력이 안되는 자기 아들을 명문 대학에 입학시킨다면 어떻게 될까? 또한 이 돈을 통해 자신이 원하는 배우자를 얻고, 높은 공직에 오르고, 막강한 정치적 권력을 획득할 수 있다면 어떻게 될까? 더구나 이 돈을 통해 많은 헌금을 내면서 종교적 구원과 신의 은총까지 받을 수 있다면 어떻게 될까? 이렇게 되면 돈은 여타의 사회적 가치에 비해 가장 큰 가치를 지니게 되며, 돈을 통해 얼마든지 여타의 가치들을 획득할 수 있고, 여타의 사회적 가치들은 돈 앞에서 무력하게 된다. 이것이 바로 돈이라는 하나의 재화가 지닌 사회적 가치가 한 사회에서 지배적 가치로 통용되는 경우이며, 이제 돈만 있으면 학벌, 사랑, 권력, 명예, 구원까지도 획득하게 되고, 결국 한 사회의 지배적 지위를 차지하게 된다. 왜냐하면 돈이 여타의 사회적 가치들을 종속시키면서 경제적 불평등이 여타의 모든 불평등과 하나로 통합되어 사회 자체가 양극화되기 때문이다.

이렇게 볼 때 지배 예속 관계가 발생하는 것은 사회적 가치들 간의 경계가 무너진 데서 비롯된다고 할 수 있다. 따라서 돈으로 살 수 없는 것들이 존재하고, 권력을 획득하는 것과 신의 은총을 받는 것이 전혀 다른 별개의 일이라면, 그리고 돈과 권력이 없다고 해도 명예를 얻을 수 있고, 사랑하는 사람을 배우자로 얻을 수 있고, 아무리 가난하고 이름 없는 촌부라 해도 신의 은총을 입고 구원받을 수 있다면 지배와 예속은 발생하지 않는다. 그러나 이에 반해 최상의 재화가 존재하고, 이를 통해 다른 재화도 얻을 수 있게 하는 것, 즉 하나의 재화를 다른 재화로 둔갑시키는 '사회적 연금술'이 존재한다면 이를 독점하거나 더 많이 갖는 사람은 한 사회의 지배 세력으로 등장하게 된다.[14] 이런 점에서 지배와 예속이 없는 사회란 지배적 가치를 지닌 어떠한 사회적 재화도 존재하지 않는 사회를 말한다.

그런데 만약 지배적 가치는 존재하지만 이에 대한 독점이 없는 사회를 상상해볼 수 있다면, 이 또한 지배와 예속이 없는 사회라 할 수 있을까? 이러한 사회는 단순 평등의 경우와 마찬가지로 초기에는 지배와 예속이 없는 평등한 사회일 순 있겠지만 결국에 가서는 지배와 예속을 낳게 된다. 지배적 재화가 평등하게 분배되는 한 이 재화는 그 중요성을 상실하고 다른 재화를 둘러싼 경쟁과 갈등이 벌어질 수밖에 없기 때문이다. 그리고 그 결과는 새로운 지배적 재화의 독점을 통한 지배 예속 관계의 등장이다. 이런 점에서 지배와 예속이 없는 사회란 지배적 재화 자체가 없는 사회를 의미한다. 물론 이럴 경우 지배적 재화에 대한 독점이란 일어날 수도 없는 현상이 된다. 따라서 지배와 예속 관계와 관련해서 강조되어야 할 점은 지배적 재화의 독점 여부가 아니라, 지배적 재화의 존재 여부이다.

이렇게 볼 때 왈저가 생각하는 평등이란 모든 재화를 모든 사람이 똑같이 가질 때 실현되는 것이 아니라, 사람들이 갖고 있는 사회적 재화 중 어떤 것도 다른 재화에 비해 지배적 가치를 갖지 않는 것을 말한다. 즉 개개의 사회적 재화가 불평등하게 분배되더라도 이들 재화들이 서로 독립된 가치를 지니는 것이 평등이라는 것이다. 이럴 때 어떤 사람은 이 재화를 더 많이 갖고, 어떤 사람은 저 재화를 더 많이 가질 수 있으며, 어떤 사람은 이 분야에서 출중하고, 또 어떤 사람은 저 분야에서 출중할 수 있다. 그러나 누구도 모든 것을 가지며 모든 곳에서 출중할 순 없다는 점에서 그 누구도 지배적 위치에 설 수 없다.[15] 따라서 하나의 사회적 재화를 둘러싼 불평등이 존재한다 하더라도 이는 국지화되며, 이 때문에 발생하는 갈등 역시 국지화될 수밖에 없다. 그리고 다양한 사회적 재화를 통해 각기 다른 사회적 지위를 갖고 있는 사람들이 공존하게 되며, 어떤 사람도 하나의 지위를 이용하여 지배적 지위를 차지할 순 없게 된다. 결국 소규모의 불평등은 있지만 사회적 지배는 사라진다. 따라서 사람들은 자신의 선택에 따라 자신이 추구하는 사회적 가치를 결정할 수 있으며, 이에 따라 자신의 삶을 자율적으로 영위할 수 있다는 점에서 결국 개개의 불평등은 있어도 일반적으로는 평등하게 된다. 왈저는 이러한 평등을 재화가 똑같이 분배되는 '단순 평등'과 구별하여 '다원적 평등'이라 규정한다.[16]

이렇게 '다원적 평등'이 보장됨으로써 어떤 사회적 재화도 지배적 가치를 갖지 않는다면 다양한 사회적 가치들은 그 가치의 고유한 원칙에 따라 분배될 뿐, 하나의 사회적 가치에 내재된 분배 원칙이 여타의 모든 사회적 가치를 지배하는 현상은 발생하지 않는다. 즉 사랑하는 방법, 돈을 버는 방법, 생활 물자를 얻는 방법, 권력을 획득하는 방법, 사회적 명예를 누리는 방법, 구원을 받는 방법이 각기 다르다는 것이다. 이렇게 지배적 가치가 철폐됨으로써 "모든 사회적 가치들 혹은 가치들의 모든 집합이 말 그대로 그 고유한 분배 영역을 구성"하고 "그 분배 영역에서는 오직 특정한 기준과 제도들만이 적절"하게 되며,[17] 그 결과 다양한 사회적 가치에 내재된 분배 원칙이 자율성을 갖게 되는 것, 이것이 바로 왈저가 말하는 '다원적 정의'이다. 물론 다원적 정의가 사회적 재화를 분배하는 어떤 특정한 방식을 말하는 것은 아니지만, 이것이 정의로 규정될 수 있는 것은 이를 통해 다양한 사회적 재화들이 지니고 있는 가치들이 서로 독립적인 관계를 유지한다는 점에서 가치의 다원성이 유지되고, 이에 따라 다양한 가치에 내재된 분배 원칙 역시 자율성을 유지하게 됨으로써 분배 원칙의 다원성이 보장되기 때문이다.

왈저가 말하는 다원적 정의를 이렇게 이해한다면 이것이 롤즈의 정의론을 겨냥하고 있음을 어렵지 않게 알 수 있다.[18] 이미 널리 알려져 있듯이 롤즈는 '원초적 상태'에 대한 사고 실험을 통해 정의의 원칙을 도출한다. 즉 그는 모든 사람들이 '무지의 베일'에 가려져 있기 때문에 자신의 조건이나 자질, 내지 가치나 취향에 대해 전혀 알지 못하는 상태에서 서로 합의할 수 있는 분배 원칙을 정의의 원칙으로 제시한다는 것이다. 그런데 롤즈에 따르면 이러한 정의의 원칙에 따라 분배되어야 할 대상은 그가 기본적 재화라 지칭하는 특정한 재화일 뿐이다. 즉 롤즈는 권리, 자유, 기회 및 소득과 재산을 기본적 재화로 보고 개개인이 추구하는 목적이 무엇이든 이를 달성하기 위해서는 이러한 기본적 재화가 필요하다고 본다.[19] 따라서 롤즈의 정의론이란 다양한 분배 원칙이 아니라 어떤 보편적 분배 원칙, 따라서 다양한 사회적 재화와 가치가 아니라 어떤 기본적 재화와 가치를 전제한 것이다. 그러나 왈저에 따르면 모든 사회, 모든 인간에게 통용되는 어떤 기본적 재화란 존재하지도 않으며, 이와 관련된 보편적 분배 원칙은 너무나 추상적일 뿐 아니라 거의 쓸모가 없다.[20] 이런 점에서 왈저에게 중요한 것은 어떤 기본적 재화를 정의롭게 분배하는 것이 아니라, 다양한 사회적 재화가 각기 고유한 분배 원칙에 따라 분배될 수 있도록 자율성을 보장하는 것이다.

3 | 다원적 정의와 다원적 사회 분화

그렇다면 왈저가 특정한 분배 원칙이 아니라, 다양한 분배 원칙 간의 자율성을 주장하는 다원적 정의를 제시한 근거는 무엇일까? 왜 그는 특정한 재화를 공정하게 분배하는 것이 아니라, 분배 원칙 간의 다양성과 자율성에 주목한 것일까? 이에 대한 대답은 무엇보다도 분배의 대상이 되는 재화의 사회성과 사회적 영역의 분화에서 찾을 수 있다. 즉 왈저의 다원적 정의는 재화의 의미와 가치가 사회적으로 구성된다는 것, 그리고 이러한 의미와 가치는 각기 분화된 다양한 사회적 영역에 상응한다는 점에 근거하고 있다는 것이다.

그렇다면 재화의 사회성이란 무엇을 의미하며, 이것과 사회적 분화는 어떤 연관성을 갖고 있을까?

왈저에 따르면 어느 사회에서나 '정의'가 문제되는 이유는 인간 사회가 일종의 '분배 공동체'이기 때문이다.[21] 즉 인간은 함께 살면서 다양한 재화를 산출하고 분배하면서 다양한 인간관계를 형성한다. 물론 여기에서 말하는 재화란 사회적으로 가치를 지니는 재화, 즉 사회적 재화를 말한다.[22] 만약 어떤 재화가 사회적으로 가치를 지니는 것이 아니라 오직 나에게만 가치가 있다면 사회 구성원들은 이를 공동으로 산출하지도 않을 것이며, 이것을 누구에게 분배하느냐가 사회적 문제가 되지도 않을 것이다. 그러나 이렇게 사회적으로 가치를 지니는 재화가 분배의 대상이 된다면 이제 정의의 문제는 비단 생필품에 관련된 물질적 재화만이 아니라, 권력이나 명예, 그리고 한 공동체의 구성원이 되는 것에서부터 안전, 복지, 공직, 지식, 교육, 의료, 노동, 여가, 구원 등이나 일상용품, 귀중품, 골동품, 각종 수집품에 이르기까지 광범위한 대상을 포괄하게 된다. 왜냐하면 이런 유형무형의 재화가 사회적 가치를 지닌다면, 사람들은 이를 얻기 위해 서로 경쟁할 것이기 때문이다. 더구나 이런 사회적 가치의 추구가 바로 개인의 삶의 목적이 될 때 이를 어떻게 분배하는가 하는 점은 중대한 사회적 쟁점이 될 수밖에 없다.

그런데 어떤 재화가 사회적으로 가치를 지닌다는 말은 단지 이 가치가 사회적으로 공유된다는 점만을 의미하지는 않는다. 어떤 재화가 사회적으로 가치를 지닌다는 것은 이 재화의 가치가 사회적 맥락에 따라 구성되고 분배된다는 점을 의미한다.[23] 즉 재화란 본래부터 어떤 가치를 지니는 것이 아니라, 항상 그 의미를 해석하고 이해하고 이를 평가하는 특정한 사회적 의미 연관망을 전제한다는 것이다. 따라서 어떤 재화가 어떤 가치를 지니고, 이를 누구에게 분배해야 하는가는 이를 얻고자 하는 사람들이 소속된 구체적이고 특수한 공동체를 떠나서 규정될 수 없으며, 어떤 재화에 어떤 가치를 부여하느냐, 혹은 어떤 가치가 어떤 다른 가치들보다 우선하는가, 누가 어떤 재화를 분배받는가 하는 문제들은 공동체에 따라 다르게 대답될 수밖에 없다. 즉 종교적 구원이나 신의 은총이 별다른 가치를 지니지 못하는 공동체가 있는가 하면, 돈보다 명예를 더 소중하게 생각하는 공동체가 있고, 어떤 공동체에서는 하찮게 취급받는 돌덩이가 어떤 공동체에서는 귀중한 장식품으로 취급받을 수도 있다는 것이다.

왈저가 드는 유명한 예에 따르면 빵이라는 재화조차 그 의미가 본래부터 정해진 것이 아니다.[24] 흔히 사람들은 빵을 배고플 때 먹는 음식으로 이해하며, 바로 이를 빵이 갖는 가치라 생각하기 쉽지만, 빵은 생명을 존속하기 위한 양식일 뿐 아니라, 그리스도의 몸이며, 안식일의 상징이며, 호의를 표현하는 수단이기도 하다는 것이다. 따라서 아무리 배가 고파도 빵이 종교적 의미로 사용된다면 빵은 더 이상 생존을 위한 양식이 아니다. 그런데 흥미로운 것은 생존적 의미와 종교적 의미가 갈등을 일으킬 때 이 중 어떤 의미가 결정적일지는 그렇게 명백한 것이 아니라는 점이다. 왜냐하면 종교적 의미를 위해 기꺼이 빵이 갖는 생존의 양식이라는 의미를 포기하는 경우도 많기 때문이다. 이런 사정을 염두에 둔다면 어떤 재화의 의미도 이미 본래부터 정해져 있다고 말하기 어렵다. 따라서 재화의 사회적 의미를 이해한다는 것은 이 재화가 사회적으로 어떤 가치를 지니며, 누구에게 어떤 이유에서 분배되어야 하는가를 이해한다는 것이며, 이 재화가 정당하게 분배되었는지 혹은 그렇지 않은지 역시 이러한 사회적 의미에 따라 평가할 수 있다.

또한 재화의 의미와 가치가 해당 사회의 사회적 의미 연관망 속에서 규정된다는 것은 이것이 사회 구성원의 자기 이해, 내지 개인의 자아 정체성 형성과 밀접한 관계가 있음을 의미한다.[25] 왜냐하면 개인의 정체성 형성이란 자신이 누구이고, 또한 어떤 사람이어야 하는지, 혹은 어떤 삶이 의미 있고, 자신이 추구하려는 삶의 목적이 무엇인지를 인식할 때 가능하며, 이러한 인식은 바로 다양한 사회적 관계에서 추구하는 사회적 가치를 통해서 대답될 수밖에 없기 때문이다. 즉 개인의 삶의 의미와 목적은 결국 어떤 사회적 가치를 추구하느냐를 통해 대답될 수밖에 없으며, 이런 점에서 개인의 정체성은 사회적으로 가치를 갖는 재화의 획득과 연결되어 있다는 것이다. 따라서 사회적으로 고립된 사람은 이러한 사회적 가치부여의 메커니즘을 제대로 이해할 수 없으며, 자신의 정체성 또한 형성하기 어렵다고 할 수 있다.

이렇게 재화의 의미와 가치, 그리고 개인적 정체성이 사회적 의미 연관망 속에서 형성된다면, 이제 다양한 공동체가 존재한다는 것은 사회적 의미 연관과 관련된 다양성이 존재한다는 것을 말해주며, 하나의 공동체가 여타의 공동체와 구별된다면 이는 바로 이러한 사회적 의미 연관 속에서 해당 공동체의 특성 자체가 규정되기 때문이다. 이런 점에서 한 공동체 내에서 정착된 분배 질서를 바꾸려면 그 공동체에 내재되어 있는 사회적 의미 연관을 바꾸어야 한다. 따라서 정의의 문제는 개인의 다양한 가치나 취향이 추상화된 채 어떤 보편적인 조건 하에서 항상 동일한 의미를 지니는 단일한 재화를 어떻게 분배할 것인가의 문제가 아니다. 이와 반대로 정의의 문제는 개개인이 태어나 성장하고 현재 생활하고 있는 공동체라는 구체적이고 특수한 조건 하에서 그 의미가 규정된 다양한 사회적 재화를 어떻게 분배할 것인가의 문제라 할 수 있다.

그런데 오늘날 개개인은 어떤 공동체에 소속되어 있는가? 어떤 단일한 공동체에 속해 있는가? 아니면 다양한 공동체에 소속되어 있는가? 우리가 어떤 단일한 공동체에 속해 있다면 사실 다원적 정의를 이야기하기는 어렵다. 이럴 경우 우리는 이 공동체에서 추구하는 사회적 가치만을 우리 자신의 삶의 의미와 목적을 규정하는 규범적 토대로 삼아야 하며, 이에 내재된 분배 원칙만을 정의로 이해해야 하기 때문이다. 그러나 왈저에 따르면 사회는 복잡성을 갖는다.[26] 왜냐하면 사회 속에는 다양한 역할, 의무, 삶의 방식이 존재하며, 또한 그 배후에 다양한 행위 연관, 사회적 관계, 사회적 영역, 집단, 그리고 다양한 공동체가 존재하기 때문이다. 우리는 이런 다양성을 전제할 때 비로소 사회적 재화와 가치, 그리고 분배 원칙에 있어서도 다양성을 이야기할 수 있으며, 이는 결국 다양한 개인적 정체성으로 이어진다.

분명 개인은 한 사회의 구성원일 뿐 아니라, 그 하부에 존재하는 정치적, 종교적, 인종적, 지역적, 문화적 공동체의 구성원이며, 직업

별, 연령별, 성별 공동체 등 수많은 특수한 공동체의 구성원으로서 다양한 인간관계를 형성하고, 또한 다양한 역할을 수행한다. 따라서 개개인의 생활방식, 말, 행동, 생각 등이 동일할 수 없으며, 한 개인이라 하더라도 항상 한 가지 존재인 것은 아니다. 즉 개개인은 동시에 한국인, 남성, 중년, 서울 사람, 지식인, 교수, 철학자, 기독교인, 남편, 아빠일 수 있다는 점에서 개인은 다양한 정체성으로 나누어진 '분할된 자아'를 갖는다는 것이다.[27] 따라서 개인은 다양한 정체성이 총합을 이루는 다원적 존재이며, 이는 사회의 복잡성을 반영한 것이다. 이런 점에서 다양한 분배 원칙의 자율성을 주장하는 왈저의 정의관은 사회적 영역이 다양화되고, 사회적 가치가 다양화되며, 따라서 개인의 정체성 역시 다양화된 사회된 이른바 '다원적 사회'에 그 근거를 두고 있다고 할 수 있다.

그렇다면 이런 다원적 사회는 어떤 사회인가? 모든 사회는 항상 다양성을 갖고 있다는 점에서 다원적인가? 아니면 다원적 사회란 특정한 시대에 등장한 특정한 사회의 특징인가? 왈저 자신도 지적하고 있듯이 다원적 정의란 더욱더 분화된 사회에서 정의의 원칙이 될 개연성이 높다.[28] 사실 사회가 분화되어 있지 않거나, 분화의 정도가 미미하다면 다양한 사회적 영역 간의 자율성을 말한다는 것은 무의미하며, 따라서 각 영역의 고유한 분배 원칙을 보장하는 것 역시 불필요한 일이기 때문이다. 이런 점에서 특정한 지배적 재화를 통해 다양한 사회적 영역을 획일적으로 통제하는 사회적 지배가 등장할 가능성은 사회가 고도로 분화됨으로써 각 사회 영역마다 고유한 가치가 있고, 이에 따라 삶의 목표 역시 다양화되는 현대 다원주의 사회에서나 가능한 일이라고 할 수 있으며, 이에 상응하는 다원적 정의 역시 현대 다원주의 사회에서 요구되는 정의관이라 할 수 있다. 하지만 이에 대한 왈저의 태도는 분명하지 않다. 왜냐하면 그는 "제반 분배 제도의 다원성에도 불구하고 대부분의 사회"에서는 어떤 하나의 가치가 지배적 가치의 역할을 하고 있음을 지적하지만, 이 "대부분의 사회"를 현대 사회로 규정하고 있지는 않기 때문이다.[29] 그렇다면 다원적 정의란 비단 현대 사회만이 아니라, 지배적 재화가 나타나는 모든 사회를 비판할 수 있는 규범적 틀인가?

그런데 현대 사회를 전통 사회와 구별하여 다원적으로 분화된 사회로 보는 것은 이미 막스 베버의 합리화 이론에서부터 나타난다.[30] 널리 알려져 있듯이 베버는 현대 사회의 등장을 한편으로 신학적-주술적 세계상의 붕괴를 의미하는 탈주술화 과정으로, 그리고 다른 한편으로 정치권력의 절대성이 붕괴되는 과정으로 해석한다. 이런 과정을 통해 현대 사회를 다원적으로 분화된 사회로 이해할 수 있는 것은 미분화된 상태로 하나의 총체적 틀 속에 융합되었던 다양한 가치 영역들이 분화되고, 경제가 정치로부터 분리됨으로써 자본주의적 경제구조와 관료적 근대국가가 등장했기 때문이다.

베버에 따르면, 우선 행위의 차원에서 볼 때 현대 사회에 이르러 수단, 목적, 가치, 결과라는 행위 구성 요소 중 어느 것이 의식적 통제의 대상이 되느냐에 따라 네 가지 행위 유형이 분화된다. 즉 목적 달성에 적합한 방법을 간구하는 목적 합리적 행위, 자기에게 부과된 의무, 명예, 종교적 소명을 따르는 가치 합리적 행위, 강렬한 감정에 따른 감성적 행위, 그리고 전통을 따르는 전통적 행위가 각기 차별화되기 시작한다는 것이다. 그리고 구조적 차원에서 볼 때 이런 행위 유형의 분화에 상응하는 다양한 가치 영역들이 거시적 차원에서 전체 사회의 하부 체계로 자립화된다. 물론 하버마스의 해석에 따른 것이지만, 목적 합리적 행위 유형에 상응하여 인지적-기술적 영역이, 그리고 가치 합리적 행위 유형과 전통적 행위 유형에 대해서는 도덕적-실천적 영역이, 감성적 행위 유형에 대해서는 심미적-표현적 영역이 하부 사회 체계로 구조화된다는 것이다.

베버에 따르면 이렇게 내부적으로 분화된 가치 영역들은 각기 고유한 문제 영역을 자립화시키면서 이를 전문적 성찰의 대상으로 삼는다. 즉 인지적-기술적 영역은 진리를, 도덕적-실천적 영역은 정의를, 그리고 심미적-표현적 영역은 취향을 각기 독자적인 성찰과 통제의 대상으로 삼는다는 것이다. 이러한 과정을 다원적 사회 분화 과정으로 볼 수 있는 것은 전통 사회에서 미분화된 채 하나의 총체적 융합 상태에 있던 가치 영역들이 자기 법칙성의 지배하에 놓이게 되면서 이에 상응하는 행위들 역시 자신의 고유한 법칙성에 기초한 합리화와 자율화 과정을 겪기 때문이다. 그런데 이런 식의 다원적 사회 분화는 새로운 긴장과 갈등을 초래한다. 즉 다원적 하부 체계들은 각기 독자적인 문제와 논리에 따라 스스로를 발전시켜 나가기 때문에 한 영역의 수행능력 강화는 자신의 논리를 절대화시키며, 따라서 다른 영역에서 해결하기 어려운 문제를 야기할 수 있다. 하지만 이 각각의 하부 체계를 규율할 수 있는 어떤 상위 규범 체계도 존재하지 않기 때문에 각기 특수한 가치를 추구하는 부분 영역들 간의 유일한 소통 방식은 가치의 내용이 아니라, 이미 주어진 가치 내용의 실현 절차와 과정만을 협의하는 형식적 합리성에 의해 규제된다.

　이런 점에서 우리들은 현대 사회에 이르러 진리, 정의, 취향 등이 독자적 가치 영역을 형성하고, 이윤을 추구하는 자본주의 경제와 인간을 형식적으로 동등한 행정 단위로 취급하는 국가 관료 체제가 자립화되면서 각각의 사회 영역들이 서로 자율성을 주장하며, 동시에 갈등하는 가치 다원주의 시대를 맞게 되었다. 그리고 이를 통해 가능하게 된 것이며, 동시에 그 토대가 된 것은 자율적 인격체로서의 인간의 자유이다. 즉 스스로 판단하고 행동하는 자유의 이상과 가치 다원주의는 서로를 밑받침하고 강화시키고 있다는 것이다. 이런 점에서 베버가 비유적으로 말하고 있듯이, 현대 사회에 이르러 전통적 의미의 신들은 사라졌지만, 이제 우리는 '가치의 다신교' 시대를 맞이하였을 뿐 아니라, 동시에 '신들의 전쟁'을 겪게 되었다는 것이다. 이런 가치 다원주의는 분명 개인의 삶에도 지대한 영향을 끼칠 수밖에 없다. 각각의 사회 영역에서 각각의 가치를 추구하는 주체는 결국 개개인이며, 구체적으로 볼 때 다원화된 가치는 개개인의 직업적 목표로 전환되기 때문이다. 베버가 프로테스탄트 윤리와 관련하여 지적하고 있듯이 전문적으로 분화된 직업이란 이제 인격이 형성되고, 가치가 실현되고, 개인적 성취가 측정되는 영역으로 인정되고 있기 때문이다.

4 | 다원적 정의와 현대 사회 비판

이렇게 현대 사회를 다원적으로 분화된 사회로 보는 베버의 통찰을 전제한다면 왈저가 말하는 다원적 정의가 현대 사회에 적합한 정의관이라는 것은 의심의 여지가 없다. 그렇지 않고 아직 사회가 미분화된 융합 상태에 놓여 있는 전통 사회에서 사회적 가치의 다양성과 독립성을 주장하는 다원적 정의를 말한다는 것은 있지도 않는 것을 보호하자는 말처럼 자기 모순적이기 때문이다. 따라서 이제 왈저의 다원적 정의론을 다원주의라는 현대 사회의 시대적 조건 속에서 이해한다면, 왈저가 말하는 불평등의 의미 역시 새롭게 해석될 수 있다. 즉 이제 불평등에는 단지 지배라는 의미만이 아니라, 다원성의 파괴라는 새로운 의미가 추가된다는 것이다. 앞서 서술했듯이 왈저에게 불평등이란 사회적 재화의 독점 현상이 아니라, 특정한 사회적 재화가 지배적 재화로 확산되면서 이것이 여타의 사회적 재화를 지배하게 되고, 이를 소유하는 집단이나 계층이 한 사회의 지배적 지위를 차지하는 현상을 말한다. 따라서 불평등 현상은 지배적 재화 역할을 하는 특정한 재화가 산출되는 사회적 영역을 한 사회의 지배적 영역으로 만들 뿐 아니라, 이를 추구하는 개인적 삶을 최고의 삶으로 만들게 된다. 즉 돈이 지배적 재화 역할을 한다면 이를 축적할 수 있는 경제적 영역이 여타의 사회적 영역을 지배하게 되고, 돈이 바로 인생의 최고 목표가 된다는 것이다. 따라서 이제 사회는 돈을 위해 존재하고, 인간의 삶 역시 돈을 위한 것이 됨으로써 여타의 인생 목표나 이와 관계된 사회적 역할, 직업, 지위 등은 돈에 비해 열등한 것으로 폄하되고, 이를 담당하는 사람들은 사회적으로 무시당하게 된다. 이렇게 본다면 다원적 정의가 보장하는 다원적 평등이란 다양한 사람들이 다양한 활동과 역할을 통해 다양한 삶의 목표를 추구하고, 다양한 삶의 방식을 영위한다고 해도 이들 간에 어떠한 위계적 질서도 존재하지 않는 상태, 즉 삶의 다양성이 보장됨으로써 다양한 삶이 비교 불가능한 자율적 가치를 갖는 상태를 말한다.

그렇다면 과연 오늘날 우리는 다원적 정의가 보장하는 다양한 삶을 살고 있을까? 왈저의 다원적 정의론을 현대 사회 비판에 적용해본다면 이는 현대 사회의 역설적 발전 과정을 지적하는 일련의 사회 비판과 맥을 같이하고 있음이 분명해진다. 즉 현대 사회가 비록 다양한 사회적 영역의 기능적 분화와 자율화를 통해 등장했지만 역설적이게도 자본주의나 정치경제적 영역이 여타의 사회적 영역을 지배함으로써 다양한 사회적 영역이 재융합되고 있다는 것이다. 사실 이러한 지적은 화폐라는 특정한 재화가 지배적 재화로 등장하면서 여타의 사회적 재화들을 지배하는 것과 다를 바 없다. 예를 들어 하버마스의 생활세계 식민화 테제는 정치경제 체제의 기능적 매체인 화폐와 권력이 의사소통을 매개로 형성된 생활세계를 파괴하는 현상을 비판하지만,[31] 사실 이러한 비판은 화폐나 권력이 지배적 재화로 등장함으로써 의사소통을 통해 분배되는 여타의 사회적 재화를 지배하게 되는 현상을 함축한다고 할 수 있다.

물론 이와 같은 현대 사회의 일반적 문제점을 한국 사회에서 발견하는 것은 어려운 일이 아닐뿐더러, 오히려 첨예하게 드러난다고 할 수 있다. 이런 점에서 왈저의 다원적 정의론은 한국 사회를 개념적으로 파악할 뿐 아니라, 이를 비판할 수 있는 적절한 규범적 토대가 된다. 즉 한국 사회는 지배적 재화의 소유 여부에 따라 사회가 양극화됨으로써 지배-피지배와 같은 신분 사회적 모습을 보이고 있다는 것이다. 예를 들어 경제적 이유 때문에 결혼이 미루어지거나 불가능해지고, 배우자 선택에서도 경제적 요인이 결정적 역할을 한다는 것은 친밀성 영역에서도 경제적 불평등과 결합하여 새로운 불평등이 등장하고 있음을 말해준다. 또한 기업 권력과 정치권력이 결탁하여 경제 권력이 정치적 영향력을 보장하고, 정치권력이 경제 권력에 기생하고 있다는 사실은 이미 상식적인 일이 되고 말았다. 그리고 사회적 위신이나 명예가 정치적 영향력이나 경제적 부와 밀접하게 연결되어 있고, 과거 신분 상승의 유일한 길이었던 학벌마저도 경제적 부에 좌지우지되면서 돈이 학벌을 결정하고, 취업을 결정하고, 다시 이것이 경제적 부로 연결되는 패쇄적 연결고리가 형성되었다. 그리고 이는 역으로 돈이 없는 사람은 학벌도 없고, 학벌이 없으면 취직하기 힘들고, 취직하더라도 비정규직일 가능성이 높다는 점에서 경제적으로 빈곤하고, 정치적으로 무력하고, 사회적으로 무시당하는 사람이 되고 마는 새로운 악순환 구조의 등장을 의미한다. 또한 사람들이 주거 지역을 통해 구분되면서 서로 다른 공간과 환경 속에서 생활하며 이들에게 허용된 생활방식과 이들에게 접근 가능한 문화적 향유 영역 역시 급격하게 차별화된다. 이런 상황에서 소위 '명품'으로 상징되는 소수 특권층의 생활방식이 선망의 대상이 되면서 대다수 서민들의 일상생활에까지 영향력을 발휘하게 된 것은 어떻게 보면 필연적인 일이다. 이런 점에서 오늘날 한국 사회는 사회 구성원들이 경제적 부를 통해 정치적 영향력, 사회적 위신, 문화적 품위, 교육 기회와 학벌을 독점하는 계층과 여기에서 배제된 계층으로 양극화되고 있으며, 이 두 계층 간의 관계는 흡사 귀족과 서민, 아니면 그 영향력 면에서 지배와 피지배층 같은 신분 사회적 모습마저 보이고 있다.

또한 이런 양극화가 더욱 강화될 수 있는 것은 지배적 재화의 소유가 세습되고 있기 때문이다. 1960-70년대 경제개발 시기가 일종의 자수성가 시대였다면, 오늘날 한국 사회는 일종의 상속 시대라 규정될 수 있다. 왜냐하면 벌써 2대에서 3대에 이르는 상속 세대가 우리 사회의 대다수를 차지하고 있기 때문이다. 이렇게 상속 세대가 한 사회의 주류를 형성하게 되면 그 사회 역시 달라질 수밖에 없다. 상속 재산이 없는 사람은 이미 출발선부터 뒤처지게 되고, 이 사람 역시 물려줄 것이 없게 되면 그다음 세대도 부모 세대의 빈곤을 그대로 물려받는다. 그리고 이 빈곤은 교육 기회와 학벌에서의 배제로 이어지고, 정치, 사회, 문화에서의 배제로 확산될 수밖에 없다. 따라서 이제 서민은 자손 대대로 서민이고, 귀족은 자손 대대로 귀족인 새로운 신분 사회가 등장하고 만다는 것이다.

이런 새로운 신분 사회가 낳은 치명적 문제는 바로 무한 경쟁에 따른 공동체 붕괴 경향이다. 사회적 영역이 다양하고, 사회적 가치가 다양하고, 따라서 개개인이 추구하는 사회적 재화가 다양할 뿐 아니라, 이들 각각이 자율성과 독립성을 보장받고 있다면 이들 내부에서의 경쟁은 그렇게 크지 않다. 한 영역에서 뒤지는 사람은 다른 영역에서 우위를 보일 수도 있고, 이러한 영역이 다양하면 다양할수록 각 영역 내에서의 경쟁 폭이 작아지고 경쟁에 따른 불평등의 규모 역시 작아지기 때문이다. 그러나 모든 사람이 하나의 단일한 가치, 즉 지배적 재화를 소유하기 위해 경쟁한다고 가정해보자. 그 결과는 무엇일까? 이것이 다름 아닌 무한 경쟁이다. 모든 사람이 지배적 재화로 자리매김한 경제적 부라는 단일한 재화를 위해 경쟁한다면, 이제 경쟁은 단일화되고, 사람들은 여기에 자신의 모든 것을 걸어야 한다. 즉 삶과 죽음을 건 경쟁이 시작된다는 것이다. 왜냐하면 지배적 재화를 획득할 경우 여타의 사회적 재화 역시 독점할 수 있지만, 이를 위한 경쟁에서 질 경우 여타의 사회적 재화를 획득할 가능성 역시 송두리째 사라지기 때문이다.

무한 경쟁은 교육에서부터 시작된다. 물론 이 경쟁은 명문 대학 진학을 위해, 취업에 도움이 되는 학과에 진학하기 위해, 그리고 결국에는 출세하여 경제적 부를 거머쥐기 위한 것이며, 사람들은 태어나자마자 여기에 뛰어들 수밖에 없다. 사람들이 이를 원하든, 그렇지 않든 선택의 여지는 없다. 개개인의 적성이나, 취향, 가치는 문제되지 않는다. 모든 사람은 경쟁에서의 승리를 위해 스스로를 강제하고 통제해야 한다. 이렇게 사람들이 하나의 사회적 재화를 달성하기 위해 무한 경쟁에 뛰어든다면 과연 서로에게 타인은 어떤 존재일까? 분명 이 경우 타인은 내가 이겨야 할 경쟁자이며, 이를 위해 전략적으로 상대할 수밖에 없는 한낱 대상일 뿐일 것이다. 그렇지 않고 상대방을 자신과 동등한 사회적 연대의 주체로 대한다면 과연 무한 경쟁이 가능할까? 그리고 지배적 재화 획득에서 승리할 수 있을까? 더구나 신분 사회처럼 변질된 오늘날의 사회에서 지배적 위치에 설 수 있을까?

사람들이 하나의 지배적 재화만을 위해 자신의 개성을 부정하고, 타인을 전략적 대상으로만 취급할 때 그 사회적 결과가 무엇일지는 분명하다. 그것은 바로 공동체의 붕괴이다. '1대 99 사회'라는 유행어처럼 소수의 승자가 사회적 재화를 독점하고, 다수가 이들을 위해 봉사할 뿐 사회적 재화 획득에서 배제된다면 과연 이들이 타인과 함께 산다는 것의 의미를 확신할 수 있을까? 더구나 경쟁에서의 승리를 위해 타인을 경계하면서 스스로를 억압하게 만드는 것이 공동생활이라면 과연 이런 삶에 의미를 둘 수 있을까? 단지 돈이 명예, 권력, 품위, 사랑, 구원까지 보장한다면 어떤 사람이 명예를 위해 사회에 기여하려 할 것이며, 어떤 사람이 국민의 신망을 얻어 정치권력을 획득하려 할 것이며, 어떤 사람이 자신의 행동을 조심하며 좋은 습관과 언행을 가지려 할 것이며, 어떤 사람이 호감을 갖는 상대에게 배려와 보살핌을 베풀려고 할 것이며, 어떤 사람이 깊은 신앙심으로 신의 가르침을 따르려 하겠는가? 모든 사람이 지배적 재화 획득만을 위해 무한 경쟁에 뛰어든다면, 결국 사회 유지에 필요한 다양한 역할들이 방기될 수밖에 없으며, 따라서 사회적 연대가 깨질 뿐 아니라, 사회 자체가 존속할 수도 없다.

앞서 서술했듯이 다원적 정의란 다원적 가치를 보장하고, 다원적 삶을 보장하려는 것이다. 따라서 다원적 정의가 보장된다면 사람들 간의 경쟁 역시 다원화된다는 점에서 무한 경쟁은 일어나지 않는다. 경쟁이 사라지는 것은 아니지만, 경쟁의 목표가 다양해지면서 한 곳에서의 패배가 다른 곳에서의 패배로 연결되지는 않기 때문이다. 즉 사람들이 모든 영역에서 탁월한 것이 아니라면, 그리고 모든 영역에서 동일한 능력을 요구하는 것도 아니라면, 사람들은 자신의 취향, 적성, 가치에 따라 다양한 영역에서 다양한 가치를 추구할 수 있으며, 어느 한 곳에서라도 자신의 능력이 평가될 수 있는 곳을 찾을 수 있을 것이다. 따라서 부분적으로는 불평등하지만, 사회적 지배가 없다는 점에서 전체적으로 보면 평등하다고 말할 수 있듯이, 부분적으로 경쟁은 있지만 무한 경쟁이 사라진다는 점에서 전체적으로 보면 사회적 연대가 가능하다. 왜냐하면 이제 다양한 사회적 영역, 가치, 재화는 개개인의 자아실현의 장이자 목표가 되며, 이 모든 것들이 모여 공동생활 유지에 필요한 분화된 역할을 수행할 수 있기 때문이다. 이렇게 볼 때 왈저의 다원적 정의론은 비단 현대 사회만이 아니라, 한국 사회를 개념적으로 포착하고 비판할 뿐 아니라, 대안을 제시하는 데 아주 적절한 틀이 된다.

그렇다면 왈저가 말하는 다원적 정의는 과연 실현 가능한 것일까? 현대 다원주의 사회는 과연 지배적 재화의 출현을 막아냄으로써 그 다양성을 유지할 수 있을까? 이러한 문제와 관련하여 왈저에게서 특히 주목할 만한 것은 현대 사회에서 수행되는 국가와 관용의 역할에 대한 강조이며, 이는 무엇보다도 국가와 시민사회를 서로를 조건 지우는 현대 민주주의의 두 가지 축으로 보는 그의 입장에서 나온 것이다.[32]

우선 왈저는 다원적 정의를 실현하기 위해서는 하나의 재화를 다른 재화로 둔갑시킴으로써 지배적 재화의 등장을 가능하게 하는 사회적 연금술이 해체되어야 함을 주장한다. 다르게 말한다면 다양한 재화가 지닌 사회적 가치들 간의 경계를 유지함으로써 다양한 재화들이 자율성을 갖고 분배되도록 하는 '분화의 예술'이 필요하다는 것이다.[33] 그리고 이런 역할을 담당하는 것은 다름 아닌 민주주의 국가이다. 흥미로운 것은 왈저에게 사회 구성원들이란 이성적인 숙고나 합리적 토론을 통해 공동체가 추구해야 할 목표를 설정하는 공적 시민이라기보다는 특수한 이해관심에 호소하며 세력을 규합하고 헤게모니를 장악하려는 이기적 존재들이라는 점이다.[34] 따라서 이들로 구성된 시민사회는 무정부적이라 할 수 있다. 왜냐하면 사회 구성원들은 자신의 헤게모니를 위해 다양한 재화를 동원하여 타인이나 타 집단에 대해 정당치 못한 힘을 행사할 수 있기 때문이다. 시민사회의 이러한 무정부성을 방지할 수 있는 존재가 바로 국가이다. 즉 국가만이 어떤 집단이나 세력이 지배적 재화를 소유함으로써 사회적 지배력을 행사하는 것을 막아낼 수 있는 유일한 존재라는 것이다. 왜냐하면 국가는 정치적 권력을 행사하는 중심 기관으로서 모든 사회적 영역 간의 경계를 공고히 하고 모든 활동의 규칙을 확립하는 권능을 부여받고 있을 뿐 아니라, 바로 이런 점에서 국가만이 모든 구성원들에게 자신의 삶의 목표와 의미를 넘어서 공동선에 대해 생각할 것을 요구할 수 있기 때문이다.[35]

이런 입장은 분명 그의 동료였던 노직을 겨냥한 것이다.[36] 노직은 강압, 절도, 사기로부터 국민을 보호하고 계약의 시행을 보장하는 등 극히 제한된 기능만을 담당하는 '최소국가론'을 주장하고 있으며, 이런 국가에서는 중앙집권적 분배란 상상할 수도 없고, 국민의 자산을 관리하거나 분배를 결정하는 어떤 집단도 존재하지 않는다. 분배를 통제하는 것은 결국에 가서 개인의 자율성과 소유권을 파괴하기 때문이다. 이런 점에서 노직은 '분배'라는 용어 자체를 거부하기도 한다. 분배에 대한 어떤 통제도 허용하지 않는 그에게는 재화의 취득, 양도, 그리고 잘못된 취득과 양도를 시정하는 것만이 있을 뿐이기 때문이다.[37] 따라서 다원적 정의를 실현하기 위해 국가의 개입을 주장하는 왈저의 입장은 노직의 논리를 전복시킨 것이라 할 수 있다. 국가의 개입은 개인의 자율성이나 소유권을 파괴하는 것이 아니라, 개인의 소유권이 남용됨으로써 자율적인 교환을 훼손하는 지배적 재화의 등장으로부터 다양한 분배 영역 내의 자율적 교환을 보장하려는 것이기 때문이다.

그러나 왈저가 노직과 달리 다원적 정의를 실현하기 위해 단지 국가의 역할만을 강조하는 것은 아니다. 왜냐하면 사회적 가치들 간의 경계를 유지하는 것이 '분화의 예술'을 행사하는 국가의 활동만으로 가능한 것은 아니기 때문이다. 왈저는 국가의 역할을 넘어서 시민사회 내에서 시민들이 서로를 관용할 것을 주장한다. 왈저에 따르면 민주주의 국가는 시민사회를 토대로 해서만 성공적으로 작동할 수 있다. 왜냐하면 그에게 시민사회란 국가적 차원의 하위에 있는 다양한 공동체적 행위 공간들 사이의 네트워크를 의미하며, 이를 통해 비로소 민주주의 정치가 가능하기 때문이다. 그런데 이런 시민사회가 존속하기 위해서 공동 번영에 대한 어떤 실체적 방향이 필요한 것은 아니다. 왈저가 주장하는 것은 다양한 공동체들이 만들어내는 사회적 다원성이며, 이를 가능하게 하는 것이 시민들 간의 관용의 태도이다. 즉 시민사회에서 중요한 것은 개인들이 자신이나 동료들의 이해나 관심을 넘어서서 이른바 불편부당한 시민으로 행동하는 것이 아니다. 시민사회에서 중요한 것은 그 구성원 개개인들이 자신이 속한 공동체에 대한 소속감을 갖고 공동체 구성원과의 연대를 만들어낼 뿐 아니라, 서로 다른 개인이나 공동체에 대해 관용의 태도를 보임으로써 전체 사회 내에서 위계나 차별이 일어나는 것을 막는 일이기 때문이다. 이런 점에서 왈저에게 관용은 단순히 개인적인 선호나 견해의 차이를 수용하는 것 이상으로서 바로 민주적 시민의 임무라 할 수 있다.[38]

5 | 다원적 정의의 이론적 위상 문제

지금까지의 논의를 종합해본다면 다원적 정의론은 현대 사회를 비판할 수 있는 적절한 규범적 토대임이 분명하다. 왜냐하면 사회적 영역이 분화되고 가치가 다원화된 사회는 역사적 차원에서 볼 때 현대 사회라고 할 수 있으며, 그럼에도 불구하고 경제적 부가 지배적 재화로 등장함으로써 다양화된 가치들이 하나의 가치로 통합되는 역설적 현상이 발생하는 사회 역시 현대 사회이기 때문이다. 마찬가지로 지배적 재화의 등장으로 인한 재통합 현상을 극복할 수 있는 해법 역시 현대 사회가 갖고 있다. 분화의 예술과 관용의 정신을 기대할 수 있는 것은 바로 현대 민주주의 사회이기 때문이다.

왈저가 말하는 다원적 정의는 흔히 말하는 분배 정의, 즉 무엇을 어떻게 분배할 것인가를 규정하는 보편적 원칙이 아니다. 왜냐하면 다원적 정의는 다양한 분배 원칙들 간의 자율성을 보장하자는 것이며, 정작 그는 개별적 재화의 분배 정의와 관련해서는 상대주의적 입장을 취하고 있기 때문이다.[39] 즉 앞서 서술했듯이 사회적 재화의 의미와 가치는 사회에 따라 다르고, 따라서 이를 통해 규정되는 분배 원칙 역시 사회에 따라 다르다는 것이다. 이런 점에서 왈저는 어떤 분배가 정의롭고, 어떤 분배는 정의롭지 못한가는 단지 그것이 분배 대상이 되는 사회적 재화의 의미와 가치, 그리고 여기에 내재된 분배 원칙에 부합되느냐, 그렇지 않느냐에 달려 있다고 말할 뿐, 이러한 재화가 어떻게 분배되어야 정당한지에 대해서는 아무런 대답도 제시하지 않는다.

이런 상대주의적 정의관을 전제한다면 사회 비판 역시 상대주의적 특징을 갖는다. 즉 모든 사회를 비판적으로 평가할 수 있는 보편적 관점이란 존재하지 않으며, 단지 개개의 사회에 연결된 어떤 특수한 관점에 따라서만 사회 비판이 가능하다는 것이다. 그렇다면 이 특수한 관점이란 무엇을 말하는가? 상대주의적 정의론과 관련하여 이야기한다면 이는 개개의 사회가 갖고 있는 정당한 분배의 원칙이다. 즉 개개의 사회가 갖고 있는 사회적 의미 연관망 속에 내재된 분배의 원칙에 따라 무엇이 정의롭고, 무엇이 부정의한 분배인지를 평가하고 비판할 수 있다는 것이다. 이를 더욱 일반화시킨다면 이제 사회 비판이란 사회적 의미 연관망 속에 내재된 어떤 '이상'을 통한 현실 비판이라 할 수 있다. 즉 사회 비판이란 사회 구성원이 공유하는 이상이 무엇인지를 사회적 의미 연관망 속에서 밝혀내고, 이에 근거하여 이상과 괴리된 현실의 문제점을 해석해내는 작업이라는 것이다. 이런 점에서 왈저에게 사회 비판이란 현실에 대한 '비판적 해석'이며,[40] 비판적 해석의 규범적 토대가 어떤 초월적 원칙이 아니라, 바로 현실 속에 내재된 이상이라는 점에서 '내재적 비판'이기도 하다.[41]

이렇게 왈저의 사회 비판 모델을 이해한다면 왈저의 다원적 정의론은 일견 사회를 비판하는 보편적 입장처럼 보일 수 있다. 이는 개개의 사회가 이상으로 간직하고 있는 분배 정의를 말하는 것이 아니라, 일종의 메타적 차원에서 다양한 분배 정의들이 지켜야 할 보편적 원칙을 말하는 것처럼 보이기 때문이다. 따라서 다원적 정의론을 사회 비판의 규범적 토대로 전제한다면 지배적 재화가 존재하는 사회는 그것이 어떤 사회이든 비판의 대상이 될 수 있을 것이다. 그렇다면 왈저가 사회적 재화의 분배 정의와 관련해서는 상대주의적 입장을 취하고, 분배 정의 간의 정당한 관계를 규정하는 다원적 정의와 관련해서는 보편주의적 입장을 취한다고 할 수 있을까? 물론 이런 두 가지 입장이 양립하기 어려운 것은 아니다. 모든 사회적 재화가 각기 고유한 분배 원칙을 유지해야 한다는 주장은 이 분배 원칙이 사회적 조건에 따라 달라진다는 주장을 배제하는 것은 아니기 때문이다. 그러나 이를 이론적 위상 차원에서 본다면 사정은 달라진다. 즉 왈저의 다원적 정의를 모든 사회에 적용할 수 있는 보편적 정의로 이해한다면 이는 그의 공동체주의적 입장에 반하기 때문이다. 왈저는 공동체 내에 존재하는 사회적 의미 연관망을 통해 재화의 사회적 의미와 가치, 그리고 분배 원칙이 규정되고, 이를 통해 개인의 삶의 목표와 정체성 역시 형성된다고 본다. 이러한 그가 특정 공동체를 벗어나, 내지는 이런 공동체가 갖고 있는 특정한 의미 연관망을 벗어나 모든 공동체를 비판할 수 있는 보편적 기준을 제시한다는 것은 일종의 자기모순이다. 왈저의 유명한 문구가 보여주듯이 그는, "동굴에서 걸어 나와 도시를 떠나 산으로 올라 스스로의 힘으로 객관적이면서도 보편적인 관점을 형성하는 것"이 아니라, "그 동굴 안에서, 그 도시 안에서, 그 땅 위에 머물면서 (…) 우리가 공유하고 있는 의미들의 세계에 대해 해석"하는 것을 자신의 관점으로 천명하고 있기 때문이다.[42]

이렇게 볼 때 다양한 분배 원칙들의 고유한 영역을 보장하려는 다원적 정의의 보편성을 주장한다면, 이는 사회적 재화에 대한 분배 원칙이 사회적 의미 연관망에 따라 달라진다는 상대주의적 정의관과 조화를 이룰 수 없다. 그런데 왈저의 정의관에 대한 종래의 비판을 살펴보면 대개 이는 왈저의 두 가지 정의관이 갖는 내적 대립이 아니라, 이 중 하나의 정의관인 상대주의적 정의관에 대한 것으로서 그 핵심은 두 가지로 집약할 수 있다. 첫째는 사회 비판과의 연관성에 관한 것으로서 정의가 사회적 의미에 상대적이라면, 이런 정의관에 기초하여 다른 사회적 의미 체계에 기초한 사회를 비판할 수 있는가, 혹은 정의가 사회적 의미에 상대적이라면 기존 사회에 내재되어 있는 사회적 의미 체계 자체를 비판할 수 있겠는가 하는 비판이 그것이다. 그리고 두 번째로 지적할 수 있는 것은 왈저의 상대주의적 정의관의 이론 내적 부조화 문제이다. 즉 왈저는 사회적 재화의 분배를 사회적 의미 연관망에 따라 이해하려는 상대주의적 입장을 견지하면서도, 생명과 자유에 대한 권리 등을 '최소한의 보편적 도덕규범'으로 옹호한다는 것이다.[43] 이러한 비판에 대해 왈저를 옹호하는 사람들은 대개 한 사회의 의미 체계에 내재된 이상과 현실 사이의 괴리를 토대로 사회 비판이 가능함을 지적하고 있고, 그의 정의관은 최소한의 보편적 도덕규범을 전제하고 있다는 점에서 상대주의적인 것이 아닐 뿐 아니라,[44] 오히려 맥락주의적으로 이해되어야 함을 주장한다. 그리고 이는 보편성을 부정하는 것이 아니라, '반복적 보편주의'라는 특수한 형태의 보편성을 추구한다는 것이다.[45] 이렇게 볼 때 마이클 왈저의 정의관에 대한 비판은 이를 상대주의와 보편주의, 내지 보수주의와 사회 비판이라는 대립적 구조 속에서 보려는 것이며, 이에 반하여 왈저를 옹호하는 입장은 이런 대립 구조 자체가 성립되지 않음을 보여주려는 데 있다. 그러나 이런 입장들 모두 왈저의 두 가지 정의관이 갖는 대립성이나 부조화 문제에 주목하지는 않는다. 물론 왈저의 '맥락주의'와 '반복적 보편주의 개념'을 통해 이러한 부조화를 극복할 수 있다는 입장도 있다.[46] 이에 따르면 사회적 재화의 분배 원칙에 대한 왈저의 입장은 상대주의적인 것이 아니라, 맥락주의적인 것이다. 즉 사회적 재화에 대한 분배 원칙은 사회적 맥락에 따라 달라지지만, 사회적 맥락이 같다면 동일한 분배 원칙이 적용될 수 있다는 것이다. 그리고 어떤 사회적 재화에 대한 분배 원칙과 이를 결정한 사회적 맥락 간의 결합이 반복적으로 경험된다면 이는 객관성을 얻는다는 것이다. 이런 점에서 왈저의 입장을 맥락주의로 이해한다면 왈저는 맥락에 따라 분배 원칙의 다양화를 주장하면서도 여전히 그 보편성을 주장할 수 있다는 것이다. 그런데 이런 주장을 수용한다 하더라도, 이것이 과연 왈저의 두 가지 정의관 사이에서 발생하는 부조화를 해결하는 데 기여할 수 있겠는가 하는 점은 다른 문제이다. 왜냐하면 맥락주의적 입장에 따를 때 다양한 분배 원칙의 고유성을 보장해야 한다는 다원적 정의관이 보편성을 갖는다는 것은 사회적 가치가 다원화된 사회의 경우 다원적 정의관은 항상 타당성을 갖는다는 주장으로 해석될 수 있다. 그런데 가치 다원화를 현대 사회의 등장이라는 역사적 차원에서 이해한다면 현대 사회 이전에 과연 사회적 가치가 다원화되었는가 하는 사실적 질문이 제기된다. 현대 사회의 등장을 미분화된 가치가 분화되는 과정으로 이해한다면 다원적 정의관이 타당성을 주장할 수 있는 사회적 맥락이란 사실 현대 다원주의 사회를 말한다. 그렇다면 왈저의 다원적 정의론은 다원주의를 이상으로 하는 현대 사회 내에서만 비판의 규범적 토대 역할을 할 수 있을 뿐, 현대 사회라는 맥락을 벗어나서는 현실성을 갖기 어렵다고 주장해야 한다. 그러나 이럴 경우 다원적 정의관이 사회적 재화의 분배가 사회적 의미 연관망에 따라 달라진다는 주장과 모순되는 것은 아니다. 현대 사회에서 등장한 다원주의적 가치관은 가치의 다양성뿐 아니라, 이러한 분화된 가치가 현대라는 맥락에서 등장함을 의미하기 때문이다. 물론 현대 사회만이 아니라, 어떤 사회이든 다원적 사회라면 다원적 정의관이 타당성을 가질 것이라고 그 보편성을 주장할 수는 있겠지만, 이는 단지 가정법 하에서만 성립할 뿐 현실성을 주장하기는 어렵다.

이렇게 된다면 사실 다원주의를 그 내재적 이상으로 해석해낼 수 없는 사회일 경우 지배적 재화를 통한 사회적 지배가 등장한다 하더라도 이를 다원적 정의관에 근거해서 비판할 필요는 없다. 달리 말한다면 지배적 재화의 획득을 통해 지배 세력이 등장하고 사회 전체가 지배자와 피지배자로 양극화된다 하더라도 다원주의를 이상으로 삼는 사회가 아닐 경우 다원적 정의에 근거하여 이를 비판하려 한다는 것은 무의미하다는 것이다. 이는 사회적 지배가 극단화된 경우인 전근대적 계급 사회에 대한 왈저의 비판에서도 확인할 수 있다. 분명 계급 사회의 본질적 특징은 어떤 재화가 불평등하게 분배되었다는 단순한 사실이 아니라, 사회 구성원들이 지배 계급과 피지배 계급으로 양극화되어 있다는 사실에 있다. 그리고 사회적 재화의 불평등 문제는 이런 계급 지배에 따른 결과라고 할 수 있다. 왜냐하면 어떤 계급에 속하느냐가 결국은 다양한 재화를 소유하는 데 결정적 역할을 하기 때문이다. 따라서 재화의 독점이나 불평등 분배가 아니라, 지배적 재화의 소유를 통한 사회적 지배를 문제 삼는 왈저의 다원적 정의론은 계급 사회를 비판할 수 있는 가장 적절한 규범적 토대가 될 수도 있을 것이다. 전근대적 계급 사회에서는 계급이라는 사회적 재화가, 더욱 근본적으로는 계급의 분배를 결정하는 혈통이나 출신이 지배적 재화로 등장하기 때문이다.[47] 그러나 계급 사회에 대한 왈저의 비판은 다원적 정의론을 전제하지 않는다. 왜냐하면 왈저에게 계급 사회가 비판될 수 있는 것은 계급적 불평등을 지탱할 수 있는 사회적 의미 연관망의 공유 여부이기 때문이다. 왈저에 따르면 계급 사회에서는 출신과 혈통에 따라 결정되는 계급적 지위가 다양한 사회적 재화에 대한 접근을 결정한다. 그리고 만약 이런 체제를 정당화하는 사회적 의미 연관망을 그 구성원들이 공유한다면 이 체제는 정당성을 갖는다. 그러나 왈저가 제기하는 의문은 이러한 계급적 지배 체제 하에서 피지배의 위치에 있는 사람들이 과연 이에 대해 분노하지 않았겠느냐 하는 점이다. 즉 왈저는 계급 사회가 피지배 계급으로부터 동의를 얻지 못했을 것이라는 추측을 통해 계급 사회를 비판하고 있다는 것이다.[48] 물론 이러한 비판 때문에 사회 비판의 규범적 토대는 사회 구성원들의 동의에 있다고 확대 해석할 필요는 없다. 이런 식의 비판은 그의 내재적 비판 모델로 해석될 수 있기 때문이다. 즉 계급 사회는 그 사회의 구성원들이 공유하는 어떤 이상과 괴리를 보인다는 점에서 비판될 수 있다는 것이다. 흔히 계급 사회에서 지배 계급은 자신의 지위를 정당화하기 위해 자신을 특수한 계급이 아니라, 사회 전체의 이익을 수호하는 보편적 계급으로 내세운다.[49] 그러나 지배 계급은 이렇게 보편 계급으로서 자신을 정당화하려고 하지만 지배 계급은 항상 당파적 이해관계를 갖는 특수한 계급에 지나지 않는다. 만약 그렇지 않다면 지배 계급과 피지배 계급을 구별하는 것은 사실상 불가능하거나 무의미할 수 있다는 점에서 계급 사회란 존재할 수도 없기 때문이다. 따라서 계급 사회는 지배 계급이 내세우는 보편적 이상과 이와 괴리된 현실과의 모순 때문에 비판될 수 있다.

6 | 맺음말

이처럼 사회적 지배의 극단적인 예라고 할 수 있는 계급 사회에 대한 비판을 내재적 비판의 방식으로 이해할 수 있다면, 다원적 정의는 현대 다원주의 사회에서 발생하는 지배의 문제를 비판하기 위한 규범적 토대이자, 바로 현대 사회에 내재된 규범적 이상으로 해석되어야 할 것이다. 하지만 이와 달리 개념적으로 볼 때 왈저가 주목하고 있는 문제가 지배적 재화를 통해 사회적 지배가 형성되는 보편적 메커니즘이라고 본다면 이는 왈저의 의도와는 달리 동굴에서 걸어 나와 도시를 떠나 다시 산으로 올라가는 것은 아닐까?

VII

ROBERT
NOZICK

7 노직
국가와 소유권리에 관한 자유지상주의적 사고실험[1]

홍성우

로버트 노직(Robert Nozick, 1938~2002)은 1938년 뉴욕에서 태어나 컬럼비아 대학에서 철학을 전공하고, 1963년 프린스턴 대학 대학원에서 철학박사 학위를 받았다. 그는 1969년부터 하버드 대학 철학과 교수로 재임했으며, 2002년 1월 23일 63세를 일기로 생을 마감했다.

노직은 그를 세계적으로 유명하게 만든 『아나키, 국가 그리고 유토피아』(Anarchy, State, and Utopia, 1974)라는 저작으로 '전미도서상'을 받았고,[2] 『철학적 설명』(Philosophical Explanations, 1981)이라는 저작으로 '랄프 왈도 에머슨 상'을 받았다. 이외에도 『성찰된 삶—철학적 명상』(The Examined Life: Philosophical Meditations, 1989)과[3] 『합리성의 본성』(The Nature of Rationality, 1993)이라는 저작이 있다.

노직은 『아나키, 국가 그리고 유토피아』에서[4] 존 롤즈의 평등주의적 자유주의를 비판하면서 자신의 자유지상주의적인 견해를 확립하고자 한다. 그의 자유지상주의적 이념의 핵심은 자연권 이론, 최소국가론 그리고 소유권적 정의론 등으로 구성되어 있다. 그는 우선 자연권의 도덕적 정당화의 근거를 확보하려는 노력에 착수한다. 그런 다음 사회계약과 같은 의도적인 노력 없이도 국가가 성립될 수 있으며, 그 국가는 최소한의 통치를 지향하는 최소국가임을 보여주고자 한다. 그런데 이 최소국가(minimal state)는 포괄적인 국가가 사회정의라는 이름으로 시행하는 분배 정책에 반대한다. 정의의 주제는 분배의 문제가 아닌 소유권리의 문제라는 것이 노직의 시각이기 때문이다. 노직은 이런 관점에서 소유권리의 원칙들을 제시한다. 이 글은 앞서 언급한 노직의 자유지상주의적 이념을 구성하는 세 가지의 핵심적 이론들을 순차적으로 살펴볼 것이며, 결론에 해당하는 글에서 그의 이론들에 대한 비판 및 평가를 제시할 것이다.

1 | 자연권 이론

자연상태론과 로크의 자연권 이론

노직은 도덕적·형이상학적 가정들로 간주될 수 있는 근거 위에서 아무도 어떤 개인의 권리들을 침해하지 않는, 법률상 합법적인 국가가 단계적으로 성립될 수 있다는 논증에 착수한다.[5] 그런데 국가의 성립에 관한 문제를 논하기에 앞서 과연 국가가 존재할 필요성이 있는가에 대해 물어보는 것이 합당한 순서일 것이다.

무정부주의적 관점에서 볼 때, 국가는 권력을 독점적으로 행사하며, 그 과정에서 얼마든지 개인의 권리를 침해할 수 있는 부도덕한 조직체이며, 그 자체로 불편한 존재일 수도 있다. 때문에 국가란 필요치 않다고까지 말할 수도 있을 것이다. 그러나 무정부론은 정치철학의 전 주제를 무의미하게 만들므로 정치철학론은 이에 대한 주요 이론적 대안을 검토함으로써 시작해야 할 것이다.

자연상태의 상황은 우리가 바랄 수 있는 최선의 무정부적 상황이라고 할 수 있다. 때문에 자연상태의 상황을 탐구한 결과 무정부상태보다 국가상태가 더 바람직하다는 결론을 도출해낼 수 있다면, 자연상태는 국가의 존재를 위한 이론적 근거를 제공할 것이며, 나아가 국가를 정당화할 것이다. 노직은 이러한 자신의 목적에 적합한 자연상태론으로서 로크의 견해를 일정 부분 흡수한다. 로크의 자연상태론에서 노직이 가장 주목하고 있는 것은 자연상태에서의 개인들의 권리, 즉 자연권에 관한 문제이다.

로크는 그의 『시민정부론』의 제2장인 「자연상태에 관하여」에서 정치권력을 올바르게 이해하고, 정치권력의 기원으로부터 정치권력을 이끌어내기 위해서, 우리들은 모든 사람들이 자연적으로 어떤 상태에 놓여 있는가를 고찰해보지 않으면 안 된다고 주장한다.[6] 로크의 주장을 분석적으로 재구성해본다면, 자연상태에서 개인의 상태는 정치권력을 지닌 도덕국가의 기원을 논의하기 위한 선결조건이 된다. 노직 또한 로크의 이러한 입장을 따른다.

로크의 자연상태는 완전히 자유로운 상태이고, 평등한 상태이며, 자유의 상태이기는 하나 방종의 상태가 아니라는 특징을 갖고 있다. 요컨대 이 자연상태 안에서의 자유란 자기가 따라야 할 법이 허용하는 범위 내에서 자기의 신체, 행위, 소유물 그리고 전체의 재산을 자기가 바라는 바대로 처분할 수 있으며, 또한 그 안에서 다른 사람의 자의적인 의지에는 복종치 않고 자유롭게 자기 자신의 의지에 따라가는 것을 말한다.[7]

　자연상태에 관한 로크적 특징들로부터 우리는 로크적 자유가 소극적 권리만을 거의 전적으로 강조하는 입장임을 쉽사리 간과할 수 있다. 이러한 소극적 권리는 타인에게 권리 소유자가 보호받는 영역을 간섭하지 말 것을 의무로서 부과할 뿐이다. 로크적 전통을 따르는 노직 역시 개인적 자유에의 소극적 권리만을 주장한다. 그렇기 때문에 노직은 현대의 자연권 옹호자들에 의해 주장되는 적극적 권리에 대해 냉담한 반응을 보인다. 여기에서 적극적 권리란, 최소한의 인간다운 생활수준을 확보하기 위해 필요한 재화와 용역을 제공하라는(혹은 적어도 그것을 제공하는 제도를 지원하라는) 의무를 부과하는 것을 말한다.[8]

　로크에 따르면, 자연상태 안에 살고 있는 자연인들은 그들이 이 세상에 태어날 때부터 신성불가침의 자연권을 가지고 태어난다. 그러므로 이 신성불가침의 권리는 마땅히 지켜져야 한다. 그러나 일부 사람들은 자연법의 경계를 넘어서 타인의 자연권을 침해하는 경우가 있다. 그럼으로써 서로 위해를 가하는 일이 발생된다. 이런 일이 없도록, 그리고 모든 인류의 평화와 보존을 목적으로 하는 자연법이 준수되도록, 자연법의 집행은 자연상태 안에 있는 모든 사람의 손에 위임된다. 그것에 의하여 각자는 이 자연법의 위반자들

을 이 법의 위반을 방지할 수 있는 정도에서 처벌할 수 있는 권리를 갖는다.[9]

자연상태에 있는 자연인들이 각자의 자연법을 집행할 수 있는 권한을 갖고 있기 때문에, 상호 이해된 자연법은 매번의 우발적 사건에 적합한 방책을 제시해주지 못하며, 자기 자신의 사건에 재판관이 된 사람들은 항상 미심쩍은 점에 대해서는 스스로에게 유리하게 해석하며 자신은 옳다고 가정한다.[10] 바로 이것이 자연상태의 불편한 점, 즉 폐해에 해당한다.

이와 같이 인간이 자기 자신의 사건을 심판하는 재판관으로 되는 데 필연적으로 뒤따르는 폐해의 대책으로서 통치가 있어야 하므로 자연상태는 지속되어서는 안 되는 것이다. 그러므로 생명과 자유와 자산을 상호 간에 보전해가기 위해 이미 결합하고 있는 사람들이거나 또는 결합할 의향을 갖고 있는 다른 사람들과 더불어 사회를 결성할 것을 추구하여, 기꺼이 그러한 사회에 가입하려 하는 것은 당연한 일이다.[11]

자연상태의 폐해로부터 벗어나기 위해 고안된 시민정부는 일정한 정치권력을 갖는다. 로크에 의하면 정치권력이란, 재산(생명, 자유, 자산)을 규제하고 보유하기 위하여 사형 및 그 이하의 형벌을 가하기 위한 법률을 만들 수 있는 권리이며, 그러한 법률을 시행함에 있어서, 그리고 외적의 침해로부터 국가를 방어함에 있어서 공동체의 힘을 사용할 수 있는 권리이며, 이 모든 것을 오로지 공공선을 위하여 행사하게 되는 권리이다.[12]

이와 같이 자연상태에 있는 자연인들은 모두 자연권을 소유하고 있지만, 자연상태의 폐해 때문에 불가피하게 국가가 요청될 수밖에 없다. 이때의 국가란 개인의 권리, 즉 자연권의 보호자로서의 국가를 말한다. 노직은 이러한 점들에 주목하여 로크의 자연권 개념과 국가 개념을 현대적인 의미로 전개한다.

자연권의 도덕적 정당화

노직에 의하면, 각 개인은 강압, 사기, 폭력으로부터 자유로울 권리를 갖는다. 게다가 노직은 각 개인이 자신의 권리를 침해하는 누군가로부터 보상을 강요할 권리를 갖는다고 주장한다.[13] 이러한 노직의 주장은 앞에서 언급한 로크의 자연권과 흡사하다. 노직적 권리들은 대체로 로크적 권리들이다. 노직은 로크적 전통을 따른다. 그러나 로크에게는 취약점이 있다. 즉『시민정부론』에서 로크는 자연권의 위치와 기초, 특히 도덕적 기초에 대해 만족할 만한 설명 비슷한 것도 제공하지 않았다고 노직은 지적한다.

　노직에 의하면, 개인의 권리들의 도덕적 기초란 무엇인가에 대한 대답은 그 알 수 없고 어려운 개념, 즉 삶의 의미(the meaning of life)란 개념과 연결되어 있다. 한 사람이 자신에 대한 어느 정도의 전면적인 계획에 따라 자신의 삶을 형성해나가는 것은 그가 그의 삶에 의미를 부여하는 방식이다. 오직 그와 같이 그의 삶을 형성할 능력이 있는 존재만이 의미 있는 삶(meaningful life)을 가지거나 추구할 수 있다.[14] 그리고 권리들은 의미 있는 삶을 살기 위한 귀중한 능력을 보호하고 보증하는 데 필수적인 것들이다.[15] 그러므로 권리들의 도덕적 기초는 '의미 있는 삶을 살기 위한 능력'으로 취급되어야 할 것이다.

　또한 노직에 의하면, 개인들의 권리들은 그 사람을 둘러싼 도덕적 경계(moral boundary)를 규정짓는다. 개인들의 도덕적 경계는 모든 행위자에 대해서 허용 가능한 행동들을 제약한다. 다시 말해서 다른 사람의 권리들은 각 개인의 활동에 관한 도덕적 '측면 제약사항'(side constraints)을 결정한다.[16] 이러한 측면 제약사항은, 어떤 사람이 행동할 때, 그의 목표가 무엇이든지 간에 다른 사람의 권리를 침해하지 않아야 한다는 것에 최우선권이 주어져야 한다고 강조한다. 노직은 이러한 측면 제약사항의 근저에는 '개인은 목적이지 단순한 수단이 아니다'라는 칸트적 원리가 반영되어 있다고 설명한다. 개인은 그의 동의 없이는 다른 목적을 성취하기 위하여 희생되거나 이용될 수 없다. 개인은 신성불가침의 존재이다. 그러므로 측면 제약사항은 타인들에 대한 불가침성을 표현한다. 이와 같이 서로 다른 개인들이 상호 불가침성을 갖고 있다는 사실은 이들 개인들이 단지 자신의 개인적인 삶을 영위하는 서로 다른 개인들일 뿐이라는 사실을 입증한다. 칸트적 원리에 근거해서 볼 때도, 한 개인을 다른 사람의 이익을 위해 이용하는 것은, 설사 그것이 전체적인 사회적 선을 도모한다는 목적을 갖고 있을지라도, 그를 수단으로 이용하는 것일 뿐이지 그 이상도 그 이하도 아니다. 한 인격을 이런 식으로 이용하는 것은 그가 독립된 인격이라는 사실을 충분히 존중하지도 고려하지도 않은 처사라고 노직은 주장한다.[17]

　이상에 의해서 우리는 노직의 도덕적 측면 제약사항이 도덕적 금지사항들을 구성하며, 어떤 목적들의 추구는 이들 도덕적 금지사항들을 어기지 않는 방식으로 수행되어야만 정당하다고 주장할 수 있게 된다. 이런 점에서 노직의 도덕적 측면 제약사항은 의무론적 이론이 된다.[18]

2 | 최소국가론

국가 성립 단계론

로크적인 자연상태의 결함은 사회계약에 기초한 동의에 의해 형성되는 공동사회, 즉 시민사회의 결성을 불러온다. 그러나 노직은 이러한 사회를 정치적 합법성을 인정받기에는 불충분한 것으로 간주한다. 왜냐하면 여기에는 로크적 자연권에 대한 침해가 불가피하기 때문이다. 따라서 노직은 로크적 자연권을 박탈함이 없이 그리고 동의나 계약에 의거하지 않고, 의도적인 노력 없이 어떻게 국가가 성립될 수 있는가에 논의의 초점을 맞춘다.

노직에 의하면, 자연상태에서 국가가 성립하기 위해서는 4단계를 거쳐야 하며, 그 후에야 비로소 국가가 형성된다고 한다. 국가가 성립하는 4단계 과정이란, 자연상태에서 상호 보호협회로, 상호 보호협회에서 지배적 보호협회로, 지배적 보호협회에서 극소국가로, 그리고 마지막으로 극소국가에서 최소국가로의 이행과정을 말한다.[19]

먼저 자연상태, 즉 무정부상태 아래서 어떤 사람들은 자신들의 자연권을 행사하고 보호받기 위하여, 그리고 자신들을 침해한 자들을 처벌하기 위하여 보호협회 속에서 단결한다. 그런데 이 상호 보호협회에는 두 가지 불편한 점이 있다. 첫째, 모든 사람들은 항상 보호 기능을 제공하기 위해 대기상태에 있어야 하며, 누가 그런 보호 기능들에 봉사할 것인가를 결정해야 한다. 둘째, 동일한 협회의 다른 두 성원들이 각각 자신의 동료 성원들에게 도움을 요청하면서 다투게 된다. 이러한 불편한 점들을 해소하려면, 더욱 전문적으로 보호상품을 파는 기업적인 보호협회가 출현해야 할 것이고, 아울러 분쟁을 해결하기 위한 적합한 절차가 마련되어야 할 것이다. 이것은 상호 보호협회에서 지배적 보호협회로의 이행을 예시한다.

이제 상호 보호협회에서 지배적 보호협회가 출현하는 과정을 살펴보자. 처음에는 여러 상이한 보호협회들이나 회사들이 동일한 지역에서 그들의 서비스를 제공할 것이다. 그런데 상이한 대행업소의 고객들 사이에 분쟁이 발생될 경우, 업소들이 어떤 합일점에 도달하게 된다면 문제는 비교적 간단하겠지만, 서로 다른 결론에 이르게 되면 한 업소는 그의 고객을 보호하려 하고, 다른 업소는 그를 처벌하거나 보상을 강요하는 경우가 발생할 수 있다. 이럴 경우, 우리는 발생 가능한 몇 가지의 사항들을 추측해볼 수 있을 것이다. 먼저 동일한 지역에 존속하고 있는 상호 보호협회들이 서로 싸우게 될 것이고, 여기에서 승리한 어떤 보호협회가 그 지역의 지배력을 확보하게 될 것이다. 다른 지역도 마찬가지의 과정을 겪게 된다. 그런데 각 지역에서 독자적인 지배력을 확보한 대행업소들이 서로 싸울 경우, 그때마다 승패를 점치기 어려운 엇비슷한 실력을 가지고 있는 것으로 판명되면, 그 업소들은 이러한 싸움들이 소모적인 전투라는 사실을 인식하고 평화적인 방법을 모색할 것이다. 그들 각각의 결정이 다른 경우에는 제3의 재판관이나 법정을 마련하고 그 결정에 따르기로 합의할 것이다. 이렇게 하여 여러 상이한 대행업소가 영업을 할지라도, 하나의 통일된 연방 사법조직이 존재하게 되며 그 업소들은 모두 이 연방 사법조직의 구성요소가 된다.

이상의 가능성들을 통해서 우리는 한 지역 내에 있는 거의 모든 사람들이 그들의 경쟁적인 권리주장들 사이에서 일어나는 분쟁들을 종식시키고, 나아가 그들의 권리들을 대신 행사해줄 수 있는 어떤 통일된 공통의 체계 아래에 있음을 알 수 있게 된다. 이것이 다름 아닌 지배적 보호협회이다. 이러한 지배적 보호협회는 어느 정도 우리가 상상할 수 있는 국가의 모습에 접근하긴 하나 아직은 국가라고까지는 할 수 없고, 단지 유사 국가적 단계에 머무르고 있을 뿐이다.

하나의 통일된 연방 사법조직, 그러나 아직은 사적인 보호협회에 불과한, 지배적 보호협회는 국가의 최소 개념을 충족시키지 못하고 있다. 즉 국가이기 위한 필요조건이 결핍되어 있다. 지배적 보호협회가 국가이려면, 적어도 그것 자신만이 힘을 사용할 사람과 조건을 결정할 수 있어야 하며, 그 지리적 경계 안에 사는 모든 사람들을 보호할 수 있어야 한다. 국가이기 위한 이상의 두 가지 필수조건이 지배적 보호협회에 결여된 이유는 무엇일까? 그 이유 중 하나는 지배적 보호협회의 경계 안에 살면서도 그 보호협회에 가입하길 거부하고, 자신들의 권리를 침해한 사람들을 스스로 처벌하거나 그들에게 보상을 강요하는 방식으로 권리를 행사하려는 자립인들

(independents)이 존재하고 있기 때문이다. 그래서 지배적 보호협회는 힘의 독점권을 주장할 수 없게 된다. 나머지 하나의 이유는, 지배적 보호협회가 보호상품을 구입하기 위하여 수수료를 내는 사람만을 보호하며, 아울러 고객들에게 등급별로 차등화된 보호상품을 판매하고 있다는 사실이다. 때문에 지배적 보호협회는 그 경계 내에 사는 모든 사람들에게 보호 서비스를 제공할 수 없게 된다.

요컨대 지배적 보호협회가 국가로서의 필수조건을 충족시키지 못하고 있는 궁극적인 이유는 자립인들이 존재한다는 사실로부터 기인한다. 로크적 관점에서 볼 때, 시민사회의 형성 여부와는 관계없이 자연상태의 자유 속에 머무르고자 하는 자립인의 존재는 마땅히 용납되어야 한다. 노직 역시 자립인의 존재 가능성을 인정한다. 이들을 인정하지 않는 것은 명백히 로크적 권리에 대한 침해일 것이다. 이로부터 자립인들과 지배적 보호 대행업소 간의 관계를 어떻게 정립할 것인가라는 문제가 자연스럽게 대두된다. 직접적으로 말해서, 이 문제는 자립인들의 어떤 행위를 금지하거나 그들에게 어떤 불이익이 돌아갔을 경우에 어떻게 보상할 것인가의 문제에 해당한다. 이런 문제가 해결되어야만 비로소 국가를 정당화할 수 있는 근거가 마련되기 때문이다.

노직에게 있어서 국가의 기능이란 강압, 절도, 사기로부터의 보호, 계약의 시행 등의 좁은 기능들에 제한된 최소국가에 지나지 않는다. 최소국가는 이른바 고전적 자유주의 이론의 야경국가를 말한다. 때문에 지배적 보호협회가 결핍하고 있는 국가로서의 성립을 위한 필수조건이란, 야경국가의 성립을 위한 필수조건에 다름 아니다.

노직은 지배적 보호협회와 최소국가 사이에 하나의 중간적 사회 조직을 가정한다. 이를 일컬어 그는 극소국가(ultraminimal state)라고 부른다. 극소국가는, 지배적 보호협회와는 달리, 직접적인 자기 방어를 위해 필요한 힘의 행사를 제외한 모든 힘의 행사에 관한 독점권을 보유한다. 그리하여 극소국가는 불의를 당한 개인이 사적으로 혹은 대리인을 통해서 그를 침해한 사람에게 보복하거나 보상을 강요하는 것을 배척한다. 그러나 극소국가는 극소국가가 판매하는 보호 보험증권이나 집행 보험증권을 구입하는 사람들에게만 보호와 집행의 서비스를 제공한다는 한계를 안고 있다. 그로부터 극소국가와 보호계약을 하지 않은 사람들은 보호받지 못하게 된다.

결국 극소국가는 국가 성립의 필수조건 가운데 하나인 힘의 사용에 관한 필요한 바의 독점권을 소유하지만 여전히 모든 사람에게 보호를 제공하지 않는다는 특성을 갖고 있다. 그러나 최소국가는 이러한 극소국가에 결핍된 점을 보강함으로써 발생된다. 즉 조세수입으로 재정지원을 받는 명백히 재분배적인 특징을 갖고서 출현한다. 이 최소국가는 일부의 사람들에게 타인들, 특히 보호 보험증권을 구입할 수 없는 사람들을 보호하기 위해서 세금을 납부하라고 강요하는 만큼 재분배적이다.

이상의 노직의 국가 성립 단계에 관한 고찰을 통해서 우리가 확인해야 할 두 가지 문제점이 그 안에 내포되어 있음을 알 수 있다.

첫째, 국가의 성립이 외관상으로는 사회계약에 의한 국가의 형성임에도 불구하고, 노직은 사회계약에 의거한 국가의 정치적 합법성을 인정하지 않고 있다는 점이다. 그러므로 우리는 노직이 사회계약이 아닌 어떤 다른 대안적 개념을 사용하여 국가 성립의 정치적 합법성을 정당화하고 있는지 살펴보아야 할 것이다.

둘째, 국가가 도덕적 정당성을 인정받으려면 국가가 성립되는 과정에서 국가에 소속되기를 거부하거나 꺼리는 자립인들에 대한 심사숙고가 요구된다는 점이다. 그런 심사숙고 속에는 특히 자립인들의 독자적인 위치와 처우에 관련하여, 자립인들이 불이익을 받았을 때 그들에게 보상을 하는 문제와 그들이 비자립인들에게 불이익을 주었을 경우에 그들의 행위를 금지하는 문제가 포함되어 있다. 그러므로 노직이 이런 문제들에 대해서 어떤 해결책을 제안하고 있는가를 고찰해보아야 할 것이다.

국가 성립의 정치적 합법성

로크는 국가의 성립이나 교환의 문제, 특히 '돈의 발명'[20]을 성취하기 위해 계약이나 상호 승인이 필요하다고 생각한다. 반면에 노직은 이러한 로크의 생각을 그릇된 것이라고 주장한다. 비록 노직이 로크적 전통을 계승하고 있다고는 하지만, 그는 국가의 성립이 동의나 계약 없이도 가능하다고 주장함으로써 로크적 전통에서 벗어나고자 한다. 그러므로 이제 우리는 로크에 대한 노직의 반론, 즉 동의나 계약이 없이도 국가가 성립될 수 있다고 하는 노직의 주장에 대해서 검토해보기로 하자.

노직은 물물교환 제도에 관한 언급으로부터 국가 성립의 정치적 합법성을 위한 설명을 제시한다.

물물교환 제도의 범위 안에서, 모든 사람들의 명백한 동의에 의해 거기에서 거래될 필요가 없는 것에 주목해야만 하는 시장에서 조차, 당신이 원하는 것을 소유한 어떤 사람과 당신이 소유한 것을 원하는 어떤 사람을 찾기 위해서는 많은 불편함이 있고 비싼 대가를 치러야 한다. 사람들은 그들이 알기에 그들이 소유한 것보다 더 일반적으로 원해지리라고 여겨지는 것과 자신들의 상품을 교환할 것이다. (…) 그래서 사람들은 더욱 시장성이 높은 상품들에 관해 교환과정에서 의견이 한데 모아질 것이며, 자신들을 위하여 자신들의 상품을 기꺼이 교환하려고 할 것이다. (…) 명백한 이유로 그들의 개별적인 결정에 의해서 그들의 의견이 한데 모아진 상품은 어떤 속성들을 갖게 될 것이다. (…) 교환수단을 정하기 위한 명백한 동의나 사회계약은 필요치 않다.[21]

요컨대 물물교환 제도나 시장이 처음에는 상당한 불편을 주고 우리로 하여금 어떤 대가를 치르게 하지만, 앞서의 난점들은 해소될 것이고, 교환과정 그 자체를 통해 의도하지 않아도 자연스럽게 교환이 이루어질 것이기 때문에 따로 어떤 동의나 사회계약이 필요치 않다는 것이 이상의 설명의 요점이다. 이 설명에서 노직이 말하고자 하는 것은 국가의 성립 또한 시장에서의 교환과정과 동일하게 어떤 의도 없이 나타날 수 있다는 것이다.

이상의 설명을 일컬어 노직은 '보이지 않는 손에 의한 설명'이라고 부른다. 보이지 않는 손에 의한 설명이란, 애덤 스미스를 좇아 노직이 차용한 용어로서, 어떤 사람의 의도적인 디자인의 산물로 보이는 것을 그 누군가의 의도들에 의해서 일어난 것이 아닌 것으로서 설명하는 것을 말한다. 그리고 이러한 종류의 설명에 반대된 설명을 일컬어 그는 '감추어진 손에 의한 설명'이라고 부른다. 이 감추어진 손에 의한 설명이란, 분명히 의도적인 디자인의 산물이 아닌 다만 일련의 연관 없는 사실들로 보이는 것을 한 개인의 또는 집단의 의도적인 디자인의 산물로서 설명하는 것을 말한다.[22] 이런 관점에서 볼 경우, 사회계약이나 동의에 의하여 국가가 성립되었다고 주장하는 이론은 감추어진 손에 의한 설명 방식을 취하고 있는 셈이 될 것이다.

국가 성립의 도덕적 정당성

자연상태에 남아 있기를 원하는 자립인들의 권리는 마땅히 존중되고 보호되어야 한다. 자립인의 문제는 지배적 보호 대행업소가 출현하면서부터 상당히 중요한 문제로 부각된다. 자립인의 문제와 관련하여 노직이 직면하고 있는 논증상의 주된 문제는 다음과 같다. 즉 만일에 고객이 실제로 자립인의 권리들을 침해한 범죄를 저질렀다면, 자립인은 모든 사람이 범죄를 처벌하기 위해 가지고 있는 권리들을 소유할 뿐 아니라, 고객 그 자신은 그 대신에 중재할 권리를 국가에 양도할 수 있는 권리가 없다. 그렇다면 노직의 논증의 난점은 자립인들의 자기 방어와 비례적인 처벌의 권리들을 행사하는 것으로부터 고객의 범죄에 대한 지배적 보호협회의 금지(범죄 전에)를 정당화시키는 것과 고객에 대항하여 권리를 행사하기 위한(범죄 후에) 자립인들의 처벌권을 정당화시키는 것이다.[23]

노직은 이상에서 제기된 문제들을 해결하기 위하여 자신의 논증을 두 가지 방향에서 전개해나간다. 그 하나의 방향은 절차적 권리들의 촉진적 가정(facilitating assumption) 아래서의 전개이고, 다른 하나는 절차적 권리들의 촉진적 가정 없이 나아가는 방향이다. 그러나 논증의 방향이야 어떻든 주요 테마는 지배적 보호협회가 힘을 독점하기 위한 보상과 금지라는 데 있다.

절차적 권리들의 개념이 노직에 의해 정확히 설명되지는 않았다. 그러나 다음에서 그가 말하는 것은 아마도 절차적 권리들을 구성할 것이다.

> 만일 다른 사람들이 그에게 신뢰할 수 없는 또는 공정치 않은 정의의 절차를 적용하려고 시도한다면, 자기 방어를 위하여 저항할 수 있다. 이 원리를 적용함에 있어서 한 개인은 모든 양심적인 숙고 후에 그가 공정치 못하거나 또는 신뢰할 수 없으리라고 생각한 그런 제도들에 저항할 것이다. 한 개인은 자신의 보호 대행업소에 자신의 권리들을 자신을 위해 행사하도록 권한을 위임하여 신빙성과 공정성이 알려지지 않은 어떤 절차의 부과에 저항케 하고 실제로 공정치 않거나 신뢰할 수 없는 어떤 절차에 저항케 할 수 있다.[24]

자기 방어를 위한 저항권은 적당한 보호 보험증권을 구입함으로써 누구든 지배적 보호협회에 양도할 수 있다. 이로부터 지배적 보호협회는 자립인들이 자신의 고객들에 대항하여 사적으로 집행하는 정의를 금지하거나 중재할 권리를 획득할 수 있다. 그리고 만일에 사람들이 실제로 그렇게 한다면, 지배적 보호협회에 권력을 주며, 그때 지배적 보호협회는 이 권리를 갖게 되고, 그래서 독점적 힘을 합법적으로 행사하며, 이 과정에서 극소국가를 형성하는 데 이르게 된다.[25]

그러나 이와 같이 너무 간단히 지배적 보호협회가 힘의 독점을 획득한다는 것은 아무런 보호를 받지 못하는 자립인들의 권리를 철저히 박탈해버렸다는 결과 이외에는 아무것도 아닐 것이다. 그래서 노직은 자립인들이 받은 이러한 불이익에 관해서 보상해야 할 것을 주장한다. 그가 제시한 '보상의 원리'는 다음과 같다.

> 단지 다른 사람들을 해칠지도 모를 행위들을 하는 것을 금지 당함에 의해서 불리한 처지에 놓인 사람들은 다른 사람들을 위해 안전을 제공하기 위하여 그들에게 떠맡겨진 이러한 불이익에 관한 보상을 마땅히 받아야만 한다.[26]

이러한 보상의 원리를 뒤집어 생각한다면, 이는 일부에 의해 다른 일부에게 보호 서비스를 공여하는 것이라고 할 수 있다. 그러므로 이것은 보호 보험증권을 구입할 수 없는 사람, 또는 자립인의 보호를 위하여 조세를 고객들에게 지불하라고 강요하는 형식이 되므로 재분배적이라고 할 수 있다. 그러나 노직은 이러한 방식으로 이루어지는 국가의 재분배적 기능을 옹호하지도 않으며, 설사 재분배적 기능을 국가가 수행하고 있다손 치더라도 그것을 이차적인 것으로 돌려버린다.

이제 두 번째 논증 방향인 절차적 권리들의 촉진적 가정 없이 힘의 독점화에 관한 논증을 구성하는, 즉 극소국가에 이르도록 힘의 독점을 합법화하여 국가 성립의 도덕적 정당화를 꾀하는 노직의 논지를 살펴보자.

지배적 보호협회와 같은 유사 국가적 존재는 힘의 유일한 권위자가 아니다. 때문에 노직의 유사 국가적 존재는 그들이 손수 다른 비고객들을 다룸에 있어서 그들이 선택한 도덕법으로 비고객들을 막을 권리를 갖지 않는다.[7] 그러나 만일 지배적 보호협회가 이를 무시하고 비고객들에게도 자신들의 권리를 행사한다면, 이는 명백히 로크적 권리에 대한 침해가 된다. 그러므로 지배적 보호협회가 자립인들에게 그들의 권리를 행사하려면, 거기에 대한 합당한 이유가 있어야 한다. 노직은 지배적 보호협회에 의해 보호 서비스를 받고 있는 고객, 다시 말해 도덕적 경계를 지닌 고객이 비고객에게 침범당하여 발생될 수 있는 피해를 사전에 예방해야 한다는 이유를 제시한다. 때문에 어떤 행위의 희생자에게 보상을 해야 한다는 조건이 있을지라도, 고객에 대한 비고객의 부당한 행위는 금지되어야 한다. 다시 말해서 도덕적 경계의 모든 교차들은 금지된다. 이런 금지를 어기는 행위는 범죄에 해당한다.

이로부터 노직은 자연권을 보호하는 체계를 제시하기 위한 금지의 기준을 제시한다. 그는 이러한 금지 기준의 원리가 되는 것을 일컬어 '경계교차의 인식적 원리'(epistemic principle of border crossing)라고 부른다. 경계교차의 인식적 원리는 다음과 같다.

만일 어떤 사람이 조건 C[입증된 확실성과 공정성이라는 절차에 의한 고객의 유죄결정]를 획득하지 않은 한 행위 A를 하는 것이 Q의 권리를 침해하게 된다는 것을 알고 있다면, 만일 그가 조건 C를 확인하기 위해서 가능한 한 최선의 입장에서 이를 획득하려고 확인하지 않았다면 그는 A를 행할 수 없다.[28]

이러한 원리에 근거해서 볼 때, 어느 누구라도 이 금지에 대한 위반자를 처벌할 수 있다. 더욱 정확히 말해서, 어느 누구든지 위반자를 그렇게 처벌할 권리를 갖는다고 노직은 주장한다.[29]

3 | 소유권적 정의론

소유권리의 원칙들

롤즈에 의해서 본격적으로 분배적 정의에 관한 논의가 활발히 진행된 이후, 노직은 분배이론에 대한 하나의 강력한 반론으로서 자신의 소유권적 정의론을 제기한다.

노직에 의하면, 최소국가 내에는 중앙 분배가 존재하지 않으며, 모든 자산을 관리하는 자격을 지닌 개인이나 이 자산이 어떻게 분배될 것인가를 합동으로 결정하는 집단도 존재하지 않는다. 자유로운 사회에서는 다양한 사람들이 서로 다른 자원을 관리하기 때문에, 각 개인이 획득하는 것은 다른 사람과 교환하여 또는 선물로서 그 다른 사람으로부터 획득하는 것이며, 새로운 소유물은 자발적인 교환과 개인들의 행위로부터 발생할 뿐이다. 따라서 몫의 분배 행위 또는 분배란 있을 수 없다. 이러한 이유에서 노직은 '분배'란 용어 대신에 더욱 중립적인 용어인 '개인의 소유물'(people's holdings)이라는 용어를 선택한다. 이런 의미에서 정당한 소유물에 대한 개인들의 소유권리(entitlements)의 정초가 노직의 정의론의 주제가 된다. 노직은 우선 소유물에서의 정의의 원칙, 즉 소유권리의 원칙을 세 가지로 제시한다. 취득의 원칙, 양도의 원칙, 시정의 원칙이 바로 그것이다.[30]

취득의 원칙은 한 개인이 다른 사람들에 의해 사전에 소유되지 않은 소유물에 대한 도덕적 권리를 획득하는 방식을 확인한다. 즉 이는 소유물의 최초 취득에 관한 원칙으로서, 소유되지 않은 것들의 사유화 과정과 이 과정을 통해서 점유될 수 있는 물건들, 또는 어떤 특정한 과정을 통해서 점유될 수 있는 것의 범위 같은 문제를 포함한다. 이러한 최초 취득에 관한 원칙을 '취득에서의 정의의 원칙'이라고 부른다.

양도의 원칙은 개인들이 다른 사람들에 의해 사전에 소유된 소유물을 어떻게 취득할 수 있는가를 설명한다. 즉 이는 한 사람으로부터 다른 사람에로의 소유물의 양도에 관한 원칙으로서, 어떤 과정을 통해서 자신의 소유물을 다른 사람에게 이전할 수 있고, 또한 어떻게 하여 물건들을 이의 소유자로부터 취득할 수 있는가에 관한 문제를 취급한다. 이러한 소유물의 양도에 관한 원칙을 '양도에서의 정의의 원칙'이라고 부른다.

노직은 취득의 원칙과 양도의 원칙에 근거하여 '소유물에서의 정의론'을 제시한다. 그리고 이로부터 완결된 분배적 정의의 원칙을 도출한다. 개인이 소유물에 대해 소유권리가 있다는 조건들을 명시하는 소유물에서의 정의론은 다음의 귀납적 정의로 기술된다.

① 취득에서의 정의의 원칙에 따라 소유물을 취득한 사람은 그 소유물에 대한 소유권리가 있다.
② 그 소유물에 대한 소유권리가 있는 사람으로부터 양도에서의 정의의 원칙에 따라 소유물을 취득한 사람은 그 소유물에 대한 소유권리가 있다.
③ ①과 ②의 (반복된) 적용에 의한 것을 제외하고는 어느 누구도 소유물에 대한 소유권리가 없다.[31]

그리고 이상의 소유물에서의 정의론으로부터 도출한 완결된 분배적 정의의 원칙은 다음과 같다.

분배는 만일 모든 사람들이 그 분배 하에서 그들이 소유하고 있는 소유물들에 대한 소유권리가 있다면 정당하다.[32]

이어서 노직은 소유물에서의 정의론과 완결된 분배적 정의의 원칙과의 관계를 더욱 명확히 드러내주는 설명을 다음과 같이 제공한다.

분배는 이것이 다른 정당한 분배로부터 합법적인 수단에 의해 발생했다면 정당하다. 한 분배상태에서 다른 분배상태로 이행하는 합법적 수단은 양도에서의 정의의 원칙에 의해 규정된다. 최초의 합법적 이행은 취득에서의 정의의 원칙에 의해 규정된다. 정당한 상황으로부터 정당한 단계를 거쳐 발생하는 것은 무엇이나 그 자체도 정당하다. 양도에서의 정의의 원칙에 의해 규정된 변화의 수단은 정의를 보전한다.[33]

노직이 소유물에서의 정의론과 완결된 분배적 정의의 원칙과의 관계를 통해 드러내고자 하는 것은 다름 아닌 그의 반복적인 정의 아래서의 정의의 이행성(transitivity of justice)이다.[34] 결국 하나의 분배상태가 정의롭기 위해서는 소유물에 대한 최초의 취득 그 자체가 정당해야 하며, 이러한 정당한 소유물의 취득에 의해서만 소유물에 대한 정당한 양도가 성립되는 근거를 확보하게 되는 것이다. 그러므로 소유물의 취득이나 양도에 의한 사회적 분배가 정의롭기 위해서는, 즉 합법적이려면, 재산의 최초 취득이 다른 사람들의 권리를 침해함이 없어야 하고, 그에 따라 양도는 자발적이어야 한다.[35]

그러나 사회적 분배에서의 현실이 언제나 정의롭거나 합법적인 상황만으로 전개되는 것은 아니다. 즉 모든 현실적 상황들이 소유물에서의 정의의 두 원칙인 취득에서의 정의의 원칙과 양도에서의 정의의 원칙에 의해 생성되는 것은 아니다. 남의 물건을 절취하거나 사취하여 자신의 소유물로 만든 사람도 있을 것이고, 또는 다른 사람의 노동력이나 생산물을 착취하거나 수탈하여 재산을 축적한 사람도 있을 것이다. 이러한 현실적·역사적 부정의에 대한 척결을 위하여, 즉 사회적 분배에 있어서 정의 보전적 상황으로 되돌아가기 위해서는 '시정의 원칙'이 필연적으로 요청된다.

노직은 시정의 원칙이 추가된 '소유물에서의 정의론'과 '분배적 정의의 원칙'으로부터 소유권리론의 일반적 개요를 다음과 같이 제시한다.

> 한 개인의 소유물은, 취득과 양도에서의 정의의 원칙 또는 부정의에 대한 시정의 원칙에 의해서, 그가 그 소유물에 대한 소유권리를 부여받았으면 정당한 것이다. 만일 각 개인의 소유물이 정당하다면, 소유물의 전체 집합(분배)은 정당하다.[36]

소유권리와 자유

노직은 자신의 소유권리론과 자유와의 관계성을 명확히 드러내기 위하여 분배적 정의의 원리들을 구분한다.[37]

첫 번째의 구분은 역사적 정의의 원리와 비역사적 정의의 원리에 대한 구분이다. 노직에 의하면, 어떤 분배상태가 정의로운가의 기준은 분배가 어떻게 이루어졌는가에 달려 있다. 즉 분배가 정당한 절차적 과정에 의해서 이루어졌느냐가 그 관건이 된다. 이러한 절차적 과정을 통해서만 과거의 상황이나 또는 개인들의 과거 행위는 사물에 대한 차별적인 소유권리 또는 차별적인 응분의 자격을 창조할 수 있다.

노직의 논지에 따르면, 이 자격을 발생케 하는 것은 소유권리에 입각한 정의의 원칙에 의해서만 가능하므로 분배에서의 정의의 소유권리론은 역사적인 것이다. 반면에 정의의 현재시점-단면 원리 (current time-slice principles)[38]는 분배의 결과에만 그 초점을 둘 뿐 도덕적으로 관련이 있는 역사적 상황들을 무시하기 때문에 비역사적이다. 노직은 이러한 비역사적 원리를 목적-결과 원리(end-result princi-ples) 또는 목적-상태 원리(end-state principles)라고 부른다.

두 번째의 구분은 정형적 정의의 원리와 비정형적 정의의 원리에 대한 구분이다. 노직에 의하면, 한 분배의 원리가 어떤 자연적 차원, 자연적 차원들의 총합, 또는 자연적 차원들의 축차적인(lexico-graphic) 서열에 따라 분배상태가 변화해야 한다고 규정할 경우 그것을 정형적 분배 원리라고 한다. 정형적 원리는 분배가 어떻게 이루어져야 되는가를 규정하는 어떤 특성 또는 일련의 특성들을 선택한다. "각자에게 ~에 따라"[39]의 빈칸을 메우는 모든 공식은 정형적인 공식이다.[40] 이러한 정형적 정의의 원리와 개인의 몫의 분배를 규정하지 않는 비정형적 정의의 원리는 서로 대조적이다. 그런데 정당한 분배란 무엇을 분배하든지 간에 자유교환의 과정에 의해서 일어나는 것이다.[41] 그러므로 자유교환이 아닌 정형에 따라서 분배하려는 시도는 자유에 대한 침해가 된다. 이런 이유로 노직은 모든 정형적 원리에 반대한다.

이상의 구분법에 의해서 노직의 소유권리론은 역사적·비정형적 정의 원리로서 제시된다. 이러한 원리는 개인의 경제적 자유에 대한 수호자로서의 기능을 담당한다고 노직은 믿어 의심치 않는다. 이를 위하여 노직은 자유가 정형을 전복시킬 수 있음을 보여주고자 한다.

노직은 소유물의 분배를 결정하는 최초의 정형적 원리가 실현되었다고 가정하고, 이것을 우리가 선호하는 분배상태 D_1으로 설정한다. 이 분배상태에서는 모든 사람이 균등한 몫을 가질 수도 있을 것이며, 분배의 몫은 어떤 차원에 따라 변할 수도 있다. 그래서 이러한 최초의 입장이 주어진다면, 개인들은 그들 사이에서 자신들의 소유물을 양도하거나 소유물을 다른 사람들과 교환하거나 또는 소유물을 정당하게 증여하는 것에 대해서 동의할 것이며, 그렇게 함으로써 선호된 정형을 전복시킬 수 있는 여건들이 조성된다. 예컨대, 농구 선수인 월트 체임벌린이 인기 선수이기 때문에 어떤 팀에서 그를 스카우트하기 위하여 게임이 있을 때마다 입장권 한 매당 25센트를 그의 몫으로 주기로 하고 계약을 체결했을 경우, 팬들은 체임벌린의 경기를 보기 위해 그의 몫으로 25센트를 지불할 것이다. 그 결과로 체임벌린은 최초로 결정된 몫보다 훨씬 더 많은 수입을 제공받게 된다. 이런 식으로 개인적 수입에 대한 새로운 분배상태 D_2가 발생하게 된다.[42]

그러므로 D_1이 정당한 분배였다면, 그리고 개인들이 D_1에서 D_2로 자발적으로 이행했다면, D_2 역시 정당할 것이다. 그러나 여기에서 우리가 눈여겨보아야 할 점은 최초의 분배상태 D_1과 새로운 분배상태 D_2는 서로 그 양상이 다르다는 점이다. 즉 D_1은 모든 사람들이 선호한 정형적 분배상태이며, D_2는 자유교환에 의해서 발생된 비정형적 분배상태이다. 이런 점에서 개인들의 자유는 분배적 정형의 유지에 반대할 수 있으며, 그런 까닭에 자유는 정형을 전복시킬 수 있는 것이다.

소유권리와 로크적 단서

노직이 제시한 소유권리의 세 원칙은 하나의 원칙으로 환원될 수 있다. 양도의 원칙은 결국 수취자에 있어서는 새로운 취득의 시작이며, 시정의 원칙 또한 수취자에 있어서는 부정의의 시정에 따른 새로운 취득의 시작이라고 할 수 있기 때문이다. 그러므로 노직의 소유권리론은 한마디로 '취득의 이론'이라고 할 수 있다. 따라서 재산의 최초 취득이 일어나게 된 절차적 과정이 분배의 합법성을 평가하는 기준이 된다.

　노직은 개인들이 그들의 자연상태에서 재산을 취득할 수 있게 되는 과정을 로크의 재산권 이론에서 찾는다. 로크에 따르면, 자연상태에서의 최초 취득은 한 개인이 그가 사물들에 자신의 노동을 첨가했을 경우 그런 사물들을 소유하게 되는 것을 말한다.

　　모든 사람은 자기 자신의 신체에 대한 소유권을 갖고 있다. 이 소유권에 대해서는 그 자신 이외에는 누구도 아무런 권리를 갖지 못한다. 그의 육체의 노동과 그의 손이 하는 일은 당연히 그의 것이라고 말할 수 있다. (…) 적어도 다른 사람들을 위하여 공유로 충분하게 그리고 풍부하게 남겨져 있는 경우에, 일단 노동이 가해진 것에 대해서는 그 이외의 누구도 권리를 가질 수 없다. (…) 그러므로 어떤 사람이 공유로 되어 있는 것의 일부를 손에 넣어, 그것을 자연이 방치해놓은 그대로의 상태로부터 끄집어내게 될 때 비로소 소유권이라는 것이 발생된다.[43]

여기에서 우리는 로크가 자연상태에서의 최초 취득을 위한 노동의 원칙에 어떤 조건을 덧붙이고 있다는 사실에 주목할 필요가 있다. 노동은 다음의 조건을 만족시킬 때에만 재산권을 준다고 할 수 있다. 즉 "다른 사람을 위하여 공유로 충분하게 그리고 풍부하게 남겨져 있는 경우에." 노직은 이러한 조건을 '로크적 단서'(Lockean Proviso)라고 부른다.

노직의 논지에 따르면, 로크적 단서는 다른 사람들의 상황이 악화되지 않을 것을 보증하기 위한 것이라고 규정할 수 있다. 이러한 규정 아래서만 무엇에 노동을 가한다는 것은 그 무엇을 개선시키는 것이며 이를 더욱 가치 있는 것으로 만든다. 그리고 자신이 그의 가치를 창출한 바의 것은 누구나 그것을 소유할 권리가 있다고 노직은 주장한다. 그러나 누군가 무엇을 소유할 때에는 언제든지 그는 항상 누군가 그것을 소유할 기회를 감소시킨다.[44] 그러므로 재화와 자원의 결핍으로 인해 사유화를 할 수 없는 개인들의 상황은 사유화나 항구적인 재산권을 허용하는 체계에 의해서 악화되었는가라는 문제에 직면하게 된다. 이에 대해 노직은 사유재산제를 옹호하고, 로크적 단서를 충족시킬 수 있는 다양한 사회적 고려사항들을 제시한다.

① 사유재산제는 생산수단을 가장 효과적으로 이용할 수 있는 사람의 손에 제공해줌으로써 사회적 생산물을 증대시킨다.
② 사유재산제는 자원을 분리된 개인들이 관리하기 때문에 새로운 아이디어를 가진 누군가가 그것을 시험해보도록 설득시켜야

만 할 개인이나 소수집단도 없으므로, 실험이 권장된다.

③ 사유재산제는 사람들이 어떤 정형이나 유형의 위험에 관하여 그들이 원하는 바대로 결정할 수 있게 하여, 위험 부담의 전문화가 이룩된다.

④ 사유재산제는 일부 사람들이 앞으로의 시장을 위하여 자원의 현재 소비를 삼가게 함으로써 앞으로의 개인들을 보호한다.

⑤ 사유재산제는 자신들을 고용하도록 어떤 개인이나 소수집단을 설득하지 않아도 되는 인기 없는 개인들에게 대체적 고용의 기회를 제공한다.[45]

이상의 고려사항들이 로크적 단서를 충족시키려면 여기에는 또한 '비교를 위한 적합한 기준선'이 있어야 할 것이다. 이를 위하여 노직은 원초적인 사유화의 일반적인 경제적 중요성에 대한 평가를 요구한다. 그에 의하면, 이 중요성은 변형되지 않은 원료와 주어진 자원들, 주로 개선되지 않은 땅의 가치를 나타내는 지대수입과 본래의 장소에 있는 원료의 가격에 기초한 모든 수입의 백분율에 의해서, 그리고 과거의 그러한 수입을 나타내는 현재의 부(wealth)에 대한 백분율에 의해서 측정된다.[46]

노직은 이상의 논거들에 기초하여, 설사 어떤 사람의 사유화로부터 다른 사람의 상황이 악화되었다고 할지라도, 그로부터 발생된 손해를 보상해줄 경우에는 사유화가 가능한 것으로 간주한다.

누군가의 사유화는 다른 경우라면 로크적 단서를 위반할 것이나,

그로부터 발생된 손해를 다른 사람들에게 보상함으로써 그 "다른
사람들의 상황이 악화되지 않는다면" 그는 사유화할 수 있다. 그
러나 그가 이들 다른 사람들에게 보상해주지 않는다면, 그의 사
유화는 취득에서의 정의의 원칙이라는 단서를 위반하는 것이 되
며, 비합법적인 것이 될 것이다.[47]

이상에 의해서 로크적 단서를 만족시키는 노직의 원리를 다음과
같이 정리할 수 있겠다. "다른 사람의 상황을 악화시키지 않고 소유
물을 취득한 사람으로부터 양도받은 소유물에 대해서 사람들은 소
유권리를 갖는다."[48]

4 | 비판 및 평가

노직은 로크의 자연상태론으로부터 자연권을 이끌어내어, 그에 대
한 칸트적 의미의 도덕적 정당화 작업을 거친 후, 개인의 권리를 최
선으로 보장해주리라고 기대해 마지않는 최선의 국가로서의 최소
국가를 정초한다.

노직의 작업이 자연상태에서의 개인의 권리, 즉 자연권의 문제로
부터 시작하는 이유는, 개인들이 어떤 권리들을 소유하지 않는 한,
그들 스스로가 목적으로 취급되기보다는 오히려 다른 사람들의 목
적을 위한 수단으로 이용될 위험에 처할 가능성이 크다는 자각에
서 기인한다. 때문에 개인들은 그들의 동의 없이는 어떤 방식으로

든 이용되지 않을 권리와 다른 사람들의 선을 위해 희생되지 않을 권리, 그리고 다른 사람들을 위해 일을 해야만 한다는 식의 강요를 받지 않을 권리 등을 소유해야만 한다. 그러나 노직은 칸트적 원리를 끌어들임에 있어서 우리를 '독립된 인격이라는 사실'과 결부시켜, 칸트의 의도와는 달리, 고립된 개인으로서의 인격에 기초한 권리주장만을 너무 강조한다. 개인의 독립성에 대한 지나칠 정도의 강조는 개인주의에 함축된 고도의 사회성을 파괴하고, 그 결과로서 개인주의에 내재된 최악의 가능성인 이기주의를 조장할 수도 있다는 점을 노직은 간과하고 있다.

그리고 국가가 성립하는 단계와 이에 따른 국가 성립의 정치적 합법성과 도덕적 정당성에 관한 노직의 논변에도 상당히 많은 중요한 결함들이 있다. 그의 이론적 결함은 국가 성립 단계의 설정 그 자체에서부터 찾아 볼 수 있다. 노직을 비판하는 사람들 가운데 한 사람인 빌 조던은, 노직이 우아하게 보호협회라고 부른 것은 솔직히 말하자면 보호장사(protective racket)이며, 보호를 제공함에 있어서 지배적 보호협회의 우선권과 방법들은 다소 마피아 단(Mafia mob)을 생각나게 한다는 혹평을 가하기도 한다.[49]

노직은 국가 성립의 정치적 합법성을 논증하기 위하여 애덤 스미스의 '보이지 않는 손'의 개념을 차용하여 계약이나 동의 없이도 국가가 발생할 수 있다는 사실을 보여주려고 했다. 그러나 그것은 스미스의 보이지 않는 손에 대한 해석상의 오해로부터 기인한 논증에 불과할 뿐이다. 스미스의 보이지 않는 손이란 어떤 합리적인 의도 뒤에 나타나는, 전혀 뜻밖의 자연스러운 결과를 가져오게 하는 것을 의미한다. 때문에 보이지 않는 손은 무엇을 하고자 하는 어떤 의도 속에 이미 그 싹이 들어 있는 것으로 보아야 할 것이다. 그러므로 보이지 않는 손에 의한 국가 발생을 어떤 의도와는 전혀 무관한, 즉 아무런 인과관계 없이 국가가 발생할 수 있다는 식으로 해석하는 것에는 무리가 있다고 본다. 때문에 애덤 스미스의 보이지 않는 손을 차용하여, 사회계약에 의해선 획득하기 어려운 국가 성립의 정치적 합법성을 정당화할 수 있는 새로운 대안적 개념을 모색하겠다는 그의 의도는 사실상 실패했다고 볼 수 있다.

노직은 국가 성립의 도덕적 정당성에 관한 논거로서 절차적 권리와 보상의 원리, 그리고 경계교차의 인식적 원리를 도입한 바 있다. 그러나 노직이 절차적 권리와 보상의 원리에 입각해서 힘의 독점화를 정당화하고자 하는 과정은 사실상 도덕적으로 허용할 수 없는 단계를 전제하고 있다. 힘의 독점화는, 그것이 어떤 의미로든, 자립인들의 권리 침해를 전제하고서야 가능할 것이기 때문이다. 또한 경계교차의 침해에 대한 금지와 처벌은 사실상 지배적 보호협회가 결정한 확실성과 공정성에 의해서 제한된다고 할 수 있는데, 이것은 '힘이 정의다'라는 이론을 산출할 위험성을 다분히 안고 있다.[50]

노직은 소유권리의 할당 문제만을 정의의 주제로 간주하며, 분배적 정의의 문제를 이차적인 것으로 간주한다. 그 이유는 최소국가 내에서 보장되는 개인의 권리 및 자유가 분배라는 명목 하에서 침해받을 가능성이 있으며, 아울러 분배가 최소국가 이상의 국가, 즉 더욱 포괄적인 국가를 불가피하게 정당화하기 때문이다. 또한 노직은 자유로운 사회에서는 다양한 사람들이 서로 다른 자원을 관리하고, 새로운 소유물은 자발적인 교환과 선물을 포함하는 개인들의 행위로부터 발생할 뿐이므로 몫의 분배 행위 또는 분배란 있을 수 없다고 주장한 바 있다. 그 결과 노직의 소유권리론은 사회제도에 만연되어 있는 불평등의 해소를 도외시하고, 국가의 개입을 전혀 허용하지 않는 개인적 자유의 절대적 우선성을 되살려 경제적 자유인 소유권리를 신성불가침한 권리로 정초한다. 그러나 자유가 하나의 목적가치라는 사실은 널리 알려진 사실이다. 그럼에도 불구하고 노직은 개인의 소유권리를 위한 물질적 행복에만 중심을 둔 나머지, 개인의 행복을 성취하기 위한 수단으로 자유를 전도시켰다는 이율배반적인 결과를 초래했다.

또한 노직은 소유 및 재산의 개념을 탈사회제도적인 입장에서 정당화시킴으로써 재산의 사회적 토대를 등한시하고 있다. 그래서 로크적 단서에 대한 노직의 해석 또한 '다른 사람들의 상황을 악화시키지 않는다면'이라는 식의 소극적이고 미온적인 태도 표명에 머무를 수밖에 없는 것이다.

이러한 점들에서 노직의 이론은 경제적 불평등 및 격차의 해소 문제와는 거리가 먼, 오히려 부익부, 빈익빈이라는 계층적 갈등을 당연시하는 극우적·보수적 성격을 여실히 드러냄으로써 세계화라는 미명하에 전파되는 신자유주의의 입지만을 강화시켜주는 철학적 정당화 작업에 머문 것으로 평가할 수 있을 것이다.

그런데 노직은 그가 자유지상주의적 이념을 설파한 지 15년이 지난 어느 날 『성찰된 삶—철학적 명상』에서 자신의 자유지상주의적 입장이 이제는 자신에게 매우 부적절하며, 지적 과거를 잊게 되거나 혹은 그것으로부터 벗어나는 일이 어렵다는 것을 절감하고 있다고 고백한다. 자신이 견지했던 그 입장이 부적절한 이유들 가운데 하나는, 인간적인 고려사항들과 협동적인 공동 활동들을 잘 결합하여 그것을 구조적으로 더욱 밀접하게 하기 위한 여지를 남겨두지 않았기 때문이라고 한다. 그 외에도 자유지상주의적 견해가 정부의 목적만을 고찰했지, 정부의 의미를 고찰하지 못했기 때문에 그것은 정부의 목적에 대한 아주 편협한 견해를 택할 수밖에 없었다고 술회하기도 한다.[51] 이렇게 노직의 국가와 소유권리에 관한 자유지상주의적 사고실험은 막을 내린다.

VIII

NANCY
FRASER

8 프레이저
지구화 시대의 정의[1]

김원식

오늘날 가속적 지구화는 그동안 국제 질서를 비롯하여 우리의 기본적인 삶의 질서를 지배해오던 '국민국가' 틀을 뒤흔들고 있다. 지구화는 국민국가의 경계를 가로지르는 상호작용의 빈도와 밀도를 급속히 증가시키면서 기존의 국민국가 틀로는 접근하거나 대응할 수 없는 다양하고 새로운 도전들을 제기한다. 그리고 이러한 현실적 변화들은 사회 정의를 실현하기 위한 우리의 노력들과 사회 정의에 대한 기존 담론들에 대해서도 역시 새로운 도전과 과제들을 제기하고 있는 것으로 보인다. 이로 인하여 국민국가 단위 내로 제한된 채 진행되어온 기존의 사회 정의 실현을 위한 노력들과 기획들은 일종의 방향 상실 상태에 처해 있는 것처럼 보이기도 한다.

오늘날 지구화 과정 속에서 사회 정의를 실현하기 위해서는 무엇보다 먼저 사회 정의의 '내용'에 대한 다차원적 이해가 요구되며, 나아가 사회 정의의 '당사자'는 누구인지, 그리고 정의의 내용과 당사자를 결정하는 '방법'은 무엇인지에 관해서 더욱 심층적으로 검토하고 새로운 시각을 제시하는 것이 필요하다. 지구화로 인한 이주의 증대와 문화적 접촉의 확대는 기존의 경제적 분배 정의 틀로 환원될 수 없는 각종 인정투쟁들을 유발하고 있다. 그리고 자본의 지구적 이동이나 지구적 빈곤의 문제에서 대표적으로 볼 수 있는 것처럼 국민국가 단위의 당사자라는 틀만으로는 더 이상 대응할 수 없는 새로운 범위에서의 정의 요구들 역시 등장하고 있다. 나아가 정의의 내용과 당사자에 관한 이러한 논란의 확대는 오늘날 사회 정의를 실현하기 위한 합의를 산출하고 그것을 실현하기 위한 새로운 방법적 성찰이 필요하다는 사실 역시 일깨워주고 있다.

낸시 프레이저(Nancy Fraser, 1947~)는 바로 이러한 시대적 변화와 그 변화가 제기하는 도전들에 주목하면서 자신의 독자적인 정의론을 모색해나가고 있다. 그녀는 1995년 이후 미국 뉴욕의 뉴스쿨 사회과학 대학원 교수로 재직 중이며, 주된 연구 분야는 사회이론과 정치이론, 여성주의 이론, 유럽 현대철학 등이다. 비판이론 전통에 서 있는 그녀는 그간 아렌트, 푸코, 하버마스 등 현대의 유수한 정치철학자들의 논의에 대한 비판적 개입을 시도해왔다.

특히 그녀는 현재 프랑크푸르트학파 비판이론 전통을 주도하고 있는 악셀 호네트 교수와 분배와 인정을 둘러싼 중요한 논쟁을 진행하였으며, 그 결과가 『분배냐, 인정이냐?』(2003)라는 책으로 출간되기도 하였다.[2] 이 논쟁은 오늘날 급속히 심화되고 있는 분배 갈등과 인정 갈등, 계급 정치와 정체성 정치 사이의 관계 양상을 사회비판이론 차원에서 어떻게 접근할 것인가 하는 중요한 문제를 제기하였다. 이후 많은 논자들이 이 논쟁에 뛰어들면서 현대 사회에서 발생하는 분배와 인정 그리고 정치적 차원의 갈등 양상들을 어떻게 종합적으로 파악할 것인가 하는 복잡한 논쟁이 진행되게 된다.

이 글에서 우리가 집중적으로 검토하게 될 프레이저의 주저 『지구화 시대의 정의』(2008)는 이러한 논쟁의 성과를 발전적으로 확장시켜나가고 있다고 할 수 있을 것이다. 이제 아래에서는 프레이저의 논의를 통해 오늘날 지구화가 사회 정의에 대한 기존의 이해에 대해 제기하고 있는 각종 도전들과 그에 대한 우리의 대응의 원칙적 방향은 무엇인지에 대해서 생각해보도록 하자.[3] 그녀가 제안한 대로 사회 정의의 내용, 당사자, 방법이라는 구별을 중심으로 지구화 시대에 새롭게 부상하는 정의에 대한 도전들과 그에 대한 원칙적 대응 방향들을 먼저 검토한 후 마지막으로 그녀의 논의들에 대해 간략한 비판적 검토와 평가를 시도해보도록 하겠다.

1 | 지구화의 도전과 정의론의 과제

'전 지구적 전환' 과정이 가속화되고 있음에도 불구하고 아직까지 국제 질서의 근간을 구성하고 있는 주된 원칙은 여전히 국가주권의 원리라고 할 수 있다. 베스트팔렌 조약 이래 국제 질서의 근본 원리로 널리 인정되어온 국가주권은 대외적으로는 배타적 성격을 대내적으로는 절대적 성격을 가지는 것이었다. 각각의 국민국가는 대외적으로는 독립의 권리를 가지며, 각국은 다른 나라의 내정에 대해서 간섭할 권리를 가지고 있지 않다. 또한 대내적으로 국가주권은 분할 불가능한 최고의 지위를 가지는 것이었다.[4] 이러한 베스트팔렌적 질서를 배경으로 하여 기존의 정의 담론 역시 특정한 정치 공동체, 즉 영토국가 내부에 거주하는 시민들 사이의 정의란 무엇이며, 그것을 실현할 방법은 무엇인지를 탐구하는 데 주로 집중해왔다.

특히 서구 사회의 경우 사회민주주의가 지배적 지위를 차지하고 있던 지난 시기에는 시장에 대한 국민국가의 개입을 강조하는 "케인스주의적-베스트팔렌적 틀"이 정의에 관한 논쟁들을 주로 지배해왔다.[5] 사회민주주의자와 보수주의자, 자유주의자와 공동체주의자, 여성주의자와 다문화주의자들은 정의의 구체적 내용이 무엇인지에 대해서는 각기 서로 상이한 의견들을 가지고 대립하였지만, 그들 모두는 정의의 당사자의 범위는 각각의 국민국가의 시민들일 수밖에 없다는 사실에 대해서 동의하고 있었다.

그렇지만 영토국가 원리에 기초한 이러한 틀에 대한 합의는 오늘날 시장의 자유를 강조하는 신자유주의적 지구화 흐름 속에서 다양한 방향에서 도전받고 있는 것처럼 보인다. 정치, 경제, 문화 등 전반적인 삶의 영역에서 가속화되고 있는 지구화 과정은 오늘날 다양한 방식으로 국민국가의 자립성을 위협하고 있다. 지구 온

난화 문제나 새로운 테러의 양상들이 보여주듯이 오늘날 안보와 치안의 문제는 더 이상 개별 국가 차원에서 대응할 수 없는 문제가 되고 있다. 최근의 금융 위기에서 볼 수 있는 바와 같이 자본의 지구적 이동이 초래하는 문제나 지구적 빈곤의 문제 역시 개별 국가 차원에서의 접근만으로는 효과적인 대응이 불가능한 상황이다. 또한 대규모 이주와 초국적 대중매체를 통해 문화 접촉이 증대되고 있으며, 이를 토대로 하여 지구적 사안을 둘러싼 다양한 형태의 초국적 공론들도 형성되고 있는 상황이다.

이러한 상황들로 인해서 한편으로는 기존의 '베스트팔렌적 틀'이 '탈베스트팔렌적 틀'로 이행하고 있는 것처럼 보이기도 하지만, 다른 한편 아직 '탈베스트팔렌적 틀'은 전혀 안정화되거나 구체화되어 있지 않은 것처럼 보이기도 한다. 국민국가의 제한성이 점차 가시화되고 있음에도 불구하고 유럽연합과 같은 지역 단위 실험 이외에는 아직 국민국가를 기초로 한 삶의 질서를 대체할 지구적 대안의 가능성은 포착되지 않고 있다. 이런 점에서 현재는 지구적 차원에서 불안정한 질서 이행의 흐름이 지배하고 있는 시기라고 말할 수 있을 것이다. 지구화가 초래하는 각종 도전들은 국민국가 틀을 넘어서는 새로운 질서의 창출을 요구하고 있지만, 아직 우리는 이러한 과제에 대응할 수 있는 방법과 질서를 확립하지 못하고 있다. 이러한 전환의 시기에는 관련된 담론들 역시 정상적 형태가 아닌 '비정상적 형태'를 보여줄 수밖에 없을 것이다.[5] 사회 정의에 관한 기존 담론이 통약 가능한 안정된 기존의 틀을 상실하게 되면서 정의의 내용, 당사자, 방법에 관한 각종 논란들은 급속히 확대되고 있다.

정의의 내용—분배, 인정, 대표

정의의 내용과 관련하여 먼저 주목해야 할 것은 현재 기존의 분배 정의라는 틀로 환원될 수 없는 다양한 정의 요구들이 분출하고 있다는 점이다. 롤즈의 『정의론』에서 대표적으로 볼 수 있는 바와 같이 기존의 정의론들은 주로 폐쇄적인 국민국가 단위에서 재화를 공정하게 분배하는 것을 그 중심 목표로 삼고 있었다.[7]

이러한 분배 중심의 정의 담론은 먼저 서구 선진 국가들의 경우 국민국가 단위의 사회민주주의적 정책을 그 배경으로 하고 있었다. 주지하듯이 서구의 복지국가는 국가 개입을 통한 경제적 이해 조정과 복지 정책을 배경으로 하는 계급 타협을 그 기초로 하고 있다. 그리고 이러한 배경 속에서 사회 정의는 주로 복지 정책을 통한 공정한 경제적 자원의 분배 문제로 이해되었다. 과거 제2세계나 제3세계에서도 역시 분배 정의 담론은 지배적 지위를 차지하고 있었다. 공산주의 이념을 지향한 제2세계는 계급 불평등의 해소를 체제의 주된 목표로 삼았으며, 경제 성장을 당면 목표로 삼고 있던 제3세계에서도 역시 사회 정의의 문제는 주로 공정한 경제적 분배의 문제로만 간주되는 경향이 있었던 것이 사실이다. 분배 정의라는 틀이 지배적 지위를 차지하는 이러한 상황에서 사회 정의는 주로 국민국가 단위 내에서 경제적 재화를 어떻게 분배하는 것이 정의로운가 하는 문제로 이해되어왔다.

그러나 분배 정치의 지배적 지위는 오늘날 다양한 방면에서 도전받고 있는 것으로 보인다. 먼저 서구 국가들은 사회민주주의에 대한 새로운 도전들과 분배로 환원될 수 없는 새로운 정치적 요구들에 직면하게 되었다. 68혁명 이후 등장한 신사회운동들은 경제적 재화의 분배에 국한되지 않는 다양한 새로운 정치적 요구들을 제기하기 시작하였다. 예를 들어 여성운동은 여성의 고유한 정체성에 대한 인정을 요구하였으며, 탈물질적 가치가 확산되면서 삶의 질과 참여의 요구가 증가하였고, 이주의 증대로 인해 다문화주의의 도전도 제기되었다. 또한 현존 사회주의 체제의 몰락은 민족주의의 부활과 민족적 정체성에 대한 인정을 요구하는 거대한 정치적 갈등을 산출하기도 하였다. 이러한 정체성 정치의 부상은 기존의 분배 정의 요구로는 포섭될 수 없는 새로운 정의 요구를 제기하고 있는 것으로 보인다.

또한 지구화 과정 속에서는 다양한 정치적 요구들의 등장으로 인해 경우에 따라서는 상이한 정의 요구들이 서로 충돌하는 상황까지도 전개되고 있다. 예를 들어 선진국의 노동자들이 사회 정의의 이름으로 높은 수준의 노동 규제와 환경 규제를 요구하는 상황에서, 개발도상국 노동자들이 이를 자신들의 이익을 침해하는 보호주의로 비판하는 경우를 떠올려보자. 이 경우 한편으로는 국민국가 틀과 탈국민국가 틀의 충돌이 발생하며, 다른 한편으로는 선진국 노동자들의 정치적 자결권 요구와 개발도상국 노동자들의 분배 요구가 부딪치게 된다. 또한 우리는 사회 정의를 실현하기 위해서 경제적 분배에 집중하는 분배주의자들과 문화적 인정을 강조하는 '문화적 좌파들' 사이의 논쟁을 떠올려볼 수도 있을 것이다.[8] 분배주의자들은 문화적 좌파들이 피상적인 문화적 문제들에만 몰두하고 있다고 비판하는 반면에 문화적 좌파들은 분배주의자들이 차이의 문제에 둔감하다고 비난한다.[9] 이러한 상황들은 다양한 정의 요구들의 등장과 이 요구들 사이의 충돌을 상징적으로 보여주고 있다.

이러한 전반적인 상황들을 고려할 때 오늘날 정의론은 정의의 '내용'과 관련하여 분배를 넘어서는 새로운 사회적 요구의 차원들을 포용할 수 있는 동시에 이러한 차원들을 서로 분리하지 않고 종합할 수 있는 포괄적인 규범적 틀을 제시할 것을 요구받고 있는 것으로 보인다. 여기서 일차적으로 중요한 것은 새로운 사회적 부정의의 차원들이 존재한다는 점을 부정하지 않고 수용해내면서 그것이 어떤 사회구조적 원인에서 기인하는 부정의들인지를 확인하는 일이다. 이와 동시에 우리는 그것들을 통약 가능하게 만들어주는 보편적인 규범적 기준은 무엇인지 역시 제시해야만 할 것이다. 왜냐하면 상이한 정의 요구들을 통약할 수 있는 규범적 기준이 제시되지 않는다면, 사회적 요구와 저항들 사이의 갈등을 해소하고 연대의 방식을 모색할 수 있는 방법도 상실하게 될 수밖에 없기 때문이다. 이러한 문제의식 하에서 프레이저는 분배, 인정, 대표라는 정의의 세 차원을 제시하고, 이를 통약 가능하게 만들어주는 포괄적인 정의의 규범적 기준으로 '동등한 참여'의 원칙을 제시하고 있다.

프레이저는 정의의 핵심을 '동등한 참여'(parity of participation)의 원칙으로 규정한다.[10] 정의는 사회 구성원들 모두가 동등한 자격을 가지고 모든 사회적 상호작용에 참여할 것을 요구한다. 동등한 참여의 원칙은 한편으로 무엇이 정의인지를 결정하는 과정에 모두가 참여할 것을 요구한다는 점에서 정의를 규정하는 절차를 내포하고 있으며, 다른 한편으로는 주어진 사태가 동등한 참여를 보장하고 있는지를 검토하는 기준이 된다는 점에서 결과를 평가하는 규범으로도 기능한다. 결국 동등한 참여의 원칙은 구체적인 제도의 내용과 그것이 성립하게 된 절차 모두에 대해서 반성할 수 있는 기준을 우리에게 제공하고 있다. 또한 동등한 참여의 원칙은 민주주의와 정의 사이의 불가분한 관계 역시 잘 보여주고 있다. 정의는 당사자들의 동등한 참여와 민주적 논의를 통해서만 비로소 확정되고 실현될 수 있다는 것이다.

　이러한 원칙을 기준으로 삼으면 사회적 부정의는 이제 동등한 참여를 저해하는 각종 사회적 요인들로 규정될 수 있을 것이다. 동등한 참여의 원칙이 실현되기 위해서는 정치적 영역에서 모든 당사자들이 합당하게 대표(representation)될 수 있어야 하며, 경제적 영역에서 모든 당사자들이 동등한 참여를 위해 필요한 자원을 분배(redistribution)받을 수 있어야 하고, 문화적 영역에서 모든 당사자들이 동등한 참여를 위한 지위를 인정(recognition)받을 수 있어야만 한다.[11] 사회적 부정의는 각각의 삶의 영역에서 이러한 요구들이 실현되지 못하는 경우에 발생하게 된다. 경제적 영역에서 정의로운 분배가 실현되지 못하는 경우에는 불평등 분배의 문제가, 문화적 영역에서 정의로운 인정이 실현되지 못하는 경우에는 무시(無視)가, 정치적 영역에서 정의로운 참여가 부정될 때에는 대표 불능이 각각 발생하게 된다.

사회 성원들이 사회적 상호작용에 참여하기 위해서는 기본적인 물질적 재화를 분배받는 것이 반드시 필요하다. 이러한 필수적인 물질적 재화가 특정한 개인이나 집단에 분배되지 않는 경우 불평등한 분배는 사회적 부정의의 한 유형이 된다. 또한 사회 성원들이 사회적 상호작용에 참여하기 위해서는 그의 사회적 지위와 신분에 대한 문화적 인정이 반드시 필요하다. 만일 특정한 개인이나 집단이 무가치한 존재로 낙인찍히고 무시당한다면, 그들은 정상적으로 사회적 삶에 참여할 수 없게 될 것이며, 이 경우 문화적 무시는 사회적 부정의의 한 원인이 된다. 마지막으로 특정한 개인이나 집단이 정치적으로 그들의 목소리를 내지 못하는 경우 고유한 정치적 부정의가 발생한다. 예를 들어 특정한 개인이나 집단들이 정치적 발언권 자체를 박탈당하고 배제당하는 경우, 잘못된 제도를 통해서 특정한 소수집단의 목소리가 대변되지 못하는 경우 정치적 대표 불능의 상황이 발생하게 된다.

프레이저에 따르면, 정치적 차원, 경제적 차원, 문화적 차원에서 야기되는 이러한 각각의 고유한 부정의들이 존재하며, 이러한 부정의들은 실제로 그것들이 밀접하게 상호 연관되어 있기는 하지만 서로에게 환원될 수 없는 고유성을 갖는다.[12] 현실 속에서 이러한 사회적 부정의들은 중첩적으로 나타나는 것이 일반적이라고 볼 수 있다. 사회적으로 낙인찍히고 무시받는 개인이나 집단은 경제적 재화의 분배에서도 열악한 상황에 놓이게 마련이며, 그 반대의 경우도 마찬가지다. 또한 무시받고 가난한 사람들의 목소리는 정치적으로 원활하게 대변될 수 없으며, 정치적 발언권을 가지지 못한 개인이나 집단은 사회적 인정이나 경제적 분배에서도 열악한 상황에 처하게 마련이다. 인정 없는 분배도 분배 없는 인정도 불가능하며, 대표 없는 분배나 인정도, 분배나 인정 없는 대표도 불가능할 수밖에 없다.

그럼에도 불구하고 인정, 분배, 대표와 관련된 부정의는 각각 그 원인과 효과에서 환원 불가능한 독자성을 가지고 있는 것 역시 사실이다. 경제적 구조 때문에 발생하는 경제적 부정의들이 문화적 차원으로 환원될 수 없으며, 문화적 차원의 부정의가 경제적 구조의 문제로 환원될 수 없다. 충분한 문화적 인정을 받는 개인이나 집단이 구조적인 경제적 문제로 인해 불평등한 분배를 받을 수도 있으며, 충분한 경제적 부를 소유한 사람들이 문화적 무시의 대상이 될 수도 있다. 또한 경제나 문화의 차원과는 독립적으로 고유한 정치적 대표 불능이 발생할 수도 있을 것이다. 물론 사회적 부정의에 대한 이러한 이해는 정치, 경제, 문화적 차원의 사회 질서들 사이의 상호 관련성과 독자성에 대한 사회이론 차원의 논의를 전제하고 있다.

동등한 참여라는 규범적 원칙에 근거한 프레이저의 3차원적 정의론 구상은 사회적 삶의 각각의 영역에서 나타나는 다층적인 사회적 부정의들을 식별해낼 뿐 아니라 그러한 사회적 부정의에 대한 저항들이 동등한 참여라는 동일한 규범적 목표의 실현을 지향하고 있다는 점을 보여줌으로써 사회적 저항들의 연대 가능성을 제시해주고 있다. 지구화하는 현대 사회에서 발생하는 다양한 사회적 부정의들을 포섭하고 있다는 점에서 이러한 정의론 구상은 분배 중심의 정의론을 넘어서 다층적 정의론을 모색하는 데 기여하고 있다고 할 수 있을 것이다.

정의의 당사자―종속된 모든 사람들의 원칙

정의의 당사자 문제와 관련하여 무엇보다 먼저 우리가 주목해야 할 것은 정의의 당사자가 더 이상 기존의 국민국가 틀로만 제한되기 어려운 상황들이 현재 발생하고 있다는 점이다. 케인스주의가 지배하던 시기에는 국민국가 단위에서 정부가 국가 경제에 정책적으로 개입하여 일국 단위에서 분배 정의 문제를 해결하는 것이 가능하였다. 따라서 이러한 상황에서 분배 정의의 문제는 특정한 정치 공동체 내부에 거주하는 시민들 사이의 분배 정의 문제로 이해될 수 있었다.[13]

그렇지만 국경을 넘나드는 자본의 흐름과 초국적 경제기구나 기업들의 등장은 선진국들에서조차 국가 경제에 대한 개별 국가의 정책적 대응 여지를 축소시키고 있다. 이는 특정 국가 시민들의 경제적 불평등이 그 국가 외부에서의 결정들에 의해서 악화될 수 있다는 사실을 의미한다. 이런 상황에서 경제적 정의에 대한 요구를 국민국가 단위로 제한하는 것은 정의롭지 못한 일이 된다. 예를 들어 그것은 취약한 국가나 실패한 국가의 시민들로부터 그들이 겪고 있는 경제적 부정의를 시정할 수단을 빼앗는 것이나 다름없게 될 것이다.

오늘날 국제적인 환투기 세력들, 초국적 경제기구, 다국적 기업의 결정들은 개별 국가의 정책만큼이나 시민들의 경제적 삶의 수준에 중요한 영향력을 행사하고 있다. 나아가 단지 경제적 분배 문제뿐 아니라 각종 사안에서 외부 주체들의 결정이 행사하는 영향력들이 증대하고 있으며, 이에 따라 현재 다양한 형태의 초국적 공론들과 저항들 역시 출현하고 있다. 미국의 일방주의적 이라크 침공 결정에 대한 세계적 규모의 시위, 반복되는 반세계화 집회, 지구온난화에 대한 반대 운동들은 이러한 상황들을 상징적으로 보여주는 사건들이다.[14]

이러한 상황은 정의의 당사자에 관한 이론적 담론 내부에도 역시 투영되고 있다. 롤즈의 『만민법』에서의 당사자 규정을 둘러싼 논쟁이 그 대표적 사례라고 할 수 있을 것이다. 롤즈는 그의 저서 『만민법』에서 분배와 관련된 정의의 두 원칙이 적용될 수 있는 영역을 국민국가 내부로 한정하였다.[15] 각각의 국민국가 단위의 경제적인 삶의 조건은 주로 그들 자신의 결정과 노력에 달려 있기 때문에 국민국가를 넘어선 국제적, 지구적 단위에서는 정의의 원칙이 적용될 수 없다는 것이다. 롤즈는 부유한 사회나 민족이 가난한 사회나 민족에 대해서 경제적 원조를 제공할 의무가 있다는 사실을 인정하고 있지만, 이는 정의의 권리와는 구별되는 다른 차원의 문제다.[16] 분배 정의와 관련된 문제는 오직 특정한 정치 공동체, 즉 영토국가 내부에서만 논의될 수 있으며, 그 사회의 구성원들만이 분배 정의 담론에 참여하고 요구를 제기할 권리를 갖는다는 것이다.

이에 대해 국제주의자들(internationalists)과 세계시민주의자들(cosmopolitans)은 오늘날 특정 국가의 삶의 조건이 단지 내부적 요인들에 의해서만 결정된다고 볼 수 없을 정도로 외부의 영향력과 상호의존 관계가 확대되었다고 주장하면서 국민국가 단위를 넘어서는 분배 요구가 정당하다고 역설하였다. 국제주의자들은 빈곤한 국가의 집합적 인민들이 부유한 국가의 인민들에 대해서 분배를 요구할 정당할 권리가 있다고 주장하였으며, 세계시민주의자들은 빈곤한 국가의 개인들이 세계시민으로서 개인적으로 분배를 요구할 권리가 있다고 주장하고 있다.[17]

한 예로 지구적 정의에 관한 대표적 논자 중 하나인 토마스 포거(Thomas W. Pogge)는 지구적 빈곤층에 대한 분배가 오늘날 도덕적 의무에 속한다고 주장하고 있다. 그는 첫째, 잘못된 과거 역사로 인해서 지구적 빈곤층이 불리한 위치에 처하게 되었으며, 둘째, 인류 전체가 동일한 자연 자원에 의존하고 있는 상황에서 부유한 나라들만이 이러한 자원을 독차지하고 있으며, 셋째, 인류 전체가 단일한 지구적 경제 질서 속에서 공존하고 있다는 점에서 지구적 빈곤층에 대한 분배 의무를 정당화하고 있다. 특히 그는 롤즈의 논의가 저개발국가 주민들의 빈곤과 불평등이 지구적 경제 질서에 의해 재생산된다는 사실을 간과한 채 모든 책임을 빈곤한 국가들에 전가하고 있다고 비판하였다.[18]

이러한 논쟁의 전개는 기존의 삶의 질서를 지배해오던 베스트 팔렌적 틀 자체가 오늘날 고유한 부정의를 산출하고 있다는 인식이 이미 확산되고 있음을 보여주고 있다. 지구화하는 삶의 조건에서 영토국가 단위 틀의 당사자 규정만을 고집하는 것은 특정한 집단과 개인들의 정치적 요구를 배제하고, 초국적 세력들의 이익만을 보장하며, 그들에게 면죄부를 주는 결과를 산출하게 된다는 것이다. 프레이저는 이를 '잘못 설정된 틀'(misframing)이 야기하는 사회적 부정의라고 규정하고 있다. 틀을 잘못 설정하게 되면, 특정한 개인이나 집단들에 대한 총체적 배제가 발생하며, 이렇게 배제된 사람들은 분배, 인정, 대표 모두에서 당사자가 될 수 없는 상황에 처하게 된다는 것이다.[19] 기존의 베스트팔렌적 틀은 지구적 빈곤층의 정의 요구들을 취약하거나 실패한 국가 내부로 제한하고, 동시에 다양한 초국적 세력들이 자신들의 활동에 대해 아무런 책임도 지지 않을 수 있도록 면죄부를 준다는 점에서 고유한 부정의를 야기하고 있다고 볼 수 있을 것이다.[20]

때문에 프레이저는 국민국가 내부의 시민들이라는 당사자 틀을 넘어서는 새로운 당사자 규정 원칙의 모색이 필요하다고 주장하며, 이를 위해서 "종속된 모든 사람들의 원칙"(the all-subjected principle)을 정의의 당사자 규정을 위한 원칙으로 제시하고 있다. 정의의 주체, 즉 당사자를 규정하는 데서 대체로 지금까지는 시민권 원칙, 휴머니즘 원칙, 관련된 모든 당사자 원칙이라는 세 가지 원칙이 제시되어 왔다고 볼 수 있다. 시민권 원칙은 베스트팔렌적 틀을 고수하면서 영토국가의 시민들만이 정의의 주체이자 당사자가 될 수 있다고 주장한다. 반면에 휴머니즘 원칙은 인간성을 공유하는 모든 개인들이 정의의 주체이자 당사자가 될 수 있다고 주장한다.[21] 그러나 이 두 주장의 경우 전자는 잘못 설정된 틀이 야기하는 부정의 자체를 무시하고, 후자는 구체적 사안들에 적용할 수 있는 가능성이 없을 정도로 지나치게 추상적이라는 점에서 각각 그 한계를 가지고 있다.

때문에 프레이저는 그간 "관련된 모든 당사자 원칙"(the all-affected principle)이 정의의 당사자 문제를 해결하는 유망한 대안이라고 생각해왔다. 그러나 관련된 모든 당사자 원칙 역시 나비효과 사례로 인해서 관련성의 범위를 확정할 수 없다는 모순에 봉착하게 된다. 만일 나비효과 개념이 지적하는 바와 같이 매개 사건이 다른 모든 사건들과 관련된다면, 이 원칙은 모든 사안에 대해 지구 인류 전체가 참여하여 관련 당사자가 되어야 한다는 불합리한 결론에 봉착하게 된다. 그렇기 때문에 프레이저는 관련 사안의 결정에 직접적으로 종속되는 사람들, 그 결정이 자신의 삶에 중요한 영향을 미치는 사람들로 당사자의 범위를 새롭게 규정할 것을 제안하고 있다. 예를 들어 세계무역기구나 국제통화기금과 같은 기구들, 환경규제나 지적재산권과 관련된 초국적 기구들은 국민국가 단위를 넘어서는 거대한 인구의 상호작용을 규제하며 그런 한에서 이들은 그러한 기구들에 종속되어 있는 사람들에 속한다고 볼 수 있을 것이다. 이러한 원칙은 정의의 당사자에 대한 규정과 관련하여 배타적 민족주의의 한계를 극복하는 동시에 사회적 관계를 구체적으로 고려한다는 점에서 휴머니즘 원칙의 추상성 역시 극복할 수 있을 것이다.

물론 이러한 원칙을 현실적으로 제도화하는 것은 매우 복잡한 문제를 포함하게 될 것이지만, 이 원칙이 다양한 층위에서의 당사자 규정을 가능하게 한다는 점만은 원칙적으로 분명한 것으로 보인다. 이 원칙은 사안에 따라서 소규모 지방 단위의 당사자, 국민 국가 단위의 당사자, 지역 단위의 당사자, 지구적 당사자라는 다층 적 당사자 규정을 가능하게 하며, 이는 지방화와 지구화가 동시에 진행되고 있는 오늘날의 상황(glocalization)에도 원칙적으로 부합하는 것이라고 평가할 수 있다.

정의의 방법—비판적-민주적 접근

국민국가 틀의 동요는 그간 당연한 것으로 간주되어온 정의의 내 용과 당사자 문제에 대한 논란을 초래하며, 이러한 상황은 자연스 럽게 그러한 논란들을 어떻게 해소할 것인가 하는 문제를 야기할 수밖에 없게 된다. 국민국가 단위의 사고에서는 특히 당사자 문제 가 당연한 것으로 간주될 수밖에 없었다. 정의 요구를 주장할 수 있는 주체는 영토국가의 시민들뿐이라는 사실이 당연시되는 상황 에서는 당사자 문제에 관한 논란이 발생할 여지 자체가 존재하지 않았다. 또 설령 그러한 논란이 발생한다고 해도 그런 문제는 주 로 국가나 엘리트들 사이의 합의에 의해서 처리되는 것이 당연시 되어왔다.

그러나 지구화 과정이 진척되면서 오늘날 정의의 당사자 문제는 논란의 대상이 되기 시작하였으며, 앞서 살펴본 바와 같이 국가주 의자, 국제주의자, 세계시민주의자 사이의 논쟁이 진행되기도 하였 다. 그럼에도 불구하고 이러한 논란 속에서 당사자를 확정하는 방 법의 문제는 아직 명확하게 주제화되지 않았으며, 각각의 입장들은 암묵적으로 표준 사회과학적 논의에 호소하는 태도를 보여온 것이 사실이다. 즉 기존의 세 입장들이 각각 당사자 문제를 결정하는 데서 특정한 사회과학적 견해에 주로 의존하고 있다는 것이다.

당사자 문제에 대한 기존의 세 입장들은 공히 원초적 상황에서의 합의라는 롤즈의 모델을 차용하고 있으며, 이러한 상황에서 무지의 베일 속에 있는 당사자들은 기본적인 사회적 사실에 대한 지식만을 소유하고 있다고 가정되고 있다. 그런데 문제는 이 기본적인 사실의 내용을 이해하는 방식들이 각각 서로 다르다는 것이다. 먼저 국가주의자들은 당사자들이 자신의 삶이 주로 국민국가 내부의 요인에 따라 결정된다는 사실을 알고 있다고 본다. 반면에 국제주의자들은 당사자들이 자신의 삶이 국민국가 내부의 요인뿐 아니라 외부의 요인에 의해서도 동시에 결정된다는 사실을 알고 있다고 본다. 마지막으로 세계시민주의자들은 당사자들이 자신의 삶이 국민국가 내부의 요인보다 지구적 요인에 의해서 주로 결정된다는 사실을 알고 있다고 본다.[22]

그런데 여기서 이들이 각각 당사자들이 '알고 있다'고 가정하는 내용들은 사실상 특정한 경험 사회과학적 견해를 투영하고 있다. 이들 모두가 각각 특정한 사회과학적 견해를 무반성적으로 받아들이고 그것을 전제하고 있다는 것이다. 그렇지만 프레이저는 사실상 표준 사회과학적 합의란 존재하지 않으며, 사회과학적 논의 그 자체는 특정한 이론적 관점과 정치적 편향을 내포하고 있다고 주장한다. 이는 이미 실증주의에 대한 비판을 통해서 널리 알려져 있는 사실이다.

이러한 비판적 인식에 기초하여 프레이저는 오늘날 사회 정의의 문제를 해결하기 위해서는 '비판적-민주적' 접근 방법이 필요하다고 주장한다. 이러한 방법은 사회과학적 논의의 내용들을 수용하면서도 그에 대해 비판적 태도를 취한다는 점에서 비판적이며, 틀을 결정하는 과정에서 당사자들의 정치적 참여를 강조한다는 점에서 민주적이라고 할 수 있다. 이러한 방법은 정의에 관한 논의에서 발생하고 있는 최근의 변화, 즉 사회 정의론에서 민주적 정의론으로의 변화를 반영하고 있다.[23]

이러한 접근은 대화적인 동시에 제도적인 접근을 요구하고 있다. 이러한 접근은 먼저 실증과학의 독백적인 접근을 넘어서고자 한다. 주지하듯이 사회과학적 견해는 그 자체가 이미 다양한 해석과 정치적 입장들을 내포하고 있다. 그렇기 때문에 비판적-민주적 접근은 다양한 견해들이 가지는 해석들과 정치적 입장들을 고려한 상태에서의 논쟁적 대화만이 합의를 모색할 수 있는 유일한 길임을 강조하는 대화적인 접근을 선호한다. 이와 같이 대화만이 유일한 갈등의 해결책이기는 하지만 대화 그 자체만으로 문제를 해결할 수 없는 것 역시 사실이다. 그렇기 때문에 당사자들 간의 대화는 논의의 종결과 합의된 사항의 실행을 위해서 그를 뒷받침할 실천력 있는 제도들을 필요로 한다.

정의를 실현하는 방법과 관련된 이러한 구상은 하버마스의 공론장 이론과도 밀접하게 결부되어 있다. 하버마스의 공론장 이론에서 공론은 민주적 정당성과 동시에 유효성을 가져야만 한다. 사회 정의에 관한 공론이 민주적 정당성을 확보하기 위해서는 관련된 모든 당사자들을 논의에 참여시킬 수 있는 포용성과 의견 제시와 발언, 비판에서의 동등한 기회와 권리를 보장하는 것이 반드시 필요하다. 또한 정의에 관한 공론이 유효성을 가지기 위해서는 시민사회의 공론이 입법부의 결정을 통해서 법으로 번역될 수 있어야만 하며, 또한 행정부는 그러한 입법부의 결정을 실행할 수 있는 실천 능력을 갖추어야만 한다.[24]

그러나 문제는 지구화하는 조건에서 등장하고 있는 오늘날의 초국적 공론들의 경우 아직은 이러한 여러 조건들을 전혀 확보하고 있지 못하다는 점이다. 예를 들어 초국적 공론의 경우 국가 단위 공론과는 달리 포용성과 동등한 참여를 실질적으로 보장하기가 매우 어려운 것이 사실이다. 뿐만 아니라 초국적 공론은 그 공동의 의지를 번역해낼 입법부도 그 결정을 실행할 행정부도 갖추고 있지 못한 것 역시 엄연한 현실이다. 이러한 상황은 오늘날 사회 정의를 실현하기 위한 비판적-민주적 접근이 지구적 규모에서 실행되기 위해서는 다양한 정치적·제도적 변화와 조건들이 요구되고 있다는 사실을 보여주고 있다.[25]

요약하자면 오늘날 사회 정의 실현을 지향하는 정의론은 정의의 내용, 당사자, 방법에 대해서 전면적인 새로운 접근을 요구받고 있다. 첫째, 정의의 내용과 관련해서는 분배 정의를 넘어서 새로운 정의 요구의 내용들을 포섭해내는 것이 중요하다. 둘째, 정의의 당사자와 관련해서는 국민국가의 시민이라는 틀을 넘어서 당사자의 범위를 넓히고 다층화하며 그것을 현실적으로 제도화하는 과정이 필요하다. 셋째, 정의의 방법과 관련해서는 정의의 내용과 당사자에 관한 논의를 확대시키고, 그에 대한 참여의 폭을 대폭적으로 확대하여 민주화하는 것이 필요하다. 이러한 새로운 노력과 접근들은 기존에 은폐되어왔던 사회적 부정의들을 폭로하고 이에 대해 새로운 문제제기를 하는 데 많은 기여를 할 수 있을 것이다.

2 ㅣ 비판적 검토와 실천적 함의

이제 마지막으로 지구화 시대의 정의에 관한 프레이저 논의의 중심 내용들에 대한 비판적 검토를 진행한 후 지구화 시대의 정의론에 관한 이상의 논의가 오늘날 가지는 실천적 함의를 밝혀보고자 한다.

프레이저의 논의에 대한 비판적 검토와 관련해서는 첫째, 프레이저의 3차원적 정의론이 현대적 부정의와 사회 갈등의 주요한 원천인 물화(物化)의 문제를 간과하고 있다는 점과 둘째, 정의의 당사자를 규정하는 원칙에 관한 논의가 더욱 구체화될 필요가 있다는 점을 지적해두고자 한다.

먼저 정의의 내용과 관련된 프레이저의 논의와 관련하여 분배, 인정, 대표라는 그녀의 3차원적 정의관이 전통적인 사회적 삶의 물화의 문제를 간과하고 있다는 점을 지적할 수 있을 것이다. 프레이저의 정의론은 경제, 문화, 정치 각 영역에 고유한 부정의들을 지적함으로써 분배 중심의 기존 정의론과 문화적 차원의 인정 일원론이 각각 가지고 있는 한계를 적확하게 지적하고 있는 것으로 보인다.[26] 뿐만 아니라 그녀는 앞서 살펴본 바와 같이 분배와 인정 이

외에 대표의 문제를 새롭게 지적함으로써 정치적 차원에 존재하는 부정의 역시 자신의 정의론 내부에 포섭해내고 있다.

그럼에도 불구하고 프레이저는 경제, 문화, 정치의 영역들 각각에 고유하게 내재하는 부정의들을 해명하는 데 치중한 나머지 경제와 정치 그리고 문화 사이의 교차와 중첩으로 인해서 발생하는 삶의 물화의 문제를 간과하고 있는 것으로 판단된다. 하버마스의 생활세계 식민화 테제가 지적하고 있는 바와 같이 현대 자본주의 사회에서는 체계의 매체인 화폐와 권력이 우리의 생활세계에 침투하는 경우 합리적 의사소통에 기초한 생활세계 질서가 물화되는 병리적 상황이 발생하게 된다. 하버마스에 따르면, 이러한 사회적 삶의 물화는 문화적 차원의 의미 상실, 규범적 아노미 상태, 심리적 병리현상 등 포괄적인 사회적 병리현상을 동반한다. 나아가 그는 신사회운동과 연관하여 이러한 병리적 상황들이 '삶의 질'을 둘러싼 새로운 사회 갈등들을 유발하는 핵심적 원인을 제공하고 있다고 주장했다.

오늘날 환경, 교육, 인권 등을 주제로 하는 이러한 새로운 사회 갈등은 현대 사회 갈등의 핵심 축 중 하나이며, 삶의 물화는 특정한 계급이나 계층에 국한되지 않는 전 사회적인 파급 효과를 발휘한다는 점에서 분배나 인정과 관련된 부정의와는 그 성격상 차별성이 지적될 수 있다. 이러한 주요한 사회적 부정의와 갈등의 차원을 간과하고 있다는 점은 현대 사회의 다층적 부정의에 대한 진단이라는 사회비판이론의 과제를 고려할 때 우선적으로 지적되어야만 할 것이다.[27]

다음으로 정의의 당사자 및 방법 문제와 관련해서는 우선 논의가 좀 더 구체화될 필요가 있다는 점이 지적될 수 있을 것이다. 지구화가 가속화되고 있는 오늘날의 상황에서 기존의 국민국가 틀이 가지는 제한성을 지적하는 것은 분명 유의미한 일이며, 국민국가를 넘어서는 차원의 지구적 정의를 고려할 때 정의의 당사자와 방법에 관한 새로운 접근이 요구된다는 것 역시 부정할 수 없는 사실이다. 그럼에도 불구하고 '종속된 모든 사람들의 원칙' 하에서 지구적 정의와 관련된 민주적 합의를 모색하고자 하는 프레이저의 논의는 여전히 추상적인 규범적 논의로 그칠 가능성이 있는 것이 사실이다.[28]

예를 들어 프레이저가 빈번히 언급하고 또한 강조하고 있는 지구적 빈곤층에 대한 재분배 문제와 관련하여 이러한 원리를 직접적으로 적용하는 것은 일종의 단일한 '세계정부'에 대한 상정을 함축할 수밖에 없을 것으로 보인다.[29] 왜냐하면 우리가 복지국가의 경험을 고려할 때 국가 단위를 넘어서는 적극적 분배 정책은 결국 국가 단위를 넘어서는 행정체계와 세금징수를 요구할 수밖에 없을 것이기 때문이다. 지구적 차원에서 경제 질서가 복잡하게 착종되고 있는 상황에서 지구적 빈곤 문제와 관련하여 종속된 모든 사람들의 원칙을 직접 적용한다는 것은 결국 관련된 모든 사람들의 참여를 보장하는 일종의 세계정부가 성립되는 경우에나 가능한 일이 될 수 있을 것이다.

그러나 만일 지구적 정의와 관련된 프레이저의 논의가 이러한 방향을 지시하고 있다면, 이는 현실성 없는 규범적 논의라는 비판을 면하기 어렵게 될 것이다.[30] 현존하는 문화적 이질성과 불평등한 경제 및 권력 상황을 고려할 때, 세계정부에 대한 구상은 적어도 현재 상황에서는 비현실적이라는 지적을 받을 수밖에 없기 때문이다. 또한 하버마스가 '세계정부 없는 세계내정'에 관한 그의 구상에서 반복적으로 지적하고 있는 바와 같이 국민국가 형성 과정을 지구적 차원에서 반복하고자 하는 세계공화국 구상은 현실성이 부족한 구상일 뿐 아니라 세계시민법을 구현하기 위한 유일한 개념적 대안도 아니다.[31]

때문에 하버마스는 '국제법의 입헌화' 기획을 통해서 평화와 인권의 문제와 같은 시급한 현안 문제들을 초국적 공론장의 힘을 바탕으로 UN과 같은 초국적 기구 차원에서 다루어나가면서, 다양한 국가 간 협력 제도 및 기구들을 활성화하는 다차원적인 접근 구상을 제시한 바 있다. 이러한 구상을 제시하게 되는 핵심적 이유는 시민들의 참여를 통한 민주적 정당성의 문제를 실질적으로 확보할 수 있는 것은 여전히 국민국가 단위에서만 가능할 수밖에 없으며, 그런 한에서 초국적 제도나 다국적 제도의 민주적 정당성은 결국 국민국가 단위의 민주적 정당성에 간접적으로 의존할 수밖에 없는 상황 때문이다. 이런 점들을 고려한다면, 종속된 모든 사람들의 원칙을 지구적 차원에서 적용하려는 프레이저의 시도는 그 제도적 내용과 구상 면에서 더욱 면밀히 검토될 필요가 있을 것으로 판단된다.

이제 마지막으로 지구적 정의에 관한 이상의 논의가 실천적으로 함축하는 바에 대해 간략히 언급하면서 논의를 정리하도록 하

자. 먼저 지구적 정의에 관한 지금까지의 논의는 오늘날 우리가 지구화에 대한 대응의 원칙과 방향 없이는 우리 내부의 사회 정의 실현을 추구하기도 어렵게 되었다는 사실을 보여주고 있다. 지구화의 흐름은 우리 사회 내부에 존재하는 기존 갈등 구조에 큰 영향을 미치고 있으며, 다른 한편으로는 새로운 사회적 부정의들 역시 산출하고 있다. 지구적 차원에서 가속화되는 경쟁은 우리 내부에 새로운 경쟁의 압력을 부과하고 있으며, 이주자 문제와 같이 새로운 도전들 역시 야기하고 있다.

이러한 상황에서 프레이저가 제시한 다차원적 정의론 구상은 현재 우리가 봉착하고 있는 복합적 사회 갈등의 성격을 해명하고 그에 대응해나가는 데서 중요한 의미를 갖는다고 볼 수 있다. 가속화되는 지구화의 흐름 속에서 산출되고 있는 새로운 사회적 부정의들을 분석하고 나아가 이를 사회 정의 실현이라는 공동의 목표 아래에서 다루어나가려는 노력이 시급히 요구되고 있는 상황이다. 우리는 지구적 경쟁의 압력이 야기하는 사회적 양극화와 경제적 배제의 문제, 이주자의 유입으로 인한 문화적 정체성 인정의 문제, 사회적 삶의 물화로 인한 새로운 사회 갈등 등에 대해서 다차원적이고 종합적인 대응을 모색해나가야만 할 것이다.

또한 국민국가 틀을 넘어서는 정의의 당사자 및 방법과 관련된 논의는 이러한 내부적 노력과 더불어 우리의 관심을 지역적이고 국제적인 문제 영역으로까지 확장시킬 필요가 있다는 점을 잘 보여주고 있다. 오늘날 우리는 단순한 '국익'의 논리를 넘어 지구 공동체의 일원으로서 공동의 문제에 대처해 나가야만 한다. 오늘날 사회 정의를 실현하고자 하는 우리들은 지구적 조망 하에서 내부의 문제를 진단하고, 다시 내부의 시선을 돌려 지구적 문제에 대해서 더욱 적극적인 관심을 가질 것을 절실히 요구받고 있다.

편집자 서문

1 정치학자 진덕규는 정치를 권력, 영향력, 권위 등과 관련된 행위로 규정하고 있다. 진덕규, 『현대 정치학』, 학문과사상상사, 1993, 19쪽.

1 롤즈

1 이 글은 필자의 『롤즈의 공적 이성과 입헌민주주의』(철학과현실사, 2008) 중 일부를 수정, 보완한 것이다.

2 Samuel Freeman, *Rawls*, Routledge, 2007.

3 John Rawls, *A Theory of Justice*, The Belknap Press of Harvard University Press, 1971[『사회정의론』, 황경식 옮김, 서광사, 1977]. 1999년 출판된 개정판 역시 번역되어 있다(『정의론』, 황경식 옮김, 이학사, 2003).

4 John Rawls, *Political Liberalism*, Columbia University Press, 1993[『정치적 자유주의』, 장동진 옮김, 동명사, 1998].

5 John Rawls, *The Law of Peoples*, Harvard University Press, 1999[『만민법』, 장동진 · 김기호 · 김만권 옮김, 아카넷, 2009].

6 정원섭, 『롤즈의 공적 이성과 입헌민주주의』, 철학과현실사, 2008.

7 Robert Nozick, *Anarchy, State, and Utopia*, Basic Books, 1974[『아나키에서 유토피아로—자유주의 국가의 철학적 기초』, 남경희 옮김, 문학과지성사, 1997].

8 존 롤즈, 『정의론』, 개정판 서문, 17-18쪽.

9 같은 책, 560쪽, 574-575쪽.

10 John Rawls, *Political Liberalism*, xv쪽.

11 같은 책, xvi쪽.

12 John Rawls, *A Theory of Justice*, 40쪽.

13 Michael Walzer, *Spheres of justice: A Defense of Pluralism and Equality*, Basic Books, 1983, 1장[『정의와 다원적 평등』, 정원섭 외 옮김, 철학과현실사, 1999, 1장] 참조.

14 John Rawls, *A Theory of Justice*, 12쪽, 19쪽, 136-142쪽.

15 Will Kymlicka, "The Social Contract Tradition", *A Companion to Ethics*, Blackwell, 1991, 192쪽.

16 John Rawls, *Political Liberalism*, 5-6쪽.

17 John Rawls, *Justice as Fairness: A Restatement*, ed. by Erin Kelly, The Belknap Press of Harvard University Press, 2001, 135-178쪽.

18 James E. Meade, "Efficiency, Equality and the Ownership of Property", *Liberty, Equality and Efficiency*, The Macmillan Press, 1993, 21-81쪽.

19 John Rawls, *Justice as Fairness: A Restatement*, 135-138쪽.

20 John Rawls, *A Theory of Justice*, 270-274쪽.

21 John Rawls, *Justice as Fairness: A Restatement*, 132쪽.

22 John Rawls, *Political Liberalism*, 82쪽, 106쪽, 108쪽, 318쪽; *A Theory of Justice*, 178-183쪽, 543-546쪽.

23 John Rawls, *Political Liberalism*, 298쪽.

24 John Rawls, *A Theory of Justice*, 22절 참조.

25 John Rawls, *Political Liberalism*, 서론 참조.

26 같은 책, 4쪽.

27 같은 책, 36쪽.

28 같은 책, 54-57쪽.

29 같은 책, 144쪽.

30 같은 책, 223쪽

31 같은 책, 42n쪽.

32 같은 책, 137쪽.

33 같은 책, 같은 곳

2 매킨타이어

1 알래스데어 매킨타이어, 『덕의 상실』, 이진우 옮김, 문예출판사, 1997.

2 알래스데어 매킨타이어, 『철학의 과업』, 김민재·이철주·박병기 옮김, 인간사랑, 2010.

3 Alasdair MacIntyre, *After Virtue*, University of Notre Dame Press, Third edition, 2007, 187쪽.

4 같은 책, 188-189쪽.

5 같은 책, 191쪽.

6 소크라테스가 말하는 용기도 비슷하다. 소크라테스에 따르면 용기는 진실성을 찾으려는 태도와 관련된다. 여기서 진실성은 "절대로 거짓을 기꺼이 받아들이지 않는 결단력"으로 정의된다. 그런 점에서 진실성은 가장 중요한 개인의 자질이다. 진실성이

사회적 태도로 지향될 때 용기가 요구된다. 여기서 용기는 '바른 소신을 지속적으로 보존하는 능력'으로 정의된다. 사회 유지상 필요한 것과 그렇지 않은 것을 가리고 진실을 지키는 것이 용기다. 그래서 '시민적 용기'와 같다고 말한다. 철학적 태도에도 절제와 함께 용기가 요구된다. 소크라테스에 따르면 이상 국가를 유지하는 데 철학적 태도가 가장 중요한데, 다양한 가치를 존중하면서도 사회질서를 유지하기 위해서는 진실을 찾으려는 용기가 필요하다. 그 이유로 소크라테스는 이상 국가에서 철학자가 수호자가 되어야 한다고 주장한다. Plato, *Republic*, 485c, 430b-c.

7 Alasdair MacIntyre, *After Virtue*, 195쪽.

8 같은 책, 218쪽.

9 장 폴 사르트르, 『구토』, 이혜정 옮김, 소담출판사, 2002, 72쪽.

10 인간의 시간성이 동물과 구분되는 특성이다. 동물은 단순 기억에 의한 욕망에 따라 살아가지만, 인간은 개인의 역사, 집단의 역사 안에서 자신의 삶을 반성하고 "좋은 삶"을 갈망한다. 이러한 좋은 삶에 대한 갈망이 윤리이다.

11 Alasdair MacIntyre, *After Virtue*, 204쪽.

12 같은 책, 205쪽.

13 같은 책, 219쪽.

14 같은 책, 191쪽.

15 같은 책, 212쪽. 매킨타이어는 "픽션의 경우를 제외하고"라는 단서조항을 달고 있다.

16 같은 책, 218쪽.

17 같은 책, 같은 곳

18 같은 책, 233쪽.

19 Alasdair MacIntyre, *Whose Justice? Which Rationality?*, University of Notre Dame Press, 1989, 394-395쪽.

20 같은 책, 395쪽.

21 같은 책, 398-399쪽.

3 로티

1 이 글은 『사회비평』 37호(나남, 2007)에 「로티의 정치철학」(211-228쪽)이라는 제목으로 실렸던 글을 수정, 가필한 것임을 밝힌다.

2 리처드 로티, 『우연성, 아이러니, 연대성』, 김동식·이유선 옮김, 민음사, 1996.

3 Eduardo Mendieta, *Take Care of Freedom and Truth Will Take Care of Itself*, Stanford University Press, 2006.

4 리처드 로티, 『우연성, 아이러니, 연대성』, 291-292쪽.

5 같은 책, 321쪽.

6 Richard Rorty, *Philosophy and Social Hope*, Penguin Books, 1999, 3–4쪽.

7 리처드 로티, 『미국 만들기』, 임옥희 옮김, 동문선, 2003.

8 같은 책, 27쪽.

9 같은 책, 111쪽.

4 테일러

1 이 글은 2013년 6월 15일 한국자치학회 공공(철)학위원회가 주최한 학술대회("한·중·일과 유럽 철학을 중심으로 한 공公/共과 사私 개념")에 발표된 글이다.

2 찰스 테일러, 『헤겔』, 정대성 옮김, 그린비, 2014.

3 찰스 테일러, 『헤겔 철학과 현대의 위기』, 박찬국 옮김, 서광사, 1988.

4 찰스 테일러, 『불안한 현대 사회』, 송영배 옮김, 이학사, 2001.

5 찰스 테일러, 『근대의 사회적 상상』, 이상길 옮김, 이음, 2010.

6 이에 대해서는 김선욱, 「현대와 씨름하는 사상가 '찰스 테일러'」, 『세속화와 현대 문명』, 철학과현실사, 2003, 484쪽 참조.

7 이에 대해서는 윤평중, 「찰스 테일러 교수와의 인터뷰」, 『세속화와 현대 문명』, 468–480쪽 참조.

8 Hegel, *Differenz des Fichte'schen und Schelling'schen Systems der Philosophie, Jenaer Kritische Schriften*, Hamburg 1968, 14쪽.

9 Charles Taylor, *Philosophical Papers: Volume 1*, Human Agency and Language, Cambridge University Press, 1985, 1쪽.

10 Charles Taylor, *Hegel*, Cambridge University Press, 1975, 76–80쪽.

11 찰스 테일러, 『헤겔 철학과 현대의 위기』, 158쪽.

12 같은 책, 258–264쪽.

13 Charles Taylor, *The Sources of the Self*, Cambridge University Press, 1989, 3장 참조.

14 찰스 테일러, 『불안한 현대 사회』, 9–23쪽.

15 같은 책, 24–39쪽.

16 같은 책, 39–46쪽.

17 같은 책, 47–60쪽.

18 같은 책, 61–74쪽.

19 같은 책, 89쪽, 107쪽, 119쪽, 129쪽.

20 찰스 테일러, 『근대의 사회적 상상』, 7쪽.

21 베네딕트 앤더슨,『상상의 공동체』, 나남, 2004, 25쪽.

22 찰스 테일러,『근대의 사회적 상상』, 43-52쪽.

23 같은 책, 111-127쪽.

24 같은 책, 133-153쪽.

25 같은 책, 171-229쪽.

26 같은 책, 233-257쪽.

27 같은 책, 194쪽.

28 찰스 테일러,『헤겔 철학과 현대의 위기』, 30-38쪽.

29 찰스 테일러,『근대의 사회적 상상』, 271-272쪽.

30 같은 책, 229쪽, 283-284쪽, 287-289쪽. 근대 사회에서 종교의 소멸이 아니라 오히려 여러 곳에서 그 다양화와 성장을 목격할 수 있다고 보는 세속화 극복의 시도가 『근대의 사회적 상상』 다음에 출판된『세속의 시대』의 주제이다. Charles Taylor, *A Secular Age*, The Belknap Press of Harvard University Press, 2007, 서론 참조.

5 샌델

1 이 글은『철학사상』45호(서울대 철학사상연구소, 2012년 8월)에 실린 졸고「샌델의 시민적 공화주의는 '민주주의의 불만'을 해소할 수 있는가?」의 여러 부분을 활용한 글임을 밝힌다.

2 마이클 샌델,『정의의 한계』, 이양수 옮김, 멜론, 2012.

3 마이클 샌델,『민주주의의 불만』, 안규남 옮김, 동녘, 2012.

4 마이클 샌델,『왜 도덕인가?』, 안진환·이수경 옮김, 한국경제신문사, 2010.

5 마이클 샌델,『정의란 무엇인가』, 이창신 옮김, 김영사, 2010.

6 Michael Sandel, *Liberalism and the Limits of Justice*, Cambridge University Press, 2nd edition, 1998, 185쪽. 이 글이 인용하는 책은 2판이며, 이 책의 1판은 1982년에 발간되었다.

7 "unencumbered self"를 "무연고적 자아"로 번역하지 않고 "얽매이지 않는 자아"(이인숙,「M. 샌들의 공동체주의 연구—J. 롤즈의 정의론 비판을 중심으로」,『철학연구』16집, 1993), "부담을 지지 않는 자아"(김영기,「마이클 샌델의 정의관 비판」,『동서사상』10집, 2011)로 번역하는 것도 적절하다. 하지만 "무연고적 자아"라는 번역어가 크게 잘못된 것은 아니고 샌델을 다룰 때 많이 통용되었기 때문에 이 글에서도 채택하고자 한다.

8 Michael Sandel, *Liberalism and the Limits of Justice*, 24쪽.

9 "voluntarist"는 철학사적으로 "intellectualism"(主知主義)과 대조되는 전통으로서 흔

히 "주의주의"(主意主義)로 번역된다. 나는 그러한 철학사적 논쟁의 맥락에서는 "주지주의"와의 대조적 의미를 연상시키는 "주의주의"라는 번역어가 적합하다고 생각한다. 하지만 샌델 논의의 맥락에서는 현대인들이 주로 갖고 있는 선택의 자유 중심의 인간관을 강조할 필요가 있었는데, 그런 느낌을 전달하는 데 "자발주의"라는 번역어가 더 좋다고 본다. 그러나 이 번역어가 학문 공동체의 통일된 용어 사용에 혼란을 준다면 이 번역어를 고수하지는 않겠다.

10 같은 책, 59쪽.

11 같은 책, 95-103쪽.

12 Michael Sandel, *Democracy's Discontent*, Harvard University Press, 1996, 17쪽.

13 Michael Sandel, *Liberalism and the Limits of Justice*, 179쪽.

14 같은 책, 같은 곳.

15 같은 책, 180-181쪽.

16 같은 책, 182-183쪽.

17 마이클 샌델, 『정의란 무엇인가』, 309-312쪽.

18 Michael Sandel, *Democracy's Discontent*, 351쪽.

19 Will Kymlicka, "Liberal Egalitarianism and Civic Republicanism: Friends or Enemies?", *Debating Democracy's Discontent: Essays on American Politics, Law, and Public Philosophy*, edited by Anita L. Allen and Milton C. Regan, Jr., Oxford University Press, 1998, 133-139쪽.

20 Richard Rorty, "A Defence of Minimalist Liberalism", *Debating Democracy's Discontent*, 118쪽.

21 롤즈의 『정치적 자유주의』에 대한 샌델의 비판은 다음을 보라. Michael Sandel, *Liberalism and the Limits of Justice*, 184-218쪽.

22 롤즈는 자신의 자유주의가 "국가 중립성"을 나타낸다는 점을 적극적으로 인정하지 않지만, "좋음에 대한 옳음의 우선성"으로서 그 기조를 드러낸다. 킴리카는 중립론은 반(反)완전주의와 같은 것이며 그런 의미에서 롤즈 역시 중립론을 따른다고 본다. Will Kymlicka, "Liberal Egalitarianism and Civic Republicanism: Friends or Enemies?", 133쪽.

23 Michael Sandel, *Democracy's Discontent*, 20-21쪽.

24 같은 책, 103-108쪽.

25 같은 책, 20쪽.

26 같은 책, 65-68쪽.

27 같은 책, 83-86쪽.

28 마이클 샌델, 『정의란 무엇인가』, 263-265쪽.

29 Michael Sandel, *Democracy's Discontent*, 89쪽.

30 Chantal Mouffe, *The Return of the Political*, Verso, 1993, 19쪽.

31 Michael Sandel, *Democracy's Discontent*, 20쪽.

32 『생명의 윤리를 말하다—유전학적으로 완벽해지려는 인간에 대한 반론』(마이클 샌델 지음, 강명신 옮김, 동녘, 2010)에서 샌델은 우리 자신의 생명을 내 소유가 아닌 거저 주어진 선물로 바라보는 자신의 태도가 종교적 감수성임을 부정하지 않지만, 그것은 종교적인 주장을 넘어선다고 말한다. 즉 그의 태도가 종교적 감수성을 가진다는 것은 그가 특정한 종교적 입장의 논거를 활용한다는 혐의의 근거가 되지는 않는다. 같은 책, 58-59쪽 참조.

33 Michael Sandel, *Democracy's Discontent*, 274쪽.

34 같은 책, 262-273쪽.

35 같은 책, 3쪽.

36 같은 책, 124-125쪽.

37 같은 책, 329-338쪽.

38 Michael Sandel, *What Money Can't Buy: The Moral Limits of Markets*, Farrar, Straus and Giroux, 2012, 10쪽.

39 Michael Sandel, *Democracy's Discontent*, 345쪽.

40 같은 책, 348쪽.

41 Michael Sandel, *Public Philosophy*, Harvard University Press, 2005, 189-190쪽.

42 Michael Sandel, *Democracy's Discontent*, 334-335쪽.

43 로젠블럼은 미국 내 존재하는 무장화된 시민 군사주의 운동과 샌델의 시민 공화주의의 구분선을 확실히 정해줄 것을 샌델에게 요구한다. Nancy L. Rosenblum, "Fusion Republicanism", *Debating Democracy's Discontent*, 287-288쪽.

6 왈저

1 이 글은 『범학철학』 70집(2013년 9월)에 수록된 「마이클 왈저의 '다원적 정의'와 현대 사회 비판」을 수정, 보완한 것이다.

2 마이클 왈저, 『정의와 다원적 평등—정의의 영역들』, 정원섭 외 옮김, 철학과현실사, 1999, 43쪽.

3 이하에서 서술된 왈저의 이력과 시대 경험은 다음의 글을 요약한 것이다. Skadi Krause/Karsten Malowitz, *Michael Walzer zur Einführung*, Junius Hamburg 1998, 2장.

4 마이클 왈저, 『마르스의 두 얼굴—정당한 전쟁, 부당한 전쟁』, 권영근 · 김덕현 · 이석구 옮김, 연경문화사, 2007.

5 마이클 왈저, 『정의와 다원적 평등—정의의 영역들』, 정원섭 외 옮김, 철학과현실사, 1999.

6 Michael Walzer, "The Travail of U.S. Communists", *Dissent* (Fall, 1956).

7 '뉴레프트'라는 말은 미국 백인 대학생 중심의 운동 단체였던 '민주학생연합'(Student for a Democracy Society)이 1962년 6월 미국 미시간 주 포트휴런에서 자신들의 이념을 뉴레프트라고 밝힌 공동선언문에서 유래한다.

8 "The New Left and the Old"(1967)와 "Notes for Whoever's Left"(1972)를 말한다. 이는 다음 책에 수록되어 있다. Michael Walzer, *Radical Principles: Reflections of an Unreconstructed Democrat*, Basic Books, 1980.

9 마이클 왈저, 『정의와 다원적 평등』, 48쪽.

10 같은 책, 47-48쪽.

11 같은 책, 51쪽.

12 같은 책, 47쪽.

13 같은 책, 18쪽.

14 같은 책, 43쪽.

15 같은 책, 57쪽.

16 같은 책, 56쪽.

17 같은 책, 41쪽.

18 같은 책, 25쪽.

19 존 롤즈, 『정의론』, 107-108쪽; 스테판 뮬홀 · 애덤 스위프트, 『자유주의와 공동체주의』, 김해성 · 조영달 옮김, 한울, 2011, 178-181쪽.

20 마이클 왈저, 『정의와 다원적 평등』, 38쪽.

21 같은 책, 29쪽.

22 같은 책, 36쪽.

23 같은 책, 37쪽.

24 같은 책, 38쪽.

25 같은 책, 37쪽.

26 마이클 왈저, 『마이클 왈저, 정치철학 에세이』, 데이비드 밀러 엮음, 최흥주 옮김, 모티브북, 2009, 245쪽.

27 Michael Walzer, "The Divided Self", *Thick and Thin: Moral Argument at Home and*

Abroad, University of Notre Dame Press, 1994, 85쪽; Skadi Krause/Karsten Malowitz, *Michael Walzer zur Einführung*, 130쪽.

28 마이클 왈저, 『정의와 다원적 평등』, 477쪽.

29 같은 책, 42쪽.

30 이하 막스 베버의 합리화 이론에 대한 설명은 전성우, 『막스 베버 역사사회학 연구』, 사회비평사, 1996, 87-112쪽; 공보경, 「막스 베버의 합리화론」, 『사회과학연구』 14집, 경성대학교 사회과학연구소, 1998.

31 위르겐 하버마스, 『의사소통행위이론 2』, 장춘익 옮김, 나남, 2006, 472-571쪽.

32 마이클 왈저, 『마이클 왈저, 정치철학 에세이』, 257쪽.

33 마이클 왈저, 『정의와 다원적 평등』, 23쪽.

34 김은희, 『롤즈와 왈저의 정치철학 비교연구』, 서울대학교 박사학위논문, 2008, 특히 7장.

35 마이클 왈저, 『마이클 왈저, 정치철학 에세이』, 255쪽.

36 왈저는 그의 저서 『정의와 다원적 평등』이 1970년과 1971년에 노직 교수와 공동으로 진행한 "자본주의와 사회주의"라는 강좌에 기원함을 밝히고 있다. 마이클 왈저, 『정의와 다원적 평등』, 24쪽.

37 노직에 대한 서술은 다음의 글을 참조하였다. 홍성우, 『자유주의와 공동체주의 윤리학』, 선학사, 2005, 35-113쪽.

38 마이클 왈저, 『관용에 대하여』, 송재우 옮김, 미토, 2004, 7쪽.

39 마이클 왈저, 『정의와 다원적 평등』, 473쪽.

40 마이클 왈저, 『해석과 사회비판』, 김은희 옮김, 철학과현실사, 2007, 13쪽.

41 같은 책, 94쪽.

42 마이클 왈저, 『정의와 다원적 평등』, 20쪽.

43 이에 대해서는 설한, 「마이클 왈저의 정치철학—정의의 영역과 사회 비판」, 『한국정치학회보』 37집 3호, 한국정치학회, 2003 참조.

44 이에 대해서는 박정순, 「공동체주의적 사회 비판의 가능성—마이클 왈저의 논의를 중심으로」, 『범한철학』 30집, 범한철학회, 2003 참조.

45 이에 대해서는 김은희, 「왈저의 반이상주의 정치철학—상대주의와 보수주의 반론에 답하기」, 『한국철학회』 110집, 한국철학회, 2012 참조.

46 김은희, 같은 글. 김은희는 다음의 두 글에 근거하여 이러한 입장을 제시하기도 한다. Michael Walzer, "Nation and Universe", *The Tanner Lectures on Human Values* (May, 1989), 509-556쪽; David Miller, "Two Ways to Think About Justice", in *Politics, Philosophy & Economics*, Vol. 1, Sage Publications, 2002, 5-28쪽.

47 마이클 왈저, 『정의와 다원적 평등』, 51쪽.

48 같은 책, 474쪽.

49 같은 책, 64-65쪽.

7 노직

1 이 글의 내용은 필자의 저서인 『자유주의와 공동체주의 윤리학』(선학사, 2005)에서 '노직의 윤리학' 편을 요약 정리한 것이다.

2 로버트 노직, 『아나키에서 유토피아로』, 남경희 옮김, 문학과지성사, 1997.

3 로버트 노직, 『인생의 끈』, 민승남 옮김, 소학사, 1993.

4 Robert Nozick, *Anarchy, State, And Utopia*, Basic Books, 1974.

5 Robert Paul Wolff, "Robert Nozick's Derivation of the Minimal State", in *Reading Nozick*, ed. by Jeffrey Paul, Rowman & Littlefield, 1981, 77쪽.

6 John Locke, *The Second Treatise of Civil Government*, ed. by J. W. Gough, Basil Blackwell, 1976, §4.

7 같은 책, §57.

8 Norman E. Bowie & Robert L. Simon, *The Individual and the Political Order*, Prentice Hall, 1977, 63-64쪽.

9 John Locke, *The Second Treatise of Civil Government*, §10.

10 Robert Nozick, *Anarchy, State, And Utopia*, 11쪽.

11 John Locke, *The Second Treatise of Civil Government*, §13, §123.

12 같은 책, §3.

13 Samuel Scheffler, "Natural Rights, Equality, and the Minimal State", in *Reading Nozick*, 150쪽.

14 Robert Nozick, *Anarchy, State, And Utopia*, 50쪽.

15 Samuel Scheffler, "Natural Rights, Equality, and the Minimal State", 158-159쪽.

16 같은 책, 150쪽.

17 Robert Nozick, *Anarchy, State, And Utopia*, 30-33쪽.

18 Robert L. Holmes, "Nozick on Anarchism", in *Reading Nozick*, 57-58쪽 참조.

19 Robert Nozick, *Anarchy, State, And Utopia*, 12-27쪽.

20 John Locke, *The Second Treatise of Civil Government*, §46-§50.

21 Robert Nozick, *Anarchy, State, And Utopia*, 18쪽.

22 같은 책, 19쪽.

23 Robert L. Holmes, "Nozick on Anarchism", 61쪽.

24 Robert Nozick, *Anarchy, State, And Utopia*, 102쪽.

25 Robert L. Holmes, "Nozick on Anarchism", 60쪽.

26 Robert Nozick, *Anarchy, State, And Utopia*, 82-83쪽.

27 Robert Paul Wolff, "Robert Nozick's Derivation of the Minimal State", 80-81쪽.

28 Robert Nozick, *Anarchy, State, And Utopia*, 106-107쪽.

29 같은 책, 107쪽.

30 같은 책, 149-152쪽.

31 같은 책, 151쪽.

32 같은 책, 같은 곳.

33 같은 책, 같은 곳.

34 Lawrence Davis, "Comments on Nozick's entitlement theory", *The Journal of Philosophy*, Vol. 73, No. 21, 1976, 838쪽.

35 A. H. Goldman, "The Entitlement Theory of Distributive Justice", 같은 책, 823쪽 참조.

36 Robert Nozick, *Anarchy, State, And Utopia*, 153쪽.

37 같은 책, 153-156쪽.

38 현재시점-단면 원리란, 현재 시각에서 이 사람이 무엇을 소유하고 있고 저 사람이 무엇을 소유하고 있는지 등의 결과만을 중시하는 분배 원리를 말한다. 노직에 의하면 공리주의나 복지경제학 등이 이 원리를 채용하고 있다고 한다.

39 빈칸을 메울 수 있는 기준은 ① 역사적이지만 정형적 특성을 갖는 도덕적 공과, 사회에 대한 기여도, 유용도 등 ② 비역사적이지만 정형적 특성을 갖는 지능지수, 출신성분, 종족 등을 들 수 있다.

40 Norman E. Bowie & Robert L. Simon, *The Individual and the Political Order*, 105쪽.

41 Cheyney C. Ryan, "Yours, Mine, and Ours: Property Rights and Individual Liberty", *Ethics*, Vol. 87, 1977, 128쪽.

42 Robert Nozick, *Anarchy, State, And Utopia*, 160-161쪽.

43 John Locke, *The Second Treatise of Civil Government*, §27-§28.

44 Norman E. Bowie & Robert L. Simon, *The Individual and the Political Order*, 106쪽.

45 Robert Nozick, *Anarchy, State, And Utopia*, 177쪽.

46 같은 책, 같은 곳.

47 같은 책, 178쪽.

48 Norman E. Bowie & Robert L. Simon, *The Individual and the Political Order*, 107쪽 참조.

49 Bill Jordan, *The State: Authority and Autonomy*, Basil Blackwell, 1985, 330쪽.

50 Robert L. Holmes, "Nozick on Anarchism", 64쪽.

51 Robert Nozick, *The Examined Life: Philosophical Meditations*, Simon and Schuster, 1989, 17쪽, 286-288쪽.

8 프레이저

1 이 글은 『철학탐구』 18집(중앙철학연구소, 2010)에 실린 「지구화 시대의 정의―낸시 프레이저의 정의론 검토」를 일부 수정하여 재수록한 글임을 밝혀둔다.

2 낸시 프레이저·악셀 호네트, 『분배냐, 인정이냐?―정치철학적 논쟁』, 김원식·문성훈 옮김, 사월의책, 2014.

3 오늘날 요구되는 새로운 정의론에 대한 프레이저의 구상은 그녀의 저서 『지구화 시대의 정의―정치적 공간에 대한 새로운 상상』(김원식 옮김, 그린비, 2010)에 집약되어 있다.

4 물론 제국주의 국가들의 식민지 침탈 역사가 보여준 바와 같이 국가주권에 대한 인정은 선별적으로만 실현된 것이 사실이다. 그러나 식민지 민중들 역시 대부분 그들만의 국민국가 건설을 지향했다는 점에서 본다면, 국가주권이 보편적인 규범적 목표로 기능하였다고 해석해볼 수도 있을 것이다.

5 프레이저는 전후 민주주의적 복지국가가 전성기를 누리던 시기, 즉 대략 1945년부터 1970년대에 이르는 시기 동안 "케인스주의적-베스트팔렌적 틀"이 정의에 관한 논쟁의 기초가 되었다고 주장하고 있다.

6 프레이저가 사용하고 있는 정상적 담론과 비정상적 담론이라는 구별은 정상과학에 대한 토머스 쿤의 구별을 차용한 것이다. 이에 대해서는 토머스 쿤, 『과학혁명의 구조』, 김명자 옮김, 동아출판사, 1995, 31쪽 이하 참조.

7 존 롤즈, 『사회정의론』, 황경식 옮김, 서광사, 1985. 롤즈는 사회 정의의 원칙을 "적절한 분배의 몫에 합의하는 데 필요한 원칙들의 체계"로 규정하고 있다. 같은 책, 26쪽. 왈저의 경우 사회적 의미가 분배와 가지는 관련성을 강조하고 있기는 하지만 그 역시 분배 정의를 본질적인 문제로 보고 있다. 그에 따르면 인간 사회는 분배 공동체이며, 모든 사회 갈등 역시 분배를 둘러싸고 발생한다. 마이클 왈저, 『정의와 다원적 평등―정의의 영역들』, 정원섭 외 옮김, 철학과현실사, 1999, 29쪽, 39쪽.

8 로티는 미국 신좌파의 후예들에 의해 대학 강단에서 만들어진 새로운 좌파를 문화적 좌파로 규정하면서 그들이 경제적 불평등 문제를 외면하고 있다고 지적한 바 있다(이유선, 『리처드 로티』, 이룸, 2003, 203쪽 이하). 바우만 역시 이러한 지적에 동

의하면서 경제적 불평등 문제의 중요성을 간과하는 인정투쟁의 과잉상태가 가지는 문제점에 대해 언급하고 있다. Zygmunt Bauman, *Identity*, Polity Press, 2004, 35쪽 이하 참조.

9 프레이저는 정체성 문제에만 집중하면서 분배 문제를 소홀히 다루고 있는 문화적 좌파들의 입장에 대해 특히 비판적인 태도를 취하고 있다. 그녀는 미국의 경우를 중심으로 정체성 문제에 주목하는 문화주의가 신자유주의가 야기한 사회경제적인 불평등의 문제를 외면함으로써 현실에 대한 정치적인 대응 능력을 상실하는 불행한 결과가 발생했다고 지적하고 있다. 이에 대한 상세한 논의는 낸시 프레이저, 『지구화 시대의 정의』, 6장 참조.

10 낸시 프레이저·악셀 호네트, 『분배냐, 인정이냐?』, 71쪽. 프레이저가 말하는 동등성은 엄밀한 수적 동등성이라기보다는 사회적 상호작용에 동료로서 참여하기 위한 조건 일반을 의미한다. 물론 이러한 규정은 정확히 어느 정도까지 동등성이 보장되어야만 하는가 하는 문제에 대해서 명확한 답을 제시하지는 않는다. 같은 곳, 주석 39 참조.

11 프레이저의 '대표'(representation)라는 개념은 내시(Kate Nash)가 지적하는 바와 같이 애매한 두 가지 의미를 가지고 있다. 이 개념은 민주적 대의라는 직접적 의미와 함께 틀의 설정을 통해 정의의 당사자로 포섭되고 표현된다는 상징적 의미 역시 담고 있다. 때문에 번역과 관련하여 이행남은 이 용어를 '대의/표현'으로 옮긴 바 있고 백미연은 '대표'를 사용하였다(『뉴레프트리뷰』, 1권, 길, 2009, 442쪽, 옮긴이 주; 백미연, 「글로벌 시대 정의의 범위」, 『21세기정치학회보』, 19집, 2호, 2009, 54쪽, 각주 7 참조). 필자가 보기에는 우리말의 대표라는 개념을 통해 이 두 의미를 모두 담아내는 데 큰 무리가 없다고 판단된다. 관련하여 'misrepresentation'은 '대표 불능'으로 옮겼다.

12 그간 프레이저는 인정과 분배를 중심으로 2차원적 정의관을 고수하여 왔으나 최근 정치적 대표의 차원을 추가하면서 3차원적 정의관을 제시하고 있다. 이는 그녀가 정치적 차원에 고유한 사회적 부정의가 존재한다는 사실을 수용하게 되었기 때문이다. 이것은 정치적 차원을 무시하고 있다는 여러 논평자들의 의견을 수용한 결과라고 할 수 있다. 이러한 논평의 한 예로는 Leonard C. Feldman, "Redistribution, Recognition, and the State: The Irreducibly Political Dimension of Injustice", *Political Theory*, Vol. 30, 2002. 6. 참조.

13 물론 이러한 상황이 다른 한편에서는 제국주의 국가들의 식민지에 대한 착취나 불공정 거래를 그 대가로 하고 있었다는 사실 역시 우리는 기억해야만 할 것이다.

14 프레이저는 틀의 동요가 오늘날의 시대정신을 규정하고 있다고 판단하면서 세계사회포럼(World Social Forum)에 각별히 주목하고 있다. 그녀는 여기서 발견되는 초

국적 수준에서의 해방적인 평등주의 흐름에 큰 기대를 걸고 있다. Nancy Fraser, Alfredo Gomez-Muller, Gabriel Rockhill, "Global Justice and the Renewal of Critical Theory. A Dialogue with Nancy Fraser", *Eurozine*, www.eurozine.com, 2009. 4. 1 참조.

15 네이글은 롤즈의 평등주의가 개인적인 차원도 국제적인 차원도 아닌 오직 국민국가 내부 수준에서만 적용되는 것임을 지적하고 있다. Thomas Nagel, "The Problem of Global Justice", *Philosophy and Public Affairs*, Vol. 33, No. 2, 2005, 123쪽.

16 존 롤즈, 『만민법』, 장동진 · 김기호 · 김만권 옮김, 아카넷, 2009, §15, §16 참조.

17 프레이저는 베이츠(Charles R. Beitz), 포거(Thomas W. Pogge) 등을 국제주의자로, 존스(Charles Jones), 누스바움(Martha Nussbaum) 등을 세계시민주의자로 거명하고 있다.

18 Thomas W. Pogge, "Priorities of Global Justice", in *Global Justice*, ed. Thomas W. Pogge, Blackwell, 2001, 14쪽 이하 참조.

19 프레이저는 안정된 정치 공동체 내부에서 발생하는 일상적인 정치적 대표 불능과 잘못 설정된 틀로 인해서 발생하는 메타 정치적 부정의를 구별하여 논의하기도 한다. 잘못 설정된 틀은 배제와 포용의 기준과 경계를 잘못 설정한 결과 특정한 개인이나 집단을 근본적으로 공동체로부터 배제해버리는 경우에 발생하게 된다. 국적 내지는 시민권이라는 기준에만 의거하여 난민이나 미등록 이주노동자의 권리를 원천적으로 부정하는 경우를 한 예로 들 수 있을 것이다.

20 지구적 빈곤층을 위한 분배의 도덕적 정당성을 옹호하는 논증의 예로는 피터 싱어, 『세계화의 윤리』, 김희정 옮김, 아카넷, 2003, 195쪽 이하 참조.

21 세계시민주의자들은 모든 개인이 동등한 권리를 갖는다고 주장하며, 모든 도덕적 판단과 권리의 단위를 개인들로 상정하고 있다는 점에서 '일원론적' 입장을 고수하고 있다고 볼 수 있다. 반면에 롤즈는 개인, 국민국가, 국가 간 관계 차원에 상이한 도덕 원칙이 적용된다고 본다는 점에서 다원론적 입장을 고수하고 있다. Thomas Nagel, "The Problem of Global Justice", 124쪽.

22 지구적 정의에 대한 국가주의자들의 비판과 지구화론자들의 반박 요지에 대해서는 Rainer Forst, "Towards a Critical Theory of Transnational Justice", in *Global Justice*, 170쪽 이하 참조. 그에 따르면 양자 사이의 주요 논쟁점들은 분배 정의를 논할 수 있는 정치, 경제, 문화적 협력 수준에 도달했는지 여부, 지구적 분배가 함축하는 세계정부의 위험성, 특수한 공동체로서 국가가 가지는 윤리적 의미, 국가 간 경제적 불평등의 근본 원인, 지구적 분배의 자문화중심주의적 함의 등이다.

23 당사자들의 참여를 강조하는 민주적 정의론을 구상하려는 시도들로 프레이저는 Seyla Benhabib, *The Rights of Others*, Cambridge University Press, 2004; Rainer

Forst, *Contexts of Justice*, University of California Press, 2002; Jürgen Habermas, *Between Facts and Norms: Contributions to a Discourse Theory of Law and Democracy*, trans. William Rehg, MIT Press, 1996 등을 제시하고 있다. 그러나 프레이저는 이들이 민주적 접근을 정의의 내용 문제에 적용했을 뿐 당사자 문제, 즉 틀의 설정의 문제에 적용하지는 못했다고 지적한다.

24 이에 관한 상세한 논의는 낸시 프레이저, 『지구화 시대의 정의』, 5장 참조.

25 이러한 제도적 조건이 부재한 상황 때문에 당분간 국민국가 틀을 넘어서는 새로운 틀을 민주적으로 설정하기 위한 노력들은 초국적 시민사회에서의 저항으로 제한될 수밖에 없을 것이다.

26 이러한 관점에서의 평가에 대해서는 백미연, 「'재분배'와 '정체성'을 넘어 '참여의 평등'으로」, 『한국정치학회보』, 43집, 1호, 2009 참조.

27 이에 대한 상세한 논의에 대해서는 김원식, 「생활세계 식민화론의 재구성─배제, 물화, 무시」, 『사회와 철학』 18호, 2009 참조.

28 프레이저 자신도 이런 점을 인식하고 있지만, 그녀는 제도적 설계나 구상보다는 기본적인 개념 틀의 중요성만을 강조하고 있다. 제도 설계나 구상과 관련하여 그녀는 단지 국가 단위의 제도를 포함한 다차원적인 제도 설계가 가능할 것이라는 점만을 지적하고 있다.

29 프레이저 자신은 영토국가의 폐기나 단일한 틀의 설정에 대해서 반대하고 있는 것이 사실이다. 국민국가 틀을 넘어서는 새로운 제도의 틀에 대해 적극적인 언급을 피하고 있지만, 한 곳에서 그녀는 국민국가 틀의 존속, 다차원적 제도의 공존 가능성을 언급하기도 한다.

30 칼훈의 지적에 따르면, 세계시민주의자들은 국가주의/민족주의의 한계를 지적하는 데서 올바른 입장을 보여주지만, 그러한 비판을 넘어서 그들이 더욱 집중화된 세계 정부로 비약하게 되는 경우 약점을 드러내게 된다. 왜냐하면 그들의 대안이 그것을 뒷받침할 집단의식이나 연대성을 결여하고 있다는 점에서 너무 공허하거나 추상적이기 때문이다. Craig Calhoun, "The Class Consciousness of Frequent Travellers: Towards a Critic of Actually Existing Cosmopolitanism", in *Debating Cosmopolitics*, ed. Daniel Archibugi, Verso, 2003, 95-98쪽.

31 위르겐 하버마스, 『분열된 서구』, 장은주 옮김, 나남, 2009, 147쪽 이하 참조. 하버마스는 국제법의 입헌화 과정이 국민국가 형성의 경우와는 반대로, 즉 먼저 헌법이 구성된 상황에서 이를 뒷받침할 정치권력을 보강하는 방향으로 진행된다는 점을 강조하고 있다.

정원섭

서울대 철학과를 졸업하고 같은 학교 대학원에서 박사학위를 받았다. 미국 퍼듀 대학에서 박사 후 과정을 거쳐 건국대 교양학부 교수를 역임했으며, 현재 서울 대 철학사상연구소에 재직 중이다. 저서로 『롤즈의 공적 이성과 입헌민주주의』 『정의론과 사회윤리』(공저) 『처음 읽는 윤리학』(공저) 『좋은 삶의 정치사상』(공저) 등이 있으며, 역서로 『정의와 다원적 평등』 『자유주의를 넘어서』 등이 있다.

이양수

한양대 철학과를 졸업하고 미국 조지아 대학에서 폴 리쾨르의 정의 개념에 대한 논문으로 박사학위를 받았다. 한양대에서 학생들을 가르치고 있다. 저서로 『롤 스와 매킨타이어』 『공동체주의와 공공성』(공저) 『로스쿨과 법학 교육』(공저) 『롤즈 와 정의론과 그 이후』(공저) 『무엇이 정의인가?』(공저) 등이 있으며, 역서로 『휴머 니티』 『법률가의 논리』 『정의의 한계』 등이 있다.

이유선

고려대 철학과를 졸업하고 같은 학교 대학원에서 박사학위를 받았다. 서울대 기 초교육원 전임대우 강의교수로 재직 중이다. 저서로 『리처드 로티』 『실용주의』 『아이러니스트의 사적인 진리』 『사회 철학』 『포스트모던의 테제들』(공저) 등이 있 으며, 역서로 『우연성, 아이러니, 연대성』 『철학자 가다머 현대 의학을 말하다』 『퍼스의 기호학』 『철학의 재구성』 『베스텐트 2012』 등이 있다.

남기호

연세대 철학과를 졸업하고 독일 보훔 대학에서 예나 시기 헤겔의 인륜성 개념에
대한 논문으로 박사학위를 받았다. 연세대에서 학생들을 가르치고 있다. 저서로
『철학자의 서재 2』(공저) 『다시 쓰는 서양 근대철학사』(공저) 등이 있으며, 역서로
『삶의 물음에 '예'라고 대답하라』 『헤겔—생애와 사상』 『베스텐트 2012』 『베스텐
트 2013/1』 등이 있다.

김은희

서울대 철학과를 졸업하고 같은 학교 대학원에서 롤즈와 왈저의 정치철학을 비
교 연구한 논문으로 박사학위를 받았다. 건국대 교양교육센터 교수로 재직 중이
다. 저서로 『윤리학과 그 응용』(공저) 『처음 읽는 윤리학』(공저) 등이 있으며, 역서
로 『해석과 사회비판』 『공동체주의와 공공성』(공역) 등이 있다.

문성훈

연세대 철학과를 졸업하고 독일 프랑크푸르트 대학 철학과에서 악셀 호네트 교
수의 지도로 박사학위를 받았다. 서울여대 교양학부 현대철학 담당 교수로 재직
중이며, 『베스텐트』 한국판 책임 편집자를 맡고 있다. 저서로 『미셸 푸코의 비판
적 존재론』 『프랑크푸르트학파의 테제들』(공저) 『포스트모던의 테제들』(공저) 등이
있으며, 역서로 『정의의 타자』 『인정투쟁』 『분배냐, 인정이냐?』 등이 있다.

홍성우

원광대 철학과를 졸업하고 같은 학교 대학원에서 롤즈의 정의론과 정치적 자유주의에 관한 논문으로 박사학위를 받았다. 미국 로스앤젤레스 소재 캘리포니아 대학에서 객원 연구원을 역임했으며, 원광대에서 학생들을 가르치고 있다. 저서로『자유주의와 공동체주의 윤리학』등이 있다.

김원식

연세대 철학과를 졸업하고 같은 학교 대학원에서 계몽의 자기파괴와 의사소통 이성에 관한 논문으로 박사학위를 받았다. 국가안보전략연구소 연구위원으로 재직 중이다. 공저로『철학과 합리성』『이성의 다양한 목소리』『베스텐트 2012』『프랑크푸르트학파의 테제들』『포스트모던의 테제들』등이 있으며, 역서로『이성의 힘』『하버마스와 현대사회』『지구화 시대의 정의』『분배냐, 인정이냐?』등이 있다.